中国供销合作经济发展研究报告
（2020年）

主　编　唐　敏　李　想　于璐娜
副主编　董晓波　刘　敏　计　慧

中国商业出版社

图书在版编目(CIP)数据

中国供销合作经济发展研究报告.2020年/唐敏，李想，于璐娜主编.--北京：中国商业出版社，2020.12
 ISBN 978-7-5208-1519-2

Ⅰ.①中… Ⅱ.①唐… ②李… ③于… Ⅲ.①供销合作社－研究报告－中国－2020 Ⅳ.①F721.2

中国版本图书馆CIP数据核字(2020)第252328号

责任编辑：李 飞　蔡 凯

中国商业出版社出版发行
010-63180647　www.c-cbook.com
(100053 北京广安门内报国寺1号)
新华书店经销
蚌埠市广达印务有限公司印刷

*

787毫米×1092毫米　16开　13.5印张　336千字
2020年12月第1版　2020年12月第1次印刷
定价：68.00元

* * *

(如有印装质量问题可更换)

中国供销合作经济发展研究报告(2020年)编委会

主　　编	唐　敏　李　想　于璐娜
副 主 编	董晓波　刘　敏　计　慧
参编人员	董晓波　刘　敏　于志慧　王刚贞
	张廷海　刘小萃　盛剑锋　高天慧
	徐冠宇　刘士栋　陈美玲　李　苗
	苏耀庭

总　序

安徽财经大学是一所以经、管、法学为主,跨文学、理学、工学、史学、艺术学等八大学科门类,面向全国招生和就业的多科性高等财经院校,同时也是改革开放后,在全国最早申报开设合作经济专业,创办《合作经济》杂志(后更名为《中国供销合作经济》,现更名为《中国合作经济》杂志),设立合作经济系,招收本、专科全日制合作经济专业学生的高校。2011年以来,我校为凸显合作经济理论研究和学科发展特色,还开始筹建中国合作经济博物馆,2012年正式对外开放,2013年在全国首招合作经济专业硕士研究生,首次公开出版的《中国合作经济发展研究报告(2013年)》,得到了农业农村部(原农业部)、中华全国供销合作总社领导的批示与肯定。此后每年出版的《中国合作经济发展研究报告》《中国供销合作经济发展研究报告》《中国棉花产业发展研究报告》,皆受到相关部门和社会各界的高度评价。作为一所教学研究型大学,加强智库建设、服务经济社会发展无疑是我们必须承载的重要任务。

近年来,我校一直围绕做好社会服务这一重要课题,遵循服务地方经济社会发展与服务我国合作经济事业发展两大主旨,从搭建平台、优化机制、创新模式等方面进行了积极尝试。此次出版的《中国合作经济发展研究报告(2020年)》《中国供销合作经济发展研究报告(2020年)》《中国棉花产业发展研究报告(2020年)》是我们与中华合作时报社、中国合作经济杂志社、中储棉花信息中心有限公司、石河子大学棉花经济研究中心紧密合作,共同组织策划,由我校中国合作社研究院、中国合作经济博物馆、合作经济研究中心、棉花工程研究所面向合作单位组建以教授、博士与资深记者为主体的协同创新研究团队,经过一年左右深入调查研究所形成的研究成果。

当前我国经济发展进入新时代,十九大报告明确提出"实施乡村振兴战略",组织创新、制度创新、技术创新与管理创新已是大势所趋,新修订的《农民专业合作社法》已于2018年7月1日正式实施,城乡尤其是农村各种形式的合作经济组织制度发展方兴未艾,如何实现合作经济组织制度的高质量发展?既面临难得机遇,又存在诸多挑战,特别是全球新冠疫情大背景下,十九届五中全会明确提出了"双循环"新战略,因此加强高校和相关单位合作,组建协同创新团队,以习近平新时代中国特色社会主义思想为指导,研究中国特色合作经济理论与实践,推动中国特色合作经济事业发展,意义重大。由于系统深入跟踪研究我国合作经济发展这一课题涉及方方面面,对我们来说,具有很大的挑战性,加之新冠疫情背景下,时间更紧、任务更重,不足之处在所难免,敬请领导、专家和合作社工作者批评指正。

安徽财经大学党委书记、校长　丁忠明
2020年10月

前　言

中国供销合作社是我国目前为止组织经营制度体系最完整、网络覆盖城乡最广、联系农民最密切、影响最大、唯一代表我国各类合作社加入国际合作社联盟（ICA）的合作经济组织，在我国经济社会发展的各个历史时期都作出了不可磨灭的重要贡献。

当前，我国经济社会发展进入新时代，党中央、国务院高度重视供销合作社的改革发展。2015年，中共中央、国务院作出深化供销合作社综合改革的战略部署，并于2015年3月出台了《中共中央 国务院关于深化供销合作社综合改革的决定》。2016年4月25日，习近平总书记在安徽凤阳县小岗村主持召开了农村改革座谈会，强调要深化农村改革需要多要素联动，明确指出要推进供销合作社综合改革。2020年9月，中华全国供销合作社第七次代表大会召开之际，习近平总书记又对供销合作社工作作出重要指示，明确指出"供销合作社是党领导下的为农服务的综合性合作经济组织"，同时充分肯定供销合作社的历史贡献和近些年来综合改革成效，要求各级党委和政府继续办好供销合作社，并为供销合作社未来发展指明了方向。这是推动新时代供销合作社事业发展的行动指南。深化供销合作社综合改革，不仅是我国推进农业现代化建设和实施乡村振兴战略的需要，也是巩固党在农村执政基础的需要，更是推进供销社自身改革和发展的内在需求。发展现代农业，要求供销合作社发挥组织体系完整的优势，积极构建综合性、规模化、可持续的为农服务体系，推进农业产业化经营，提高农民组织化程度；实施乡村振兴战略，要求供销合作社发挥扎根基层的优势，广泛凝聚各类社会资源，大力开展农村社区综合服务，不断提高农民的生产生活质量；"双循环战略"背景下，扩大国内需求，要求供销合作社发挥流通网络覆盖城乡的优势，加快推进新农村现代流通服务网络建设，改善农村消费环境，开拓农村市场，促进城乡经济社会统筹发展。面对新形势，供销合作社如何坚持为农服务宗旨，继续全面深化综合改革，创新我国供销合作社体制机制，进一步激发供销合作社的内生动力和发展活力，提升服务能力，拓展服务领域，打造服务农民生产生活的综合平台，成为党和政府密切联系农民群众的桥梁和纽带，使供销合作社在实施乡村振兴战略中发挥更大的作用，是一个亟待认真研究的问题。因此，以习近平新时代中国特色社会主义思想为指导，认真学习习近平对供销合作社工作作出的重要指示精神，系统深入地研究中国特色供销合作社理论、道路、制度和文化，准确及时地反映和宣传我国供销合作社事业取得的成就，针对存在的难点问题，提出切实可行的对策，就显得意义重大。

安徽财经大学作为长期得到中华全国供销合作总社支持，又密切关注我国供销合作社事业发展的高校，我们有责任，搭建产学研协同创新平台，加强合作经济理论研究，培养合作经济人才，宣传合作社文化，弘扬合作精神，凸显我校合作经济办学特色，为中国特色供销合作经济事业发展作出应有的贡献。

本研究报告得到了中华全国供销合作总社，中国供销合作经济学会，相关省、市、县供销合作社联合社的大力支持，在此一并表示感谢。

安徽财经大学　唐敏
2020年10月

目 录

第一部分　全国供销合作社发展现状分析 ……………………………………………… (1)
　一、全国供销合作社总体经营平稳发展 …………………………………………… (1)
　二、基层基础不断夯实 ……………………………………………………………… (5)
　三、所属企业加快转型 ……………………………………………………………… (14)
　四、为农服务水平显著提升 ………………………………………………………… (19)
　五、人员结构日趋合理 ……………………………………………………………… (20)
　六、政策环境进一步优化 …………………………………………………………… (25)

第二部分　全国供销合作社改革发展中存在的主要问题 ………………………… (29)
　一、组织体系的治理体制机制有待创新 …………………………………………… (29)
　二、基层社为农服务能力仍显薄弱 ………………………………………………… (30)
　三、社有企业的发展质量有待提升 ………………………………………………… (31)
　四、流通网络的现代化水平有待提高 ……………………………………………… (31)
　五、供销经济理论研究与合作社文化推广有待深入 ……………………………… (32)

第三部分　加快全国供销合作社改革发展的对策建议 …………………………… (33)
　一、深化供销合作社综合改革，加快完善体制机制 ……………………………… (33)
　二、加快发展生产、供销、信用"三位一体"综合合作，提升供销合作社的综合服务能力
　　　………………………………………………………………………………………… (34)
　三、实施"供销合作社培育壮大工程"，提升基层社发展质量 …………………… (34)
　四、深化社有企业改革，加快推进社有企业提质增效 …………………………… (35)
　五、创新服务方式，打造综合性、规模化、可持续的为农服务体系 …………… (36)
　六、加强理论研究，培育中国特色供销社合作社文化体系 ……………………… (36)

第四部分　全国供销合作社综合改革与服务乡村振兴专题研究 ………………… (38)
　一、供销合作社综合改革发展概况 ………………………………………………… (38)
　二、供销合作社在实施乡村振兴战略中的独特作用分析 ………………………… (47)
　三、供销合作社综合改革的主要目标、指导思想和重点任务 …………………… (50)
　四、供销合作社综合改革与服务乡村振兴典型案例 ……………………………… (52)

第五部分　全国供销合作社"新网工程"建设专题研究 …………………………… (63)
　一、"新网工程"的产生及主要建设内容 …………………………………………… (63)
　二、"新网工程"在中国特色农业现代化中的作用与地位 ………………………… (65)
　三、"新网工程"建设的特点 ………………………………………………………… (67)
　四、2019年"新网工程"建设基本情况 ……………………………………………… (68)
　五、2019年"新网工程"的新发展 …………………………………………………… (70)

第六部分 "三位一体"农民合作经济组织体系建设专题研究 ……(74)

一、"三位一体"战略构想的提出 ……(74)
二、"三位一体"农民合作经济组织体系建设的理论依据与现实选择 ……(75)
三、"三位一体"农民合作经济组织体系的性质定位、功能和治理 ……(78)
四、"三位一体"合作经济组织体系建设的实践探索 ……(79)
五、"三位一体"农民合作经济组织体系建设中存在的主要问题 ……(86)
六、进一步推进"三位一体"农民合作经济组织体系建设的几点建议 ……(86)

第七部分 全国供销合作社电子商务发展研究 ……(90)

一、全国供销合作社电子商务发展现状 ……(90)
二、全国供销合作社电子商务典型做法及案例 ……(96)
三、全国供销合作社电子商务相关法律法规进展 ……(101)
四、全国供销合作社电子商务发展存在的问题 ……(102)
五、全国供销合作社电子商务发展对策 ……(104)

第八部分 学习习近平总书记对供销合作社工作作出的重要指示精神 ……(106)

汲取科学智慧 把牢正确方向 持续推动学习贯彻习近平总书记重要指示走深走实
  ——中华全国供销合作总社理事会主任、党组副书记 喻红秋 ……(106)
深入学习贯彻习近平总书记重要指示精神 努力开创供销合作事业新局面
  ——中华全国供销合作总社党组书记、理事会副主任 韩立平 ……(109)

附 录 ……(112)

附录一 中共中央 国务院关于抓好"三农"领域重点工作确保如期实现全面小康的
   意见(中发〔2020〕1号文件)(2020年1月2日) ……(112)
附录二 中华全国供销合作总社关于印发《供销合作社培育壮大工程实施意见》的
   通知(供销合字〔2020〕12号) ……(119)
附录三 喻红秋同志在中华全国供销合作总社第六届理事会第十一次全体会议上的
   工作报告:提高政治站位 落实新发展理念 着力深化综合改革(2020年1月
   17日) ……(124)
附录四 喻红秋在中华全国供销合作社第七次代表大会上的工作报告(摘要)
   (2020年9月24日) ……(134)
附录五 中华全国供销合作总社关于印发《2020年深化供销合作社综合改革重点
   工作任务书》的通知(供销合字〔2020〕9号) ……(144)
附录六 中共中央 国务院关于实施乡村振兴战略的意见(中发〔2018〕1号) ……(148)
附录七 中华全国供销合作总社印发关于深入贯彻落实中央一号文件大力推动乡
   村振兴的实施意见的通知 供销经字〔2018〕7号 ……(160)
附录八 中共中央 国务院关于深化供销合作社综合改革的决定(中发〔2015〕11号)
   ……(167)
附录九 国务院关于加快供销合作社改革发展的若干意见(国发〔2009〕40号) ……(172)
附录十 中共中央 国务院关于深化供销合作社改革的决定(中发〔1995〕5号) ……(176)

附录十一　新农村现代流通服务网络工程专项资金管理办法……………………(181)
附录十二　"新网工程"发展大事记……………………………………………(183)
附录十三　国务院办公厅关于促进内贸流通健康发展的若干意见(国办发〔2014〕51号)……………………………………………………………………(185)
附录十四　国务院办公厅关于促进内贸流通健康发展的重点任务分工及进度安排 (188)
附录十五　中共浙江省委、浙江省人民政府关于深化供销合作社和农业生产经营管理体制改革　构建"三位一体"农民合作经济组织体系的若干意见(浙委发〔2015〕17号)(2015年9月28日)………………………………(190)
附录十六　中共浙江省委办公厅　浙江省人民政府办公厅　关于进一步深化生产供销信用"三位一体"改革推动农合联更好服务乡村振兴的若干意见(2019年12月31日)………………………………………………………(197)

参考文献……………………………………………………………………………(202)

第一部分 全国供销合作社发展现状分析[①]

一、全国供销合作社总体经营平稳发展

1.全国供销系统销售总额有所下降

全国供销系统 2019 年销售总额 4.6 万亿元,同比降低 21.9%。综合 2006—2019 年共 14 年的数据可以发现,全系统的年销售总额在 2018 年之前呈指数增长的趋势(见图 1-1)。

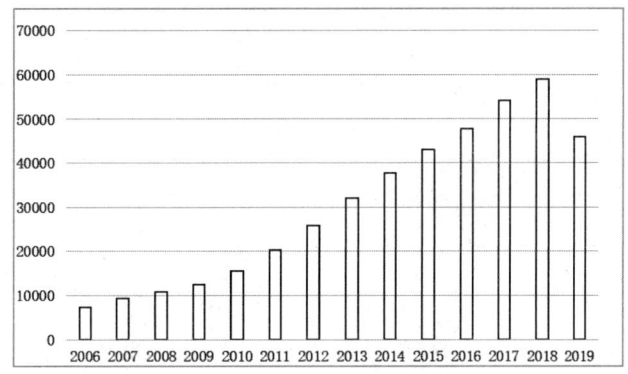

图 1-1 2006—2019 年全系统销售总额(单位:亿元)

其中,农业生产资料类销售额 7872.3 亿元,同比降低 14.4%;消费品类零售额 15884.5 亿元,同比降低 17%;再生资源类销售额 2318 亿元,同比降低 22.5%;其他类销售额 18580.8 亿元,同比降低 11.7%,主要农产品类销售额归入其他类销售额计算(见图 1-2)。

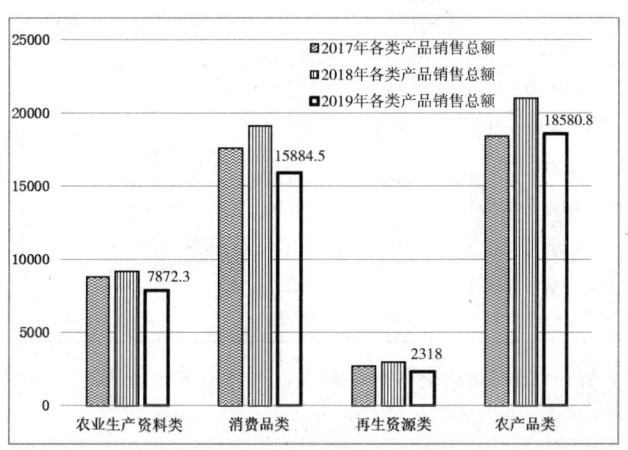

图 1-2 2017—2019 年全国供销系统销售总额构成分布(单位:亿元)

---

① 执笔人:李想、苏耀庭;审稿人:唐敏。

从图1-3中可以看出,在销售的种类中,消费品类、农业生产资料类、再生资源类和农产品类分别占到34.5%、17.1%、5%和40.4%。较2018年都有所下降,其中农产品下降幅度最小,下降11.7%。

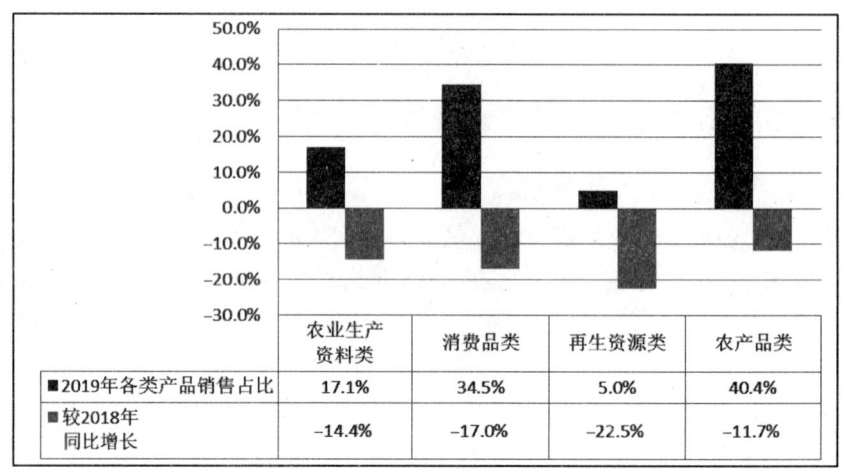

图1-3 2019年各类产品销售占比及较2018年相比

2.商品交易额总量平缓下降

2019年商品交易(批发)市场交易额9447.1亿元,同比降低了6.36%。其中,农产品市场交易额7767.5亿元,同比降低了3.84%;再生资源市场交易额745亿元,同比降低了10.07%。2018年商品交易(批发)市场交易额10089.1亿元,同比增长9.7%。其中,农产品市场交易额8077.5亿元,相对2017年增长11.5%;再生资源市场交易额828.4亿元,相对2017年增长9.9%。两个年度相比,商品交易市场交易额和农副产品市场交易额在2019年略微有所降低,而再生资源市场交易额降低较为显著(见图1-4)。

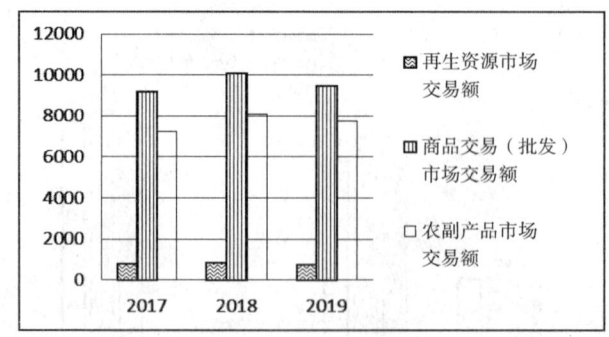

图1-4 再生资源市场、商品交易市场和农副产品市场交易额对比图(单位:亿元)

2006—2018年,全系统商品交易(批发)市场交易额和农副产品市场交易额都一直处于不断上升的趋势,2019年这两类市场交易额有所降低(见图1-5)。

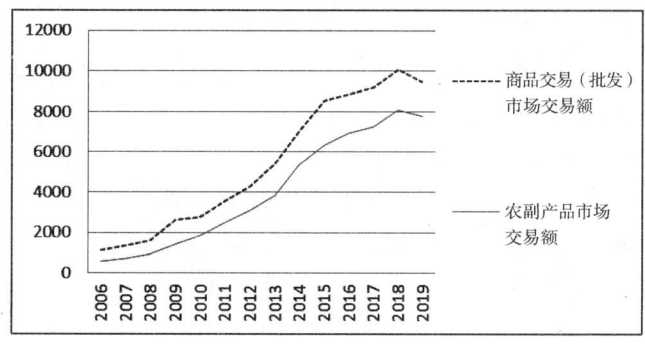

图 1-5 2006—2019 年两类市场交易额对比(单位:亿元)

3.进出口额呈增长趋势

2019 年全年商品进出口总额 725.9 亿元,同比增长 8.23%。其中,进口额 349.9 亿元,相比 2018 年增长 18.57%;出口额 376 亿元,相比 2018 年增长 0.4 亿元。相比 2018 年进出口总额大幅度回升,进口呈上升趋势,出口呈平缓增长趋势(见图 1-6)。

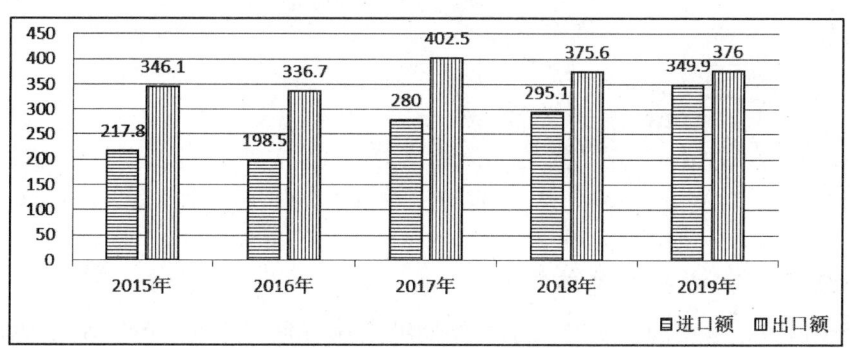

图 1-6 2015—2019 年商品进、出口额(单位:亿元)

从图 1-7 中可以看出,我国进出口总额 14 年来处于一个波动的状态,2009 年到达一个低谷,近两年来呈现上升趋势,基本保持在 700 亿元左右的水平。

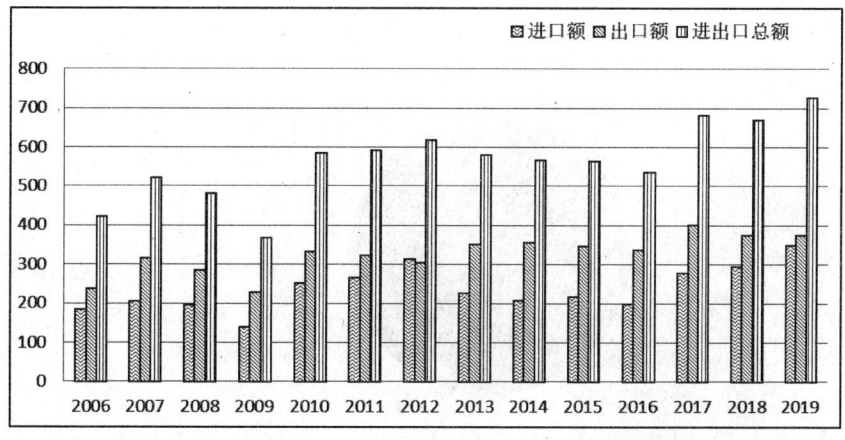

图 1-7 2006—2019 年进口额(左)、出口额(中)、进出口总额(右)(单位:亿元)

4.农产品购进额开始回落

2019年从农业生产者购进的农产品金额13405.9亿元,同比降低16.2%。2006—2019年农产品购进额的增幅分别为 10.4%、23.2%、16.7%、29.35%、37.21%、45.03%、33.3%、29.2%、17.9%、17.9%、25.7%、23.1%、11.1%、-16.2%。由此可见,全系统从农业生产者手中直接收购的农产品在2011年达到了一个非常高的增长速度,直到2018年持续保持增长的态势,2019年出现下滑。

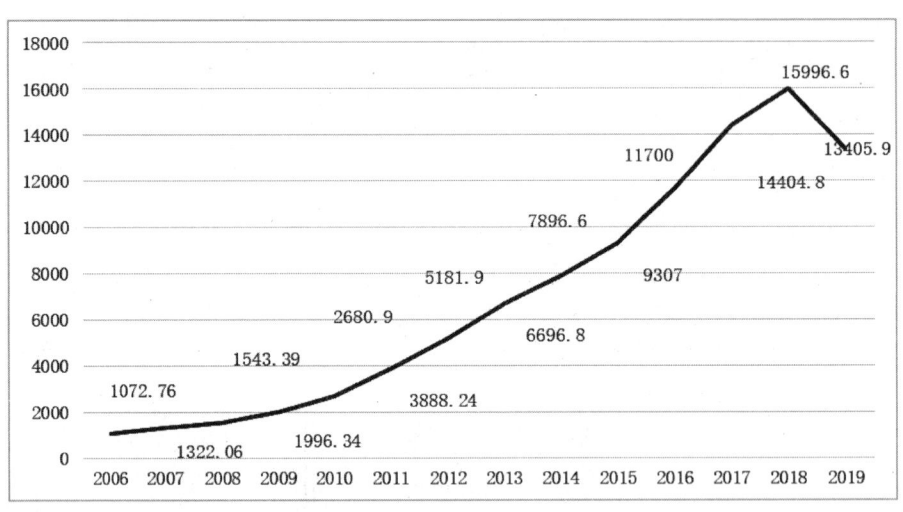

图1-8 2006—2019年农产品购进额变动(单位:亿元)

5.综合经营服务营业额总体增长

2019年全国供销系统的综合经营服务发展继续保持良好态势。全年农业生产服务收入额220.6亿元,同比增长39.6%;金融服务营业额707.8亿元,同比下降27.07%;居民生活服务业营业额170.6亿元,同比增长3.96%;物流业营业额68.4亿元,同比增长18.96%;资产经营额172.1亿元。从图1-9可以看出,2019年全系统综合经营服务营业额总体增长,但个别领域出现了较大幅度的减少,从图1-9可以看出,金融服务成为全国供销系统综合经营服务中份额最大的一部分。

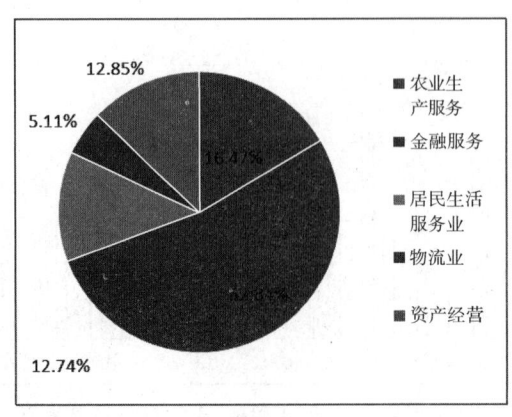

图1-9 2019年各类经营服务所占比例

二、基层基础不断夯实

1.基层组织建设扎实推进

基层社发展进一步提速,连续多年保持30%以上的增幅;全系统区域发展的协调性进一步增强,中西部地区发展明显加速,在全系统的经济比重稳步提升,整体运行质量明显提高。

(1)以集体企业为主体,其他类型企业共同发展

截至2019年年末,全系统有基层社32465个,比上年增加673个。其中:集体企业20503个,有限责任公司3753个,股份有限公司764个,股份合作公司1395个,农民合作社3317个,其他2733个。如图1-10所示。

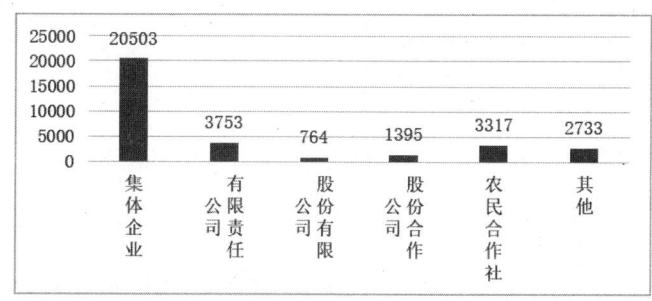

图1-10 2019年全系统基层社分类情况(单位:个)

从图1-11看,基层社所有制形式的主体是集体所有制,而合作社、股份制等形式占到37%左右。但可以看出我国基层社所有制形式多元化,近年来出现多种形式企业并存,发展情况较好。

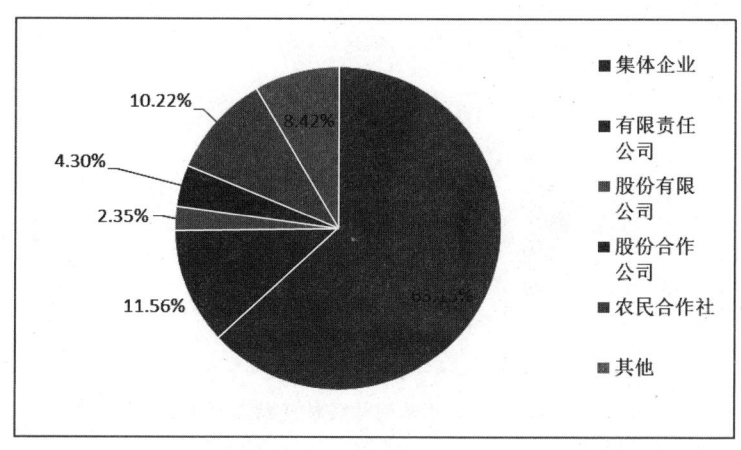

图1-11 基层社所有制形式比例

(2)垂直管理和属地管理的基层社数量明显增加

2019年,基层社中由县社垂直管理的23726个,实行属地管理的1503个,保留牌子实行民营的2737个,其他4499个。与2018年相比,基层社中县社垂直管理的数量增加了509个,占2018年数量的2.19%;实行属地管理的数量增加了143个,占2018年的10.52%;保留牌子

实行民营的减少了39个,占2018年数量的约1.4%。如图1-12所示。从管理角度看,县社垂直管理和属地管理在增加,保留牌子实行民营有所降低。

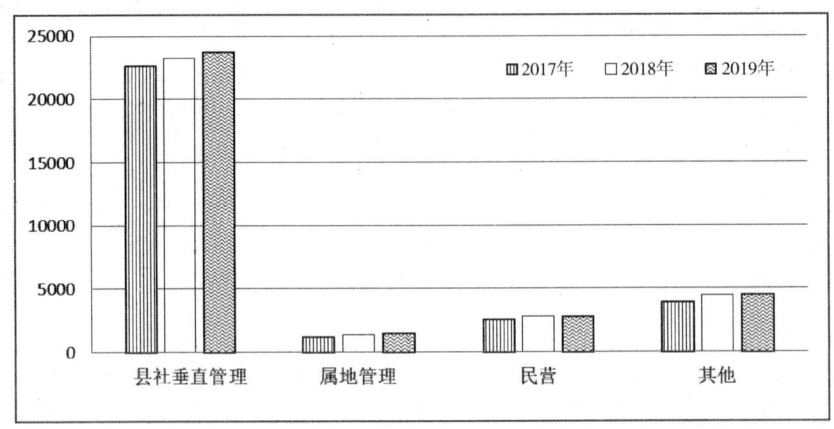

图1-12 2017—2019年基层社构成数量变动(单位:个)

(3)不同经营方式结构发生变化

截至2019年年底,实行自营的18956个,占64.32%;承包经营的4950个,占16.8%;租赁经营的3633个,占12.33%;停业、歇业的等1932个,占6.56%。如图1-13所示。与2018年比,实行自营的基层社数量增加了1644个,承包经营的减少了737个,租赁经营的减少了735个,停业、歇业的减少了2493个。与2018年相比,2019年基层社的自营数量持续增加,而停业、歇业的数量有大幅度下降,承包经营和租赁经营的数量略微减少。这反映出基层社不同经营方式结构的变化非常明显,对于数量发生增减的原因要深入剖析,以便更好地发挥各种经营方式的作用。

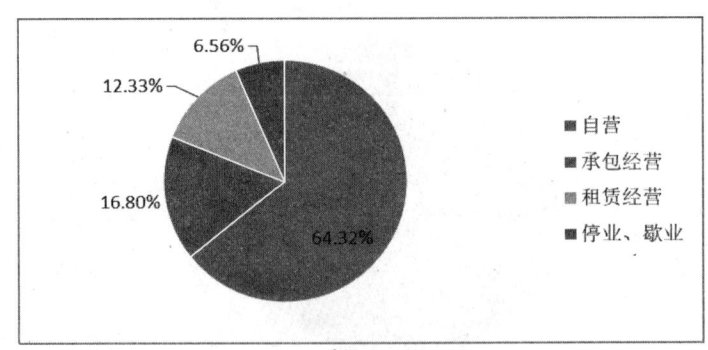

图1-13 2019年基层社各种经营方式占比

(4)各种类型网点数量有所减少

2019年,基层社经营网点32.8万个,其中,日用消费品网点16.4万个,农业生产资料网点11.3万个,农副产品收购网点2.5万个,再生资源回收网点1.8万个。与2018年相比,经营网点的数量增加了1万个,增加比例约为2018年的0.05%;日用消费品网点减少了0.6万个,减少比例约为2018年的3.53%;农业生产资料网点减少了0.4万个,减少比例约为2018年的

3.42%;农副产品收购网点减少了 0.1 万个,减少比例约为 2018 年的 3.85%;再生资源回收网点没有变化。如图 1-14 所示。

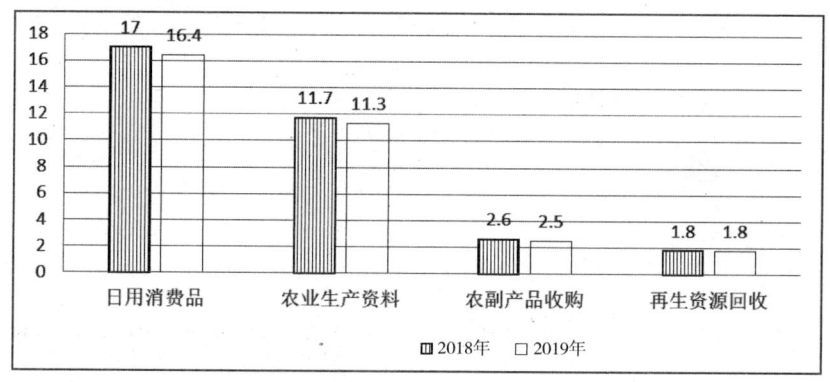

图 1-14　2018 年、2019 年基层社经营网点变化情况(单位:万个)

总体来看,日用消费品、农副产品和农业生产资料网点都有所减少,再生资源回收网点数量保持不变。全系统在推进"新网工程"的过程中,对原来规模较小的网点进行整合改善,数量明显增多,其规模和服务能力会有所增加,更加便捷地为农民提供各种服务。

2.领办农民专业合作社数量出现下降

(1)农民专业合作社数量反向变动,入社农户数同样有所降低

截至 2019 年年底,全系统组织农民兴办的各类专业合作社 179812 个,比上年减少 13775 个;入社农户 1453.4 万户,其中农民合作社联合社 8642 个。农民专业合作社广泛分布在种植、畜牧、农机、渔业、林业、民间传统手工编织等各个产业,助农增收明显,入社农户收入比非成员同业农户收入高出 20% 以上。从图 1-15 看,2006—2018 年,全国供销系统农民专业合作社的数量呈现指数增长的趋势,在 2019 年有所回落。从图 1-16 中可以看出,13 年来,农民专业合作社入社农户数在 2009 年之后处于一个较为平稳的发展状态。

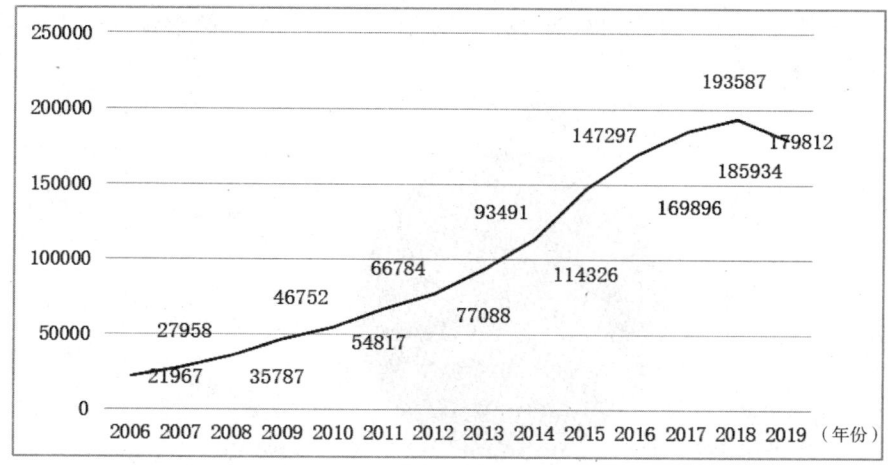

图 1-15　2006—2019 年全系统农民专业合作社数量(单位:个)

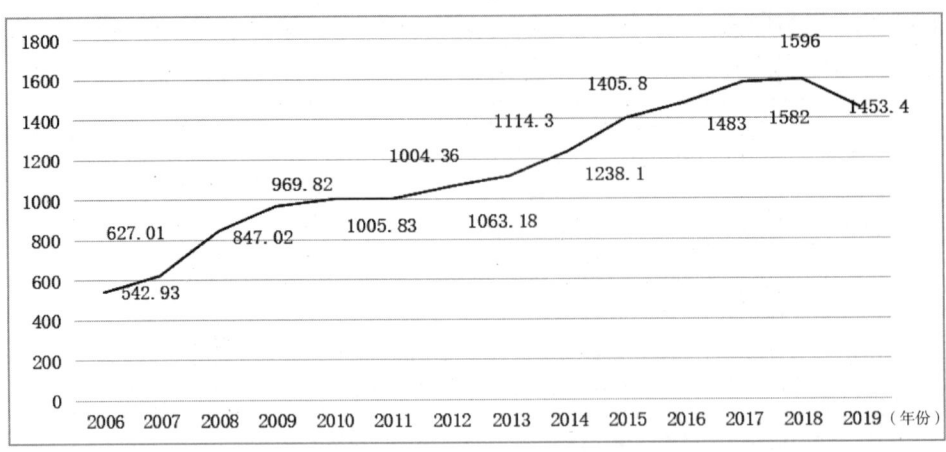

图 1-16 2006—2019 年农民专业合作社入社农户数(单位:万户)

(2)经营类型丰富,各类合作社在寻求新的平衡

全系统在巩固提升传统业务的同时,不断拓展房地产、生物医药、装备制造、家居建材、家政服务等新的经营服务领域。我国农民专业合作社从事种植业和养殖业最多。2019 年,在全国供销合作系统的各类专业合作社中,农产品类 155739 个,比 2018 年减少了 12179 个,减少数量约占 2018 年数量的 7.25%;农业生产资料类 6001 个,比 2018 年减少了 495 个,减少数量约占 2018 年的 7.62%;综合服务类 5610 个,比 2018 年减少了 260 个,减少数量约占 2018 年的 4.43%;其他类 12462 个,比 2018 年减少了 841 个,减少数量约占 2018 年的 6.32%。

在农产品类专业合作社中,棉花专业合作社 1335 个;干鲜果蔬专业合作社 51067 个;粮油作物专业合作社 21055 个;茶叶专业合作社 5194 个;中药材专业合作社 7405 个;水产专业合作社 5896 个;畜禽专业合作社 37733 个;其他 26054 个。从图 1-17 中可以看出,干鲜果蔬专业合作社的数量最多,约占总体 32.79%,其次是畜禽专业合作社,占总体的 24.23%。从图 1-18 中可以看出,2019 年各种类型的合作社数量都有一定量的增加,各类合作社所占比例基本保持稳定。从图 1-19 中可以看出,近 13 年来,棉花专业合作社的数量在 2010 年降至最低之后,近年来保持稳定的状态。

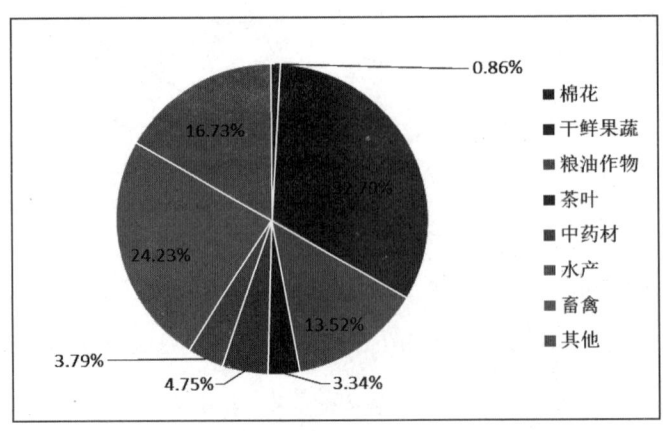

图 1-17 各种专业合作社占比

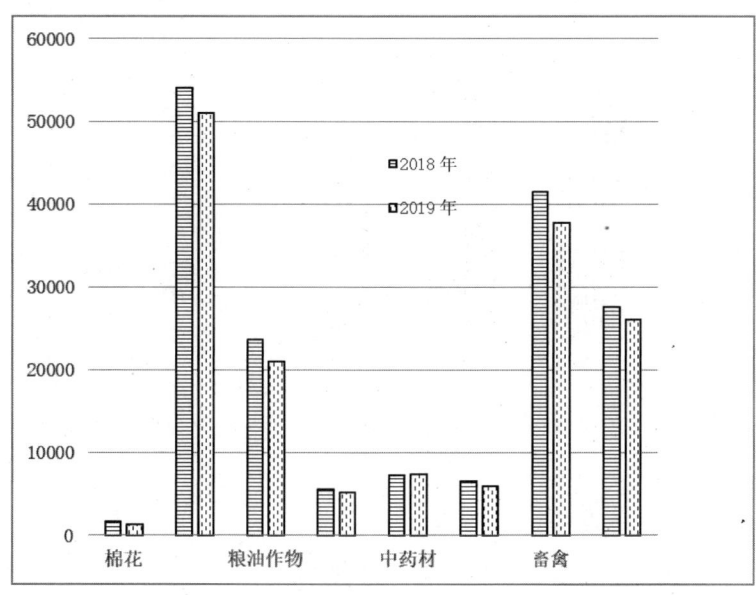

图 1-18　2018 年、2019 年农产品类专业合作社数量(单位:千个)

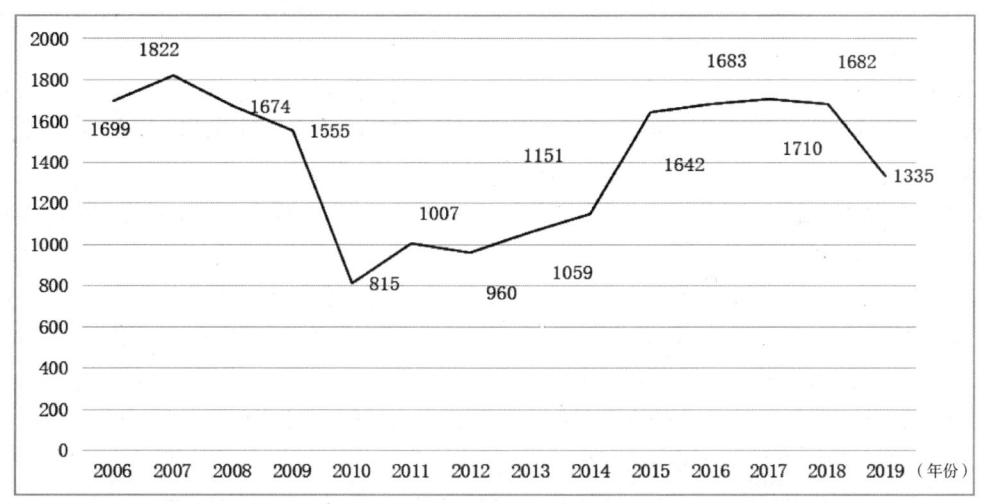

图 1-19　2006—2019 年棉花专业合作社数量(单位:个)

(3)合作社产品认证意识需要进一步增强

2019 年,通过有机、绿色、无公害等认证的专业合作社 35871 个。其中,通过有机认证的 3800 个,通过绿色认证的 9917 个,通过无公害认证的 22154 个;有产品注册商标的专业合作社 12103 个,有经市、县级以上行政主管部门认定的品牌的专业合作社 3121 个。这反映出农民合作社在发展绿色农业的过程中,更加注重产品的质量认证,这将有力地提升合作社产品的市场竞争力。有机、绿色、无公害合作社数量和注册商标的专业合作社数量都出现小幅下降,表明在现在的市场环境下,规范、提升农民专业合作社的重要性。

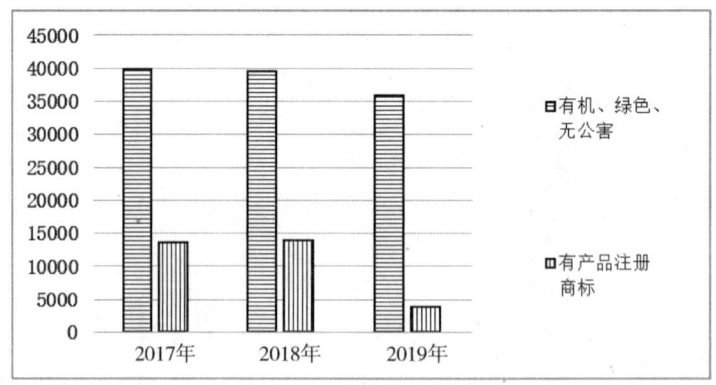

图 1-20　2017 年、2018 年和 2019 年三品认证与注册商标专业合作社数量(单位:千个)

3.社团组织作用充分发挥

(1)社团组织管理制度化,社会组织类型多样化

截至 2019 年年末,全系统主管、领办各类社会组织 17790 个,会员 249 万个(人);其中,农村(民)经济组织联合会 4141 个。2018 年年末,全系统主管、领办各类社团组织 17779 个,会员 266.9 万个(人);其中,农村(民)经济组织联合会 3142 个。相比而言,社团组织的数量略微有所增加,但会员总人数有所减少。

从隶属关系角度看,2019 年省社主管、领办 220 个,省辖市社主管、领办 1131 个,县社主管、领办 11053 个,基层社领办 5371 个。从图 1-21 中可以看出,县社主管、领办的社团数量最多,占总体的 62.18%;其次是基层社领办的,占总体的 30.22%。

从组织性质看,协会(商会)12887 个,学会(研究会)173 个,联合会 4300 个,民办非企单位 415 个,基金会 15 个。

在行业协会中,农产品协会 6165 个,农产品流通经纪人协会 1250 个,农业生产资料协会 1250 个,再生资源协会 733 个,烟花爆竹协会 716 个,电子商务协会 78 个,其他协会 2695 个。从中可以发现,农产品协会是行业协会中最主要的力量(见图 1-22)。其次是其他协会、农业生产资料协会、农产品流通经纪人协会、再生资源协会和烟花爆竹协会。这种数量分布与我国农民合作社产业类型的企业数量分布情况是相适应的。

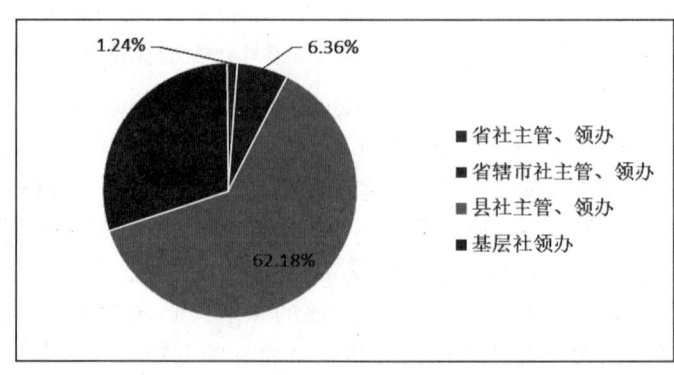

图 1-21　2019 年隶属关系角度的社团组织分类

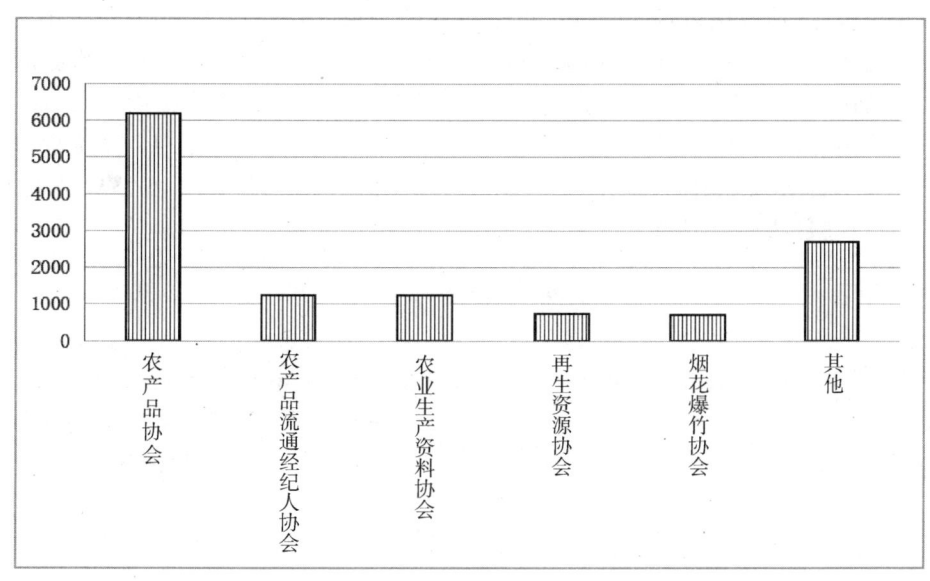

图 1-22　2019 年行业协会分类(单位:个)

(2)团体会员数量及个人会员数量都有所减少,团体会员比例上升

从会员情况看,2019 年全部会员中,团体会员 37 万个,占 14.8%;个人会员 212.4 万人,占 85.2%。2018 年的全部会员中,团体会员 41 万个,占 15.4%;个人会员 225.9 万人,占 84.6%。相比而言,2018 年的团体会员的数量以及个人会员数量变化幅度不大(见图 1-23)。这反映出社团成员的一种变化趋势,即更多的团体认可了社团,今后可以借助社团的渠道为农户传递更多有益的信息。

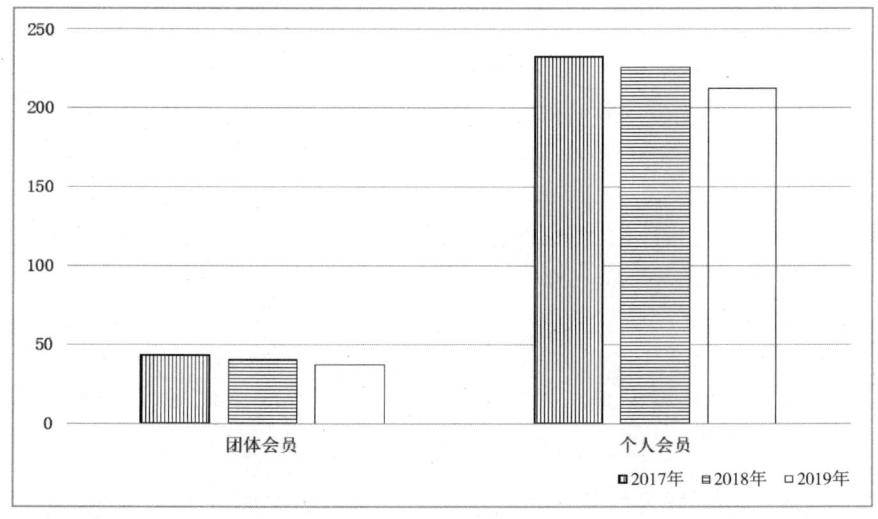

图 1-23　2017 年、2018 年和 2019 年会员情况对比(单位:万人)

从图 1-24 中可以看出,2006—2019 年间,经过一个数量上升的阶段之后,2009 年之后出现下降,2013—2019 年大致呈平稳趋势。从图 1-25 中可以看出,团体会员的数量和个人会员

的数量都在减少,这种变化将对社团管理提出更高的要求。从图1-26和图1-27中可以看出,农产品协会的数量与社团数量的变化基本保持一致,且其数量最多,这表明社团数量变化主要是由于农产品协会数量变化而导致的。农产品经纪人协会的数量变化幅度不大,数量上保持平衡状态。从图1-28中可以看出,基层社领办的社团数量在2009年出现一个大幅度的下降,2010年以后出现小幅度回升,应该引起高度关注。县社主管、领办的社团数量是一个非常明显的上升趋势,它是四种类型当中发展最好的。

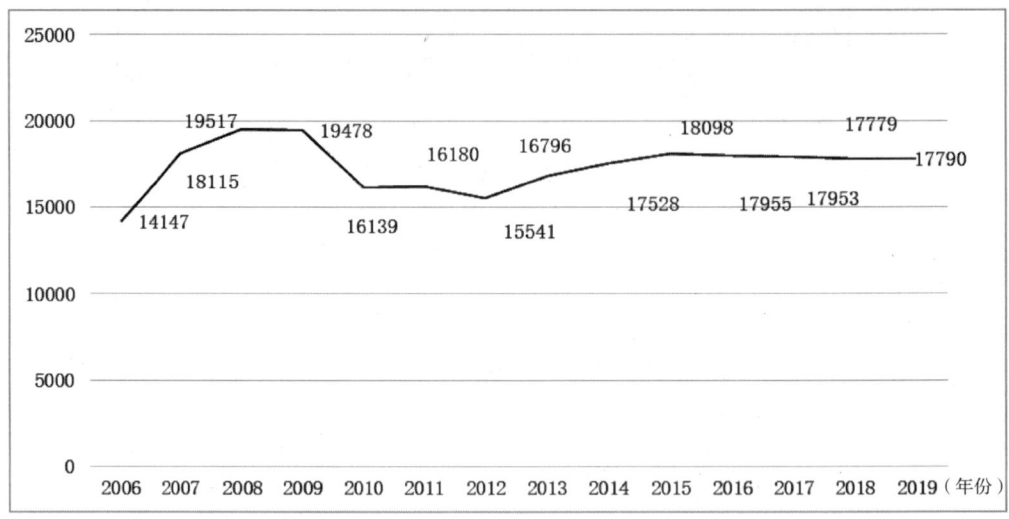

图1-24　2006—2019年全系统社团数量(单位:个)

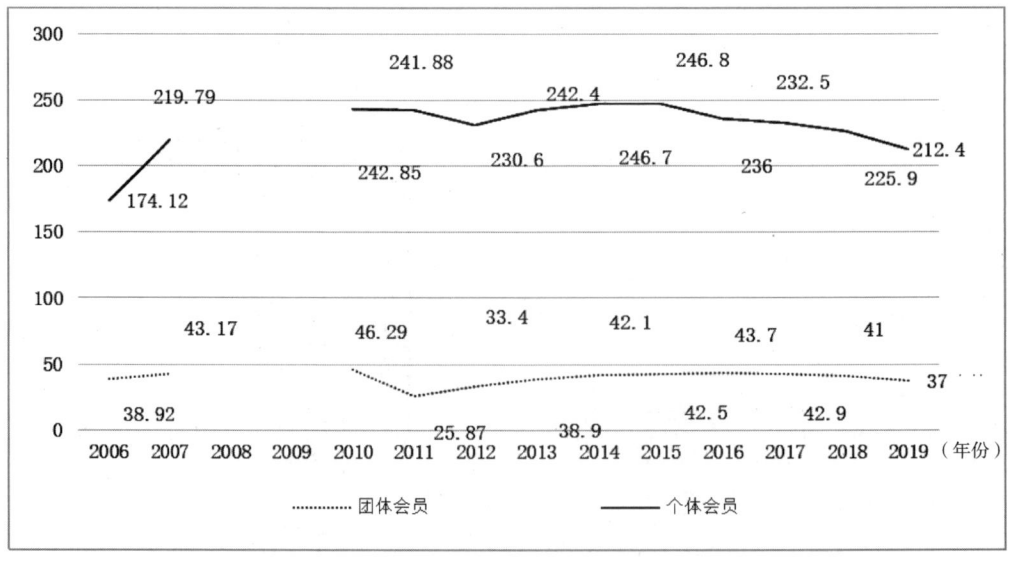

图1-25　个人会员与团体会员数量情况(单位:万个)

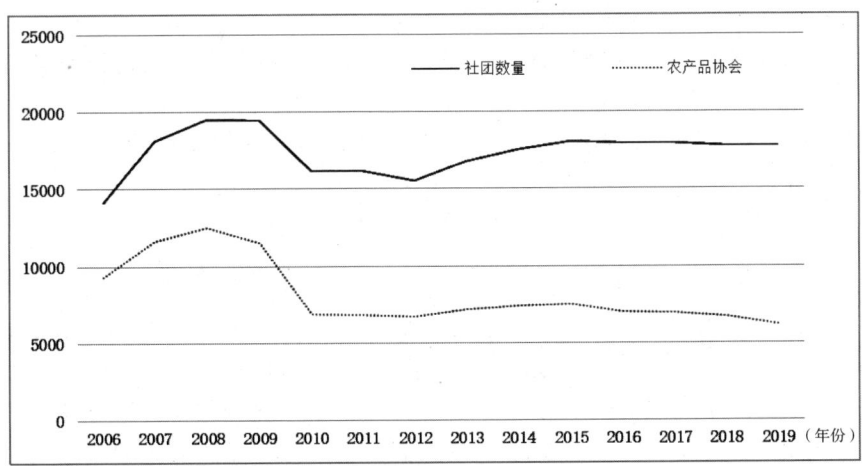

图 1-26 2006—2019 年各类社团数量（单位：个）

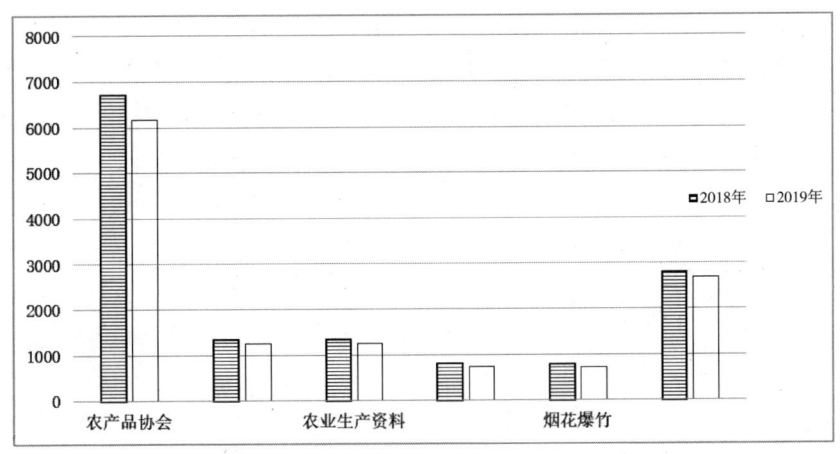

图 1-27 2018 年、2019 年协会所在领域数量情况（单位：千个）

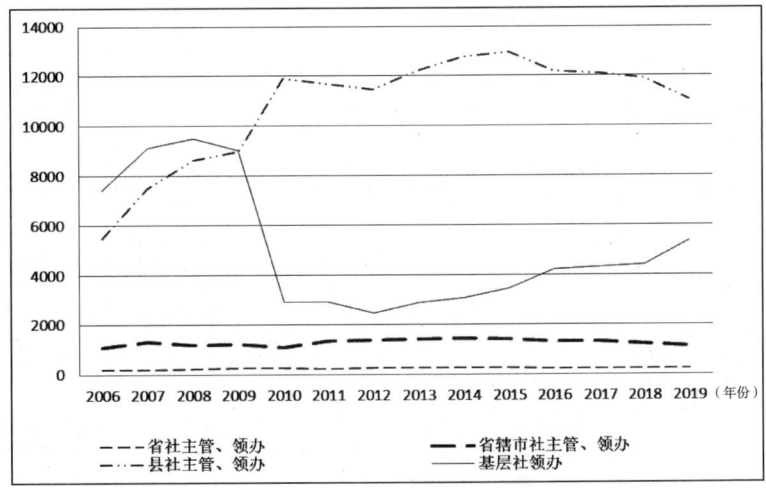

图 1-28 2006—2019 年各级部门管理社团数量（单位：个）

(3)社团组织服务多样化和精细化

2019年,全系统的社团在内部治理、业务拓展和服务产品等市场化建设有新突破;各社团在推动服务功能多样化、精细化方面,进行了大胆实践;社团在行业内与全社会的社会影响力方面有所提高;会员管理、组织资源和自身实力等方面的自身建设呈现出新面貌。

三、所属企业加快转型

1. 各类企业数量都有所减少,企业规模和效益有望扩大和提高

全系统把社有企业作为加快供销合作事业发展的重要支撑,加大改革力度,拓展业务领域,大力推动社有企业提质增效,企业规模和效益显著扩大和提高。截至2019年年末,全系统共有各类法人企业21501个(不含基层社)。其中,省社所属企业1258个,省辖市社所属企业2889个,县社所属企业15653个。2018年年末,全系统共有各类法人企业22474个(不含基层社),其中,省社所属企业1263个,省辖市社所属企业3091个,县社所属企业16436个。通过比较,省社所属企业减少了973个,省辖市社所属企业减少了5个,县社所属企业减少了783个。从图1-29看,全系统法人企业的数量呈现一个"V"字形的发展状态,这种变化是与全系统响应国家的结构改革,企业规模化发展等战略相适应的。全系统各类法人企业数量在连续4年缓慢上升之后,2010年有一个较大幅度的下降,2013年又有所上升,总体保持在20000个左右。如图1-30所示,全系统共有各类法人企业整体表现出回落趋势。

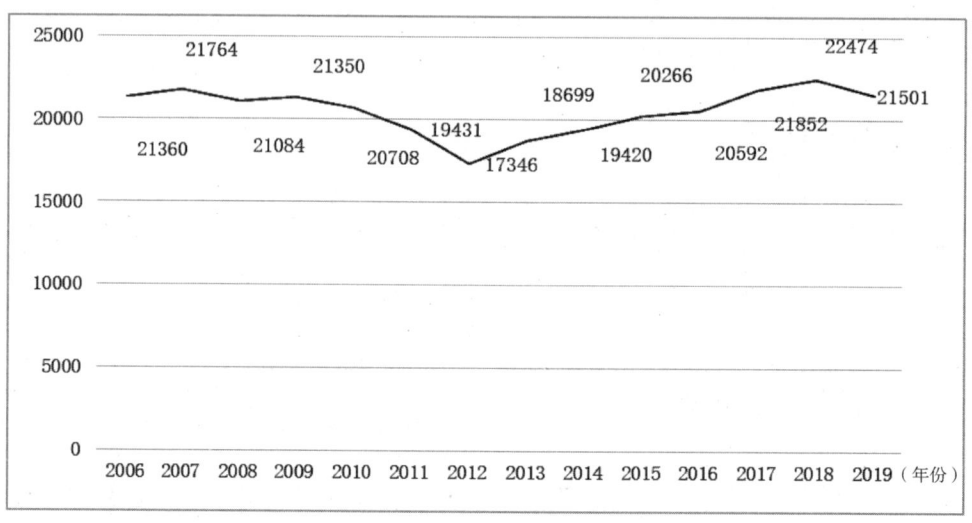

图1-29　2006—2019年全系统法人企业数量(不含基层社)(单位:个)

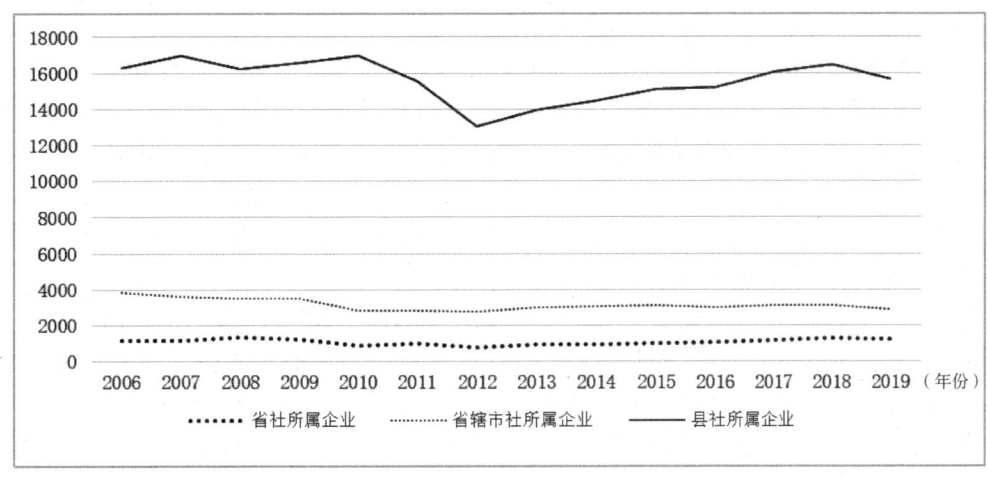

图 1-30 2006—2019 年全系统各类法人企业数量(单位:个)

2.全资企业、控股和参股企业全面减少,开放办社吸纳的企业有缓慢增加

截至 2019 年年底,全资企业 8918 个,控股企业 3793 个,参股企业 4296 个,开放办社吸纳的有业务指导但无资产关系的企业 4494 个。2018 年,全资企业 9285 个,控股企业 4024 个,参股企业 4676 个,开放办社吸纳的有业务指导但无资产关系的企业 4489 个。对比这两年的数据可以看出,各类股权企业的数量均有所变化。具体来看,开放办社吸纳的有业务指导但无资产关系的企业数量在增加;全资企业、参股企业和控股企业的数量在减少。股权结构会影响企业的运营,因此我们需要分析各类股权结构企业增加或减少的原因,以便针对性地采取措施。

从图 1-31 看,全资企业的数量最多,而且整体呈现下降的趋势;开放办社吸纳的有业务指导但无资产关系的企业是一个平缓上升的状态;其他两类企业的变化不大。企业数量的变化原因很多,如果是由于企业规模化发展而引起的,那这种减少是有益的;如果是其他原因,就需要出台一些针对性的举措。

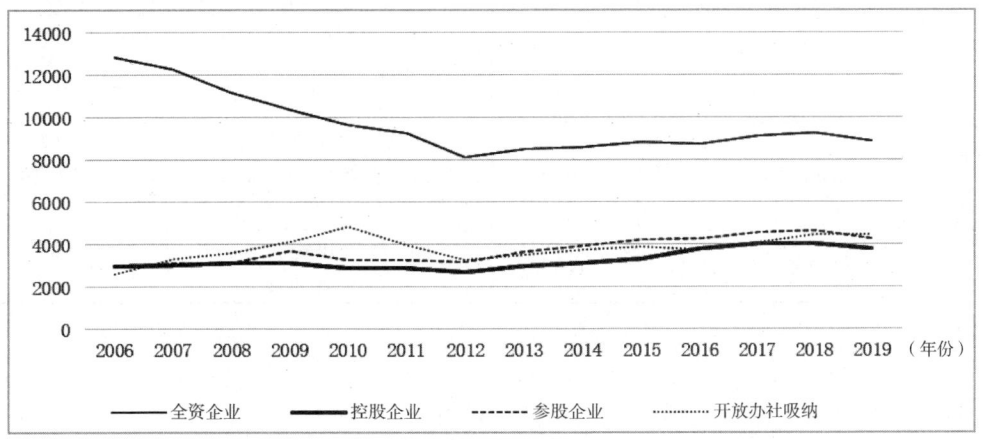

图 1-31 2006—2019 年全系统企业股权情况(单位:个)

3.传统业务继续发展,积极拓展新领域

在市场经济条件下,供销系统想要培育自己的实力,就要寻求新的经济增长点,供销合作社只有自己先生存下来,才能更好地为农业服务。所以,只要是国家法律允许的行业,供销合作社都可以介入,这样并不会影响供销合作社为农业服务的本质。实践也证明,只有供销合作社自己的实力增强,才能引起政府的重视,争取更多的政策扶持,才能更好、更快地恢复供销合作社过去的辉煌。全系统在巩固提升传统业务的同时,不断拓展房地产、生物医药、装备制造、家居建材、家政服务等新的经营服务领域。

从产业类别看,2015年及以前全系统的产业分为四种类型:批发零售贸易业法人企业、宾馆和饭店、工业生产加工企业和其他法人企业。2016年全系统的产业则合并为批发零售贸易业法人企业、生产加工企业和其他服务业法人企业三种类型。从表1-1看,与2015年相比,2016年和2017年,大多数企业数量表现出明显的递增趋势,2017年与2018年相比,批发零售贸易业法人企业、各类加工企业和其他服务业法人企业都有明显的上升,但2019年,各类企业数量都有小幅度的减少,在全系统响应国家产业结构调整的过程中,应该关注这些产业领域相关企业的变化情况,尤其是再生资源加工企业等的变化应该引起一定的关注。

表 1-1 2015—2019 年各种企业类别及其数量情况

时间	企业类别	数量	企业类别	数量
2019 年	批发零售贸易业法人企业	15497	农业生产资料经营企业	3711
			农副产品经营企业	4408
			日用消费品经营企业	3441
			再生资源经营企业	1465
			其他类型经营企业	2472
	各类生产加工企业	1909	工业品生产加工企业	503
			农产品生产加工企业	1280
			再生资源生产加工企业	126
	其他服务业法人企业	4095	宾馆、饭店和餐饮业企业	272
			物流业企业	292
2018 年	批发零售贸易业法人企业	16249	农业生产资料经营企业	3896
			农副产品经营企业	4465
			日用消费品经营企业	3649
			再生资源经营企业	1507
			其他类型经营企业	2732
	各类生产加工企业	2039	工业品生产加工企业	625
			农产品生产加工企业	1276
			再生资源生产加工企业	138
	其他服务业法人企业	4186	宾馆、饭店和餐饮业企业	292
			物流业企业	286

续 表

时间	企业类别	数量	企业类别	数量
2017年	批发零售贸易业法人企业	16041	农业生产资料经营企业	3873
			农副产品经营企业	4210
			日用消费品经营企业	3630
			再生资源经营企业	1538
	各类生产加工企业	1869	工业品生产加工企业	641
			农产品生产加工企业	1114
			再生资源生产加工企业	114
	其他服务业法人企业	3942	宾馆、饭店和餐饮业企业	292
			物流业企业	281
2016年	批发零售贸易业法人企业	15245	农业生产资料经营企业	3687
			农副产品经营企业	3720
			再生资源经营企业	1509
	生产加工企业	1804	工业品生产加工企业	650
			农产品生产加工企业	1043
			再生资源生产加工企业	111
	其他服务业法人企业	3543	宾馆、饭店和餐饮业	284
			物流业	257
2015年	批发零售贸易业法人企业	13813	农业生产资料经营企业	3775
			农副产品经营企业	3320
			再生资源经营企业	1709
	宾馆、饭店	301	星级宾馆	—
	工业生产加工企业	1481	农产品加工企业	1943
			再生资源加工企业	191
	其他法人企业	4671	仓储运输	250
			房地产开发企业	120
			金融担保企业	126

注：全国供销合作社系统基本情况统计公报中，2015—2019年与2006—2010年统计口径不同，本表只对近五年数据进行比较。

4.连锁配送企业数量下降，销售额也出现大幅度下降

截至2019年年底，全系统连锁企业5997家，拥有配送中心9663个，发展连锁、配送网点84.6万个。其中，直营连锁、配送网点15.5万个，加盟连锁、配送网点69.1万个。县及县以下连锁、配送网点79.9万个。其中，县级10.9万个，乡镇级29.3万个，村级39.7万个。从这些数据可以发现，全系统的连锁配送企业、配送中心和连锁、配送网点都有一定的下降。从各类企业的规模和数量看，农业生产资料连锁经营企业、日用消费品连锁经营企业、烟花爆竹连锁经营企业和医药连锁经营是主要力量。

而从表1-2的数据看，连锁配送企业是全系统流通领域的重要力量，配合和实施"新网工程"中，它们将扮演非常重要的角色。这些企业数量的不断增加，将有利于提高各类农产品流通的速度，提升供销系统为农民提供情报服务的能力。

表 1-2 2015—2019 年各类连锁配送企业及其数量情况

年份	企业类型	数量		数量		数量
2019 年	全系统连锁企业	5997 家	配送中心	9663 个	连锁、配送网点	84.6 万个
2018 年	全系统连锁企业	6679 家	配送中心	10722 个	连锁、配送网点	94.6 万个
2017 年	全系统连锁企业	6781 家	配送中心	1094 个	连锁、配送网点	18.3 万个
2016 年	农业生产资料连锁经营企业	2354 家	配送中心	5551 个	连锁、配送网点	34.4 万个
	日用消费品连锁经营企业	1531 家		1960 个		34.1 万个
	再生资源连锁经营企业	508 家		233 个		4 万个
	农副产品连锁经营企业	882 家		1089 个		5.9 万个
	烟花爆竹连锁经营企业	912 家		1543 个		16.9 万个
	医药连锁经营企业	91 家		75 个		6168 个
2015 年	农业生产资料连锁经营企业	2500 家	配送中心	6427 个	连锁、配送网点	37 万个
	日用消费品连锁经营企业	1602 家		2553 个		35.7 万个
	烟花爆竹连锁经营企业	977 家		1720 个		18.1 万个
	医药连锁经营企业	98 家		86 个		7838 个

2019 年,全系统连锁经营销售额 9078.3 亿元,同比降低 16.34%。从图 1-32 来看,2006—2018 年,连锁企业销售额一直处于线性增长的过程,且增长的速度处于较高水平;而 2019 年,连锁企业销售额出现回落趋势。

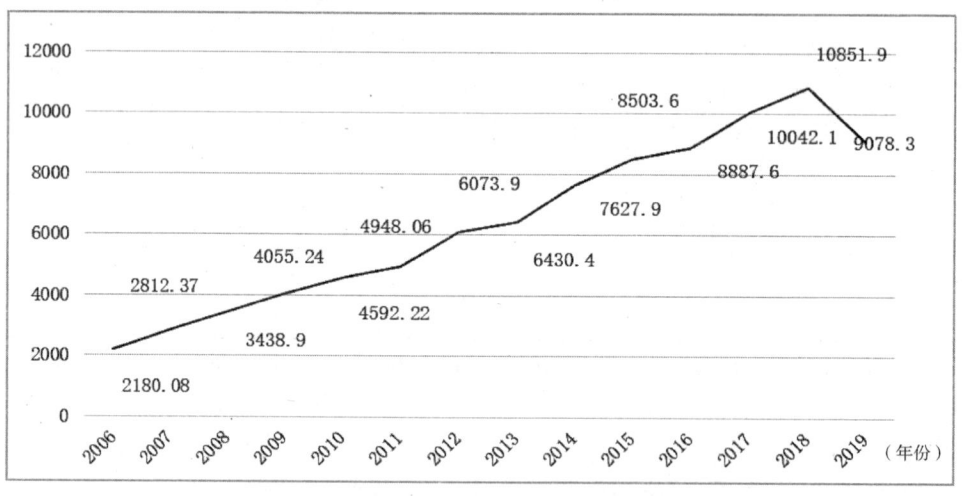

图 1-32 2006—2019 年连锁企业销售额(单位:亿元)

5.农业产业化经营龙头企业数量基本平稳

龙头企业是农业产业化过程中非常重要的力量,截至 2017 年 1 月,北京百花蜂业科技发展股份公司等供销合作社农业产业化重点龙头企业共有 523 家。中国供销集团、北京粮食集团有限责任公司、江苏苏果、安徽辉隆、聚超网、黑龙江倍丰等一批社有企业迅速发展壮大,成为具有重要行业影响力的骨干龙头企业。截至 2019 年年底,全系统有各级政府和省以上有关部门认定的农业产业化龙头企业 2240 个。其中,省部级及以上认定的农业产业化龙头企业 811 个。全系统有各级政府和省以上有关部门认定的农业产业化龙头企业 2521 个。其中,省部级及以上认定的农业产业化龙头企业 989 个,从事农产品加工的农业产业化龙头企业 1303

个。从图 1-33 中可以看出,2006—2019 年,处于持续波动的状态,农业产业化龙头企业的数量在 2009 年达到高峰,经历 2010 年的下降之后,2013—2015 年开始反弹,在 2016 年出现了一定程度的减少,但是 2017—2018 年上升,在 2019 年,再次出现了下滑的趋势。

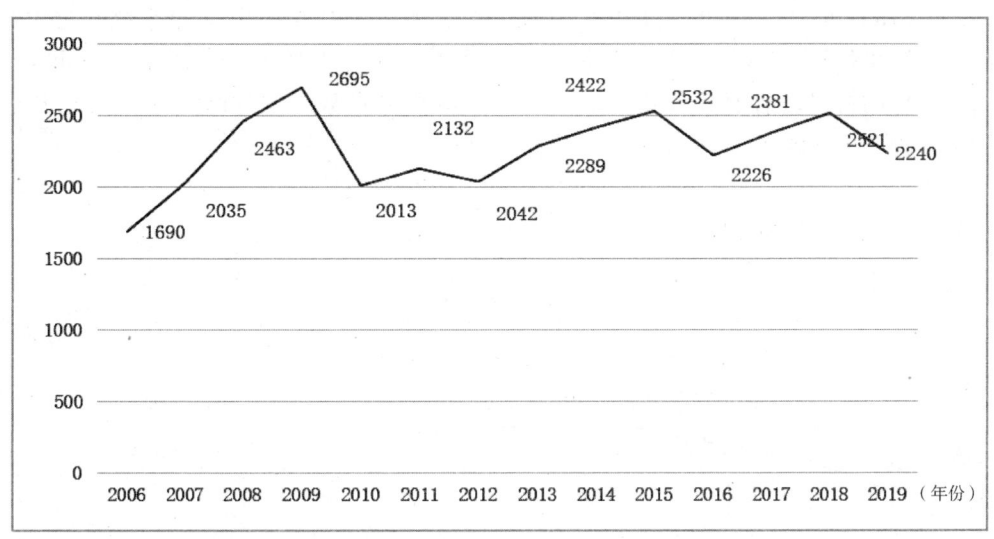

图 1-33　2006—2019 年农业产业化龙头企业数量(单位:个)

四、为农服务水平显著提升

1."新网工程"建设深入推进

中央财政从 2007 年起设立了"新网工程"中央财政专项资金,实施 10 年来,"新网工程"建设步伐不断加快,对全国供销合作社系统的发展起到了"四两拨千斤"的作用。全系统以"新网工程"为抓手,积极运用现代信息技术和现代物流技术,不断创新经营业态,延伸服务网络,拓展服务领域,为农民提供生产、信息、产销对接等方面的服务。利用"新网工程"专项资金的示范带动作用,按照"小超市、大连锁""一网多用、双向流通、综合服务"的发展战略,重点围绕农业生产资料、农副产品、日用消费品、再生资源回收利用四大网络建设,通过多元化投入、市场化运作、企业化管理、连锁化经营,网络建设成效显著。全系统已初步建成了覆盖县、乡、村三级的经营服务网络,供销合作社的整体服务功能显著提升。2016 年,中央财政将"新网工程"专项资金使用方向明确为:支持供销合作社开展农村电子商务惠农工程和土地流转及后续农业社会化服务。

2.综合服务能力进一步加强

(1)科技服务类型多样,服务效果显著

截至 2019 年年底,全系统土地托管面积 10059.7 万亩,配方施肥面积 8073.4 万亩,统防统治面积 7201.2 万亩,农机作业面积 5281.8 万亩,土地流转面积 3075.2 万亩。全系统共培训农村实用人才 202.4 万人次,发放科技资料 745.3 万份。

(2)综合服务社数量上升,为各种服务提供平台

截至 2019 年年底,全系统共建立综合服务社(中心)42.5 万个,比上年增加 0.3 万个,其

中,与村委会共建 64201 个,农村综合服务中心 67409 个。生产性为农服务中心 13042 个。庄稼医院 70767 个,增加 725 个。截至 2018 年年底,全系统共建立综合服务社(中心)42.2 万个,比上年增加 2.6 万个,其中,与村委会共建 72129 个,农村综合服务中心 72822 个。生产性为农服务中心 11503 个,庄稼医院 70042 个,增加 5722 个。从中可以看出,全系统在为农户提供综合服务的能力将会不断提升,有利于拓展系统为农户服务的领域。从图 1-34 中可以看出,2006—2019 年的村级综合服务数量呈现一个线性增长的趋势。这反映了全系统在基层服务平台建设方面的成绩显著。

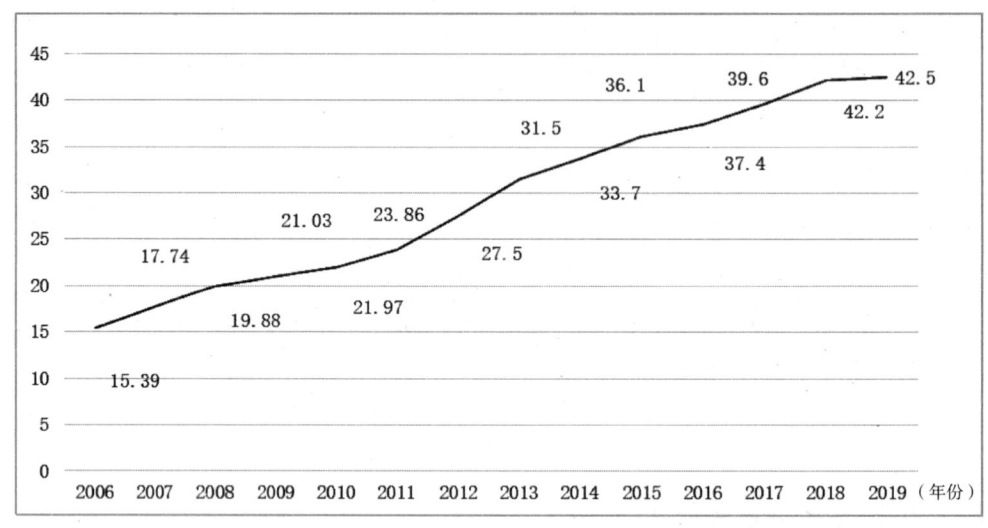

图 1-34　2006—2019 年村级综合服务站数量

五、人员结构日趋合理

1.全国供销合作社机关与人员数量基本稳定

(1)供销合作社机关数量较为稳定

全国供销合作社系统由中华全国供销合作总社、省级供销合作社、地级供销合作社、县级供销合作社、基层供销合作社 5 级组织机构组成。截至 2019 年年末,全系统有县及县以上供销合作社机关 2762 个,其中,省(区、市)供销合作社(以下简称省社)32 个,省辖市(地、盟、州)供销合作社(以下简称省辖市社)340 个,县(区、市、旗)供销合作社(以下简称县社)2389 个。截至 2018 年年末,全系统有县及县以上供销合作社机关 2772 个,其中,省(区、市)供销合作社(以下简称省社)32 个,省辖市(地、盟、州)供销合作社(以下简称省辖市社)335 个,县(区、市、旗)供销合作社(以下简称县社)2404 个。从数量上看,全国供销系统合作社机关的数量基本稳定、变化不大。

(2)事业单位数量小幅下降,企业化管理单位数量明显下降

截至 2019 年年末,各级供销合作社所属事业单位 258 个。其中,省社所属事业单位 61 个;省辖市社所属事业单位 67 个;县社所属事业单位 114 个。从经费来源看,全额拨款的 108 个,差额拨款的 29 个,定额补助的 6 个,自收自支的 115 个。截至 2018 年年末,各级供销合作社所属事业单位 277 个。其中,省社所属事业单位 67 个;省辖市社所属事业单位 74 个;县社

所属事业单位118个。从经费来源看,全额拨款的101个,差额拨款的32个,定额补助的7个,自收自支的137个。从两年的数据看,各级供销合作社所属事业单位的数量有所下降,但下降幅度并不大,从一个侧面反映出我国供销合作事业的发展较为稳定。

(3)财政全额拨款机构增加较快,定额补贴和自收自支机构减少

2019年,全国供销系统各级合作社机关的经费来源分为财政全额拨款、差额拨款、财政定额补贴和自收自支四种类型。财政全额拨款的2449个,占88.7%,较2018年增加27个,其中,省社机关30个,省辖市社机关324个,县社机关2094个,与2018年相比,仅有县社机关增加。差额拨款的110个,占4%,较2018年减少28个,其中,省辖市社机关1个,保持不变,县社机关109个,较2018年减少了28个。财政定额补贴的49个,占1.8%,均为县社机关,较2018年减少11个。实行自收自支的154个,占5.6%,较2018年减少了9个,其中,省社机关2个,与2018年相同,省辖市社机关15个,较2018年减少了2个,县社机关137个,较2018年减少了7个。

总体来看,全国供销系统合作社机关的经费来源方面,财政拨款的各级机关数量有一定增加,其他来源的机关数量减少。这反映了国家对供销系统在财政方面加大了支持力量,将更加有利于合作社机关完成其行政管理和公益性服务的功能。

(4)机关人员编制稍有减少,总体保持稳定

截至2019年年底,全系统县及县以上供销合作社机关人员编制5万个。其中,参照公务员法管理的人员编制3.5万个,占总人员编制数的69%。而2018年,全系统县及县以上供销合作社机关人员编制5.1万个,其中,参照公务员法管理的人员编制3.7万个,占总人员编制数的72.5%。这反映出合作社机关人员的数量变化不大。

2.人员结构更趋合理,受教育程度稳步提高

(1)全系统职工总人数稳步减少

截至2019年年末,全系统共有职工321.2万人,比2018年减少了23.4万人。其中,实际从业人员199.8万人,比2018年减少了19.8万人;离开本单位仍保留劳动关系的人员26.9万人,比2018年减少了2.1万人;离退休人员94.5万人,比2018年减少了1.4万人。离退休人员中,已参加社会统筹养老保险的人员91.9万人,占97.4%。

从图1-35看,全系统职工总人数近两年呈现下降的趋势。对比图1-36可以发现,总体人数下降的主要原因是实际从业人员数量有较大幅度的下降,而离退休人员和离开本单位仍保留劳动关系的人员数量则一直处于缓慢下降的趋势。这种人员数量的变化会引起人员结构的变化,这种变化不利于全系统的健康发展。

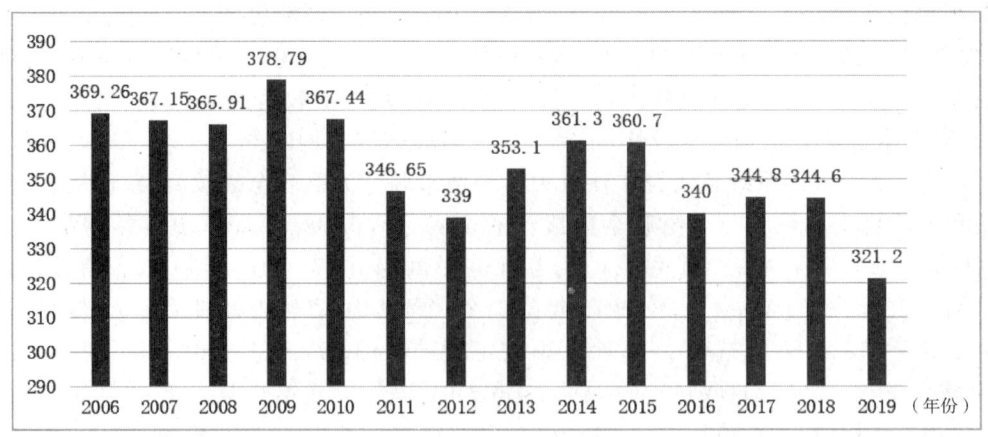

图 1-35　2006—2019 年全系统职工总人数(单位:万人)

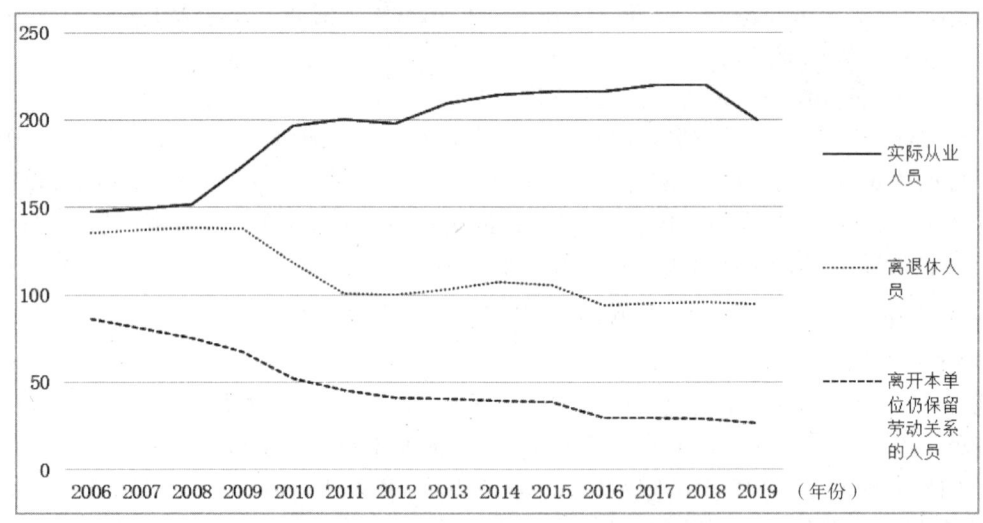

图 1-36　2006—2019 年全系统职工分类统计(单位:万人)

(2)从业人员中 45 岁以下占到 69.2%,年龄结构更趋合理

从图 1-37 和图 1-38 看,2018 年,实际从业人员中,35 岁及以下 70.5 万人,占 32.1%;36—45 岁 81.7 万人,占 37.2%;46—55 岁 53.2 万人,占 24.2%;55 岁以上 14.2 万人,占 6.5%。截至 2019 年年底,实际从业人员中,35 岁及以下 68 万人,占 34%,同比减少 3.55%;36—45 岁 70.4 万人,占 35.2%,同比减少 13.83%;46—55 岁 53.7 万人,占 26.9%,同比增加 0.94%;55 岁以上 17.7 万人,占 8.9%,同比增加 24.6%。全系统实际从业人员的年龄结构保持相对稳定,而且比较合理。

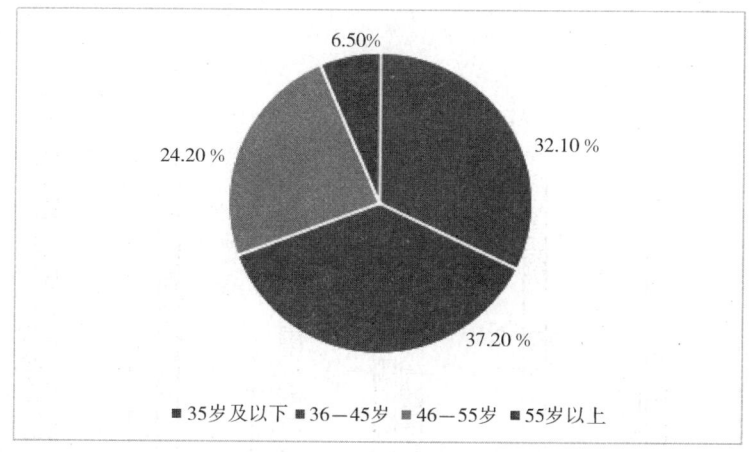

图 1-37　2018 年实际从业人员年龄结构

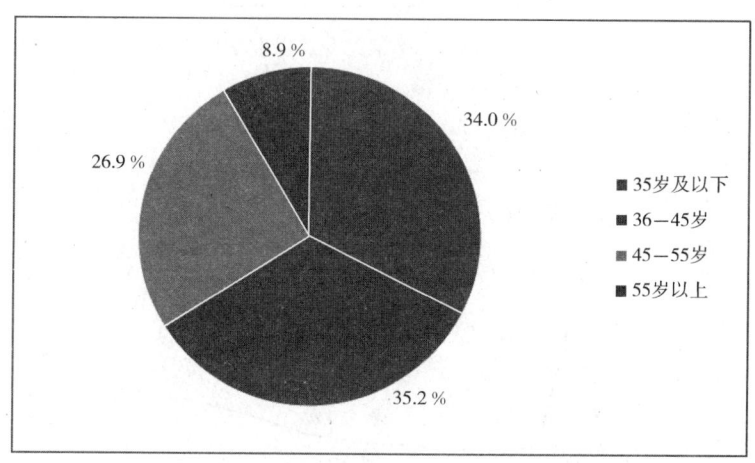

图 1-38　2019 年实际从业人员年龄结构

(3) 从业人员受教育程度提高,高学历人员大幅度增长

2019 年从业人员中,具有高中专以上学历的 57 万人,占实际从业人员总数的 28.5%,其中,大专学历 39.6 万人,本科学历 15 万人,研究生学历 2.4 万人。2018 年从业人员中,具有高中专以上学历的 47.3 万人,占实际从业人员总数的 21.5%,其中,大专学历 34 万人,本科学历 12.3 万人,研究生学历 1 万人。总量上看,具有高中专以上学历的人数和所占比例有大幅上升,这种变化与全系统从业人员数量变化有一定关系,也是说明从业人员在向"高精尖"发展。从图 1-39 可以看出,近三年大专学历、本科学历和研究生学历的从业人员人数及其所占比例都有一定的增加。从图 1-40 看,2010 年以前,高层次学历的从业人员数量迅速增加,在 2010 年经历了人才的严重流失后,高中专以上学历的从业人员数量基本呈现上升的趋势。从中可以发现,全系统从业人员的学历结构中,高层次学历的人员有所增加,人才队伍的受教育程度整体近三年有较大幅度的提高。

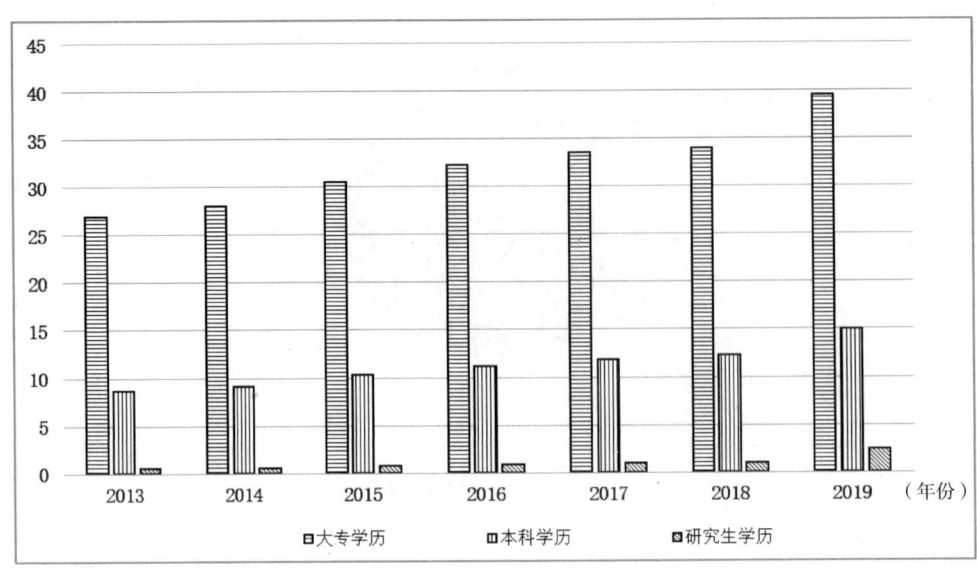

图 1-39　2013—2019 年大专及以上学历人数

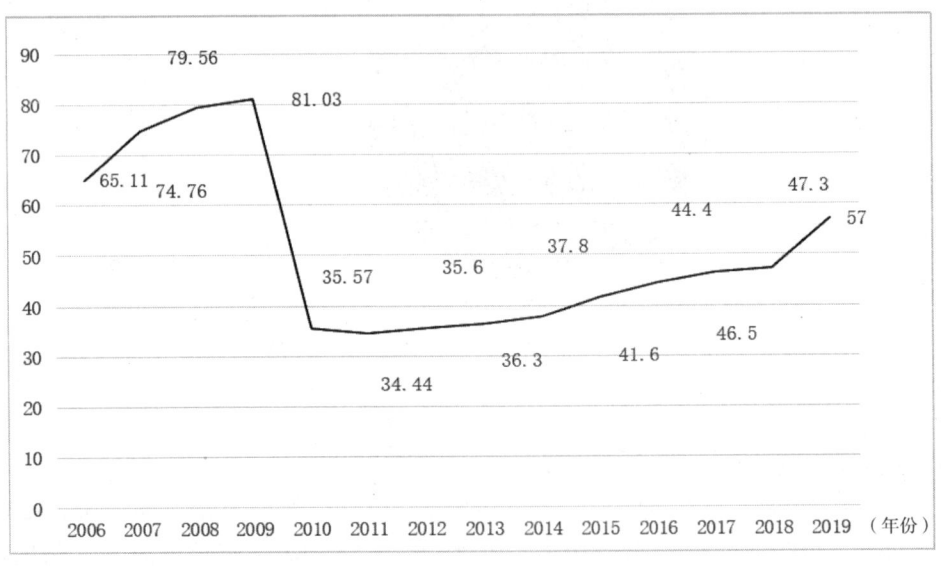

图 1-40　2006—2019 年高中专以上学历人数（单位：万人）

(4)各类组织的从业人员普遍减少

2019 年,各级联合社机关 4.9 万人,较 2018 年减少 0.1 万人;企业 114.3 万人,较 2018 年减少 19.5 万人;事业单位 1.4 万人,与 2018 年相同;基层社 60.8 万人,较 2018 年减少 1.2 万人;社团组织 18.4 万人,较 2018 年增加 1 万人。从人数和占比来看,社团组织的从业人数明显增加,各级联合机关、企业和基层社的从业人员有所下降,事业单位从业人员基本没变,这反映了全系统发展过程中从业人员分布的变化。

从图 1-41 来看,从业人员分布在企业中的人数最多,占总体的 57.21%,其次主要分布在基层社、社团组织,联合社机关和事业单位人员较少,只占总体的 2.45% 和 0.70%。从图 1-42 来看,四个领域的人员分布,除 2009 年有较大幅度的上升外,其他年份的各领域的人数和所占比例都基本保持稳定的状态。

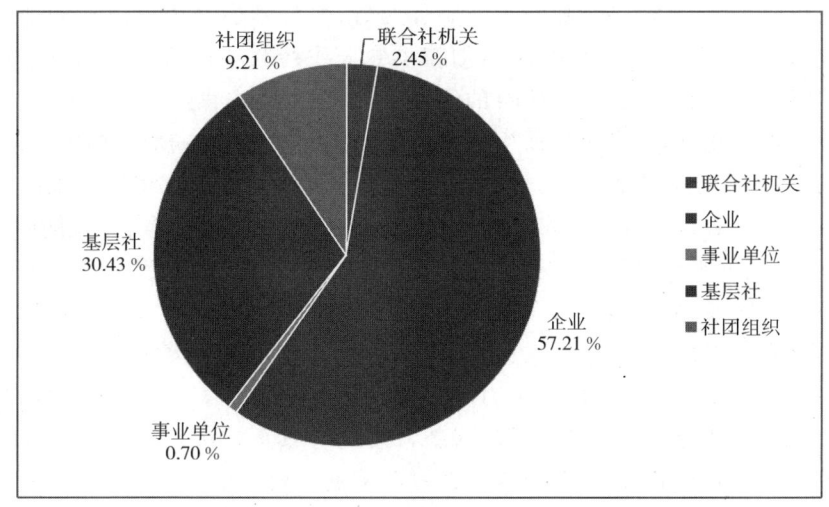

图 1-41　2019 年从业人员分布状况

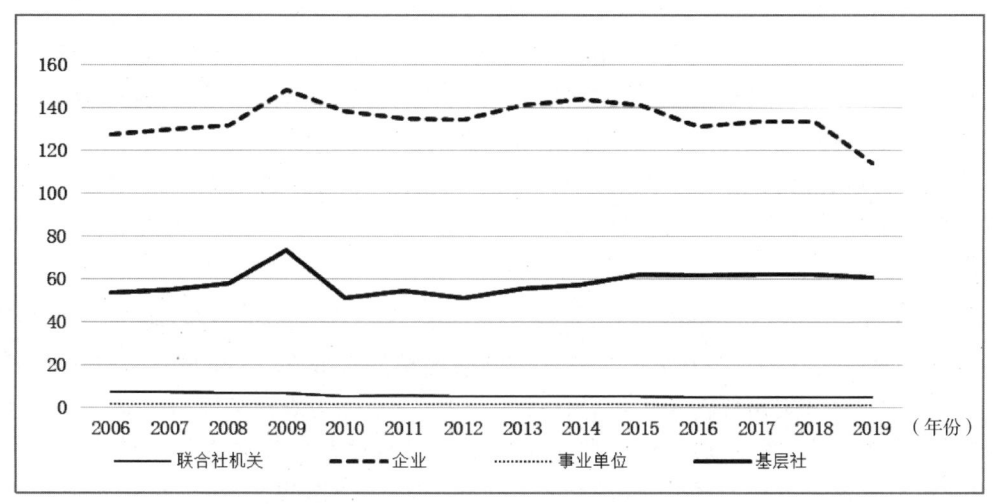

图 1-42　2006—2019 年从业人员分布状况

六、政策环境进一步优化

1. 2015 年中央一号文件明确提出了加快供销合作社改革发展

2015 年中央一号文件《关于加大改革创新力度加快农业现代化建设的若干意见》对供销社提出明确要求,提出了"全面深化供销合作社综合改革,坚持为农服务方向,着力推进基层和改造,创新联合社治理机制,拓展为农服务领域,把供销合作社打造成全国性为三农提供综合服务的骨干力量的要求。

2015年4月2日,中共中央国务院出台《中共中央 国务院关于深化供销合作社综合改革的决定》(简称《决定》),就深化供销合作社综合改革做出部署。这份文件包括深化供销合作社综合改革的总体要求;拓展供销合作社综合服务领域,更好地履行为农服务职责;推进供销合作社基层社改造,密切与农民的利益联结;创新供销合作社联合社治理机制,增强服务"三农"的综合实力;加强对供销合作社综合改革的领导。《决定》要求,供销合作社要把为农服务放在首位。面向农业现代化、面向农民生产生活,推动供销合作社由流通服务向全程农业社会化服务延伸、向全方位城乡社区服务拓展,加快形成综合性、规模化、可持续的为农服务体系,在农资供应、农产品流通、农村服务等重点领域和环节为农民提供便利实惠、安全优质的服务,同时提出,到2020年,把供销合作社系统打造成与农民联结更紧密、为农服务更完备、市场化运行更高效的经济组织体系,成为服务农民生产生活的生力军和综合平台。

供销合作社具有扎根农村、联系农民、点多面广的优势,既有经营性又有公益性,最有条件和基础成为农业社会化服务体系的骨干力量。而供销合作社改革是我国经济体制改革特别是农村改革的重要组成部分。在经济发展步入新常态的背景下,《决定》的出台是贯彻十八届三中全会决定的一个重要举措,也是全面深化农村改革的重要举措。

2.2016年中央一号文件明确提出要深入推进供销合作社综合改革

2016年是"十三五"规划的开局之年,《中共中央国务院关于落实发展新理念加快农业现代化实现全面小康目标的若干意见》的一号文件明确提出,要深入推进供销合作社综合改革,提升为农服务能力;加强商贸流通、供销、邮政等系统物流服务网络和设施建设与衔接,加快完善县乡村物流体系;支持供销合作社创办领办农民合作社,引领农民参与农村产业融合发展、分享产业链收益;深入推进供销合作社综合改革,提升为农服务能力。

总体而言,供销合作社工作被纳入深化农村改革全局来安排和部署,充分体现了党中央、国务院对供销合作社的高度重视。当前供销合作社正进入较快发展的轨道,处于改革发展的关键时期。

3.2017年中央一号文件继续提出深化供销合作社综合改革,增强为农服务能力

2017年中央一号文件《关于深入推进农业供给侧结构性改革,加快培育农业农村发展新动能的若干意见》继续提出要深化供销合作社综合改革,增强为农服务能力。尊重农民实践创造,鼓励基层先行先试,完善激励机制和容错机制。加强对农村各类改革试点试验的指导督查,及时总结可复制可推广的经验,推动相关政策出台和法律法规修改,为推进农业供给侧结构性改革提供法治保障。

在加强农民合作社规范化建设方面,积极发展生产、供销、信用"三位一体"综合合作。总结推广农业生产全程社会化服务试点经验,扶持培育农机作业、农田灌排、统防统治、烘干仓储等经营性服务组织。支持供销、邮政、农机等系统发挥为农服务综合平台作用,促进传统农资流通网点向现代农资综合服务商转型。

在推进农村电商发展方面,促进新型农业经营主体、加工流通企业与电商企业全面对接融合,推动线上线下互动发展。加快建立健全适应农产品电商发展的标准体系。支持农产品电商平台和乡村电商服务站点建设。推动商贸、供销、邮政、电商互联互通,加强从村到乡镇的物流体系建设,实施快递下乡工程。深入实施电子商务进农村综合示范。鼓励地方规范发展电

商产业园,聚集品牌推广、物流集散、人才培养、技术支持、质量安全等功能服务。完善全国农产品流通骨干网络,加快构建公益性农产品市场体系,加强农产品产地预冷等冷链物流基础设施网络建设,完善鲜活农产品直供直销体系。

4.为贯彻落实2018年中央一号文件精神,出台《关于深入贯彻落实中央一号文件大力推动乡村振兴的实施意见》

(1)主要目标——供销社实施乡村振兴战略"三步走"

到2020年,供销合作社综合改革取得显著成效,农业社会化服务水平明显提升,土地托管等服务面积超过2亿亩;基层组织基础进一步夯实,基层社实现乡镇全覆盖,农村综合服务社发展到45万家,覆盖80%以上的行政村;农村现代流通体系建设深入推进,线上线下加快融合发展,全系统流通企业电子商务应用率达到80%以上,基层经营服务网点信息化改造比例达到70%以上;农村一、二、三产业融合发展水平进一步提升,基本形成产业链条完整、功能多样、业态丰富、联结紧密的具有供销合作社特色的产业融合发展体系;新型农业经营主体不断发展壮大,领办农民专业合作社20万家,发展规模农业产业化龙头企业3000家,其中带动作用强的大型龙头企业100家;农村生态服务取得新突破,助力打赢脱贫攻坚战,成为服务农民生产生活的生力军和综合平台,成为党和政府密切联系农民群众的桥梁纽带。

到2035年,供销合作社建成更加完善的农业社会化服务体系、更加健全的基层组织体系、更加便捷高效的农村现代流通体系、与农民利益联结更加紧密的产业融合新体系和助力美丽乡村建设的绿色生态服务体系,为实现乡村振兴做出更大贡献。

到2050年,供销合作社全面建成与新时代农业农村现代化相适应的合作经济组织,成为全面实现乡村振兴,农业强、农村美、农民富伟大实践的重要力量。

(2)重点任务

一是农业社会化服务。围绕促进适度规模经营,加快打造更加完备的农业社会化服务体系。顺应农村土地"三权分置"改革、第二轮土地承包到期后再延长30年的新形势,发挥供销合作社综合服务优势,积极创新和优化服务供给,加快打造综合性、规模化、可持续的为农服务体系,推进适度规模经营,促进农业农村现代化。二是基层组织。围绕壮大乡村集体经济,加快建设更加健全的基层组织体系。乡村振兴,主战场在农村。供销合作社参与乡村振兴战略,基层组织体系建设是关键。要巩固基层组织建设成果,提升建设水平,加快建设更加健全的基层组织体系。三是现代流通。围绕推进农村流通现代化,加快建设更加高效的现代流通体系。要以线上线下融合为切入点,加快发展农村电子商务,加强农产品市场和物流配送体系建设,不断提升流通现代化水平。四是农村一、二、三产业融合发展。围绕发展农业农村新产业新业态,构建农村一、二、三产业融合发展新体系。乡村振兴,产业兴旺是重点。要充分发挥供销合作社经营服务网络健全,产业类别和经营主体众多的优势,着力打造产业融合发展的新载体新模式,构建供销合作社农村一、二、三产业融合发展新体系。五是乡村绿色生态服务。围绕美丽乡村建设,积极打造乡村绿色生态服务体系。乡村振兴,生态宜居是关键。供销合作社要依托农资和再生资源服务网络,积极参与农业面源污染防治、农村环境整治等工作,打造乡村绿色生态服务体系,在促进美丽乡村建设中发挥作用。六是脱贫扶贫。围绕打赢精准脱贫攻坚战,扎实做好供销合作社扶贫工作。参与脱贫攻坚是党和政府交给供销合作社的一项政治任务,也是供销合作社参与乡村振兴,践行为农服务宗旨的重要体现。要坚持精准扶贫、精准脱贫基本方略,采取更加有力的举措、更加集中的支持、更加精细的工作,助力地方党委政府打赢脱贫攻坚战,在促进共同富裕中发挥更大作用。

5.2019年中央一号文件指出发展乡村新型服务业

支持供销、邮政、农业服务公司、农民合作社等开展农技推广、土地托管、代耕代种、统防统治、烘干收储等农业生产性服务。充分发挥乡村资源、生态和文化优势,发展适应城乡居民需要的休闲旅游、餐饮民宿、文化体验、健康养生、养老服务等产业。加强乡村旅游基础设施建设,改善卫生、交通、信息、邮政等公共服务设施。

6.2020年中央一号文件指出发展富民乡村产业

重点培育家庭农场、农民合作社等新型农业经营主体,培育农业产业化联合体,通过订单农业、入股分红、托管服务等方式,将小农户融入农业产业链。继续调整优化农业结构,加强绿色食品、有机农产品、地理标志农产品认证和管理,打造地方知名农产品品牌,增加优质绿色农产品供给。有效开发农村市场,扩大电子商务进农村覆盖面,支持供销合作社、邮政快递企业等延伸乡村物流服务网络,加强村级电商服务站点建设,推动农产品进城、工业品下乡双向流通。强化全过程农产品质量安全和食品安全监管,建立健全追溯体系,确保人民群众"舌尖上的安全"。引导和鼓励工商资本下乡,切实保护好企业家的合法权益。制定农业及相关产业统计分类并加强统计核算,全面准确地反映农业生产、加工、物流、营销、服务等全产业链价值。

第二部分 全国供销合作社改革发展中存在的主要问题[①]

供销合作社已逐步形成了一个网点遍布全国城乡的庞大系统,在发展农村商品生产、推进经济社会建设中起到了非常重要的作用。经过多年改革发展,供销社取得了显著成效,然而多年的发展,供销社面临的挑战与问题逐步增多,制约了供销社整体作用优势的发挥,因此供销社深入推进综合改革势在必行。

一、组织体系的治理体制机制有待创新

供销社系统有其自身优势。首先,供销社系统拥有遍布城乡星罗棋布的经营网络,这是发展现代流通方式最丰富的组织资源和渠道资源。其次,供销社系统初步形成了比较完整的综合服务体系。再次,供销社系统拥有一支熟悉"三农"的人员队伍和适应农村的专门人才。但随着经济社会快速发展,供销社的管理体制和机制已经受到挑战,供销社组织体系尚未形成上下贯通、运行高效的运行体制机制,也导致其服务网络的规模优势尚未有效发挥,综合改革的效应有待进一步体现。

1. 组织体制机制改革尚未取得实质性进展

(1)各级供销社尚未形成统一的网络规模。供销社构建现代流通网络、参与农业产业化经营的切入点在于流通,但是流通仅有个别网点或是龙头企业远远不够,因为单个企业或基层供销社,尽管可能发挥一定的流通作用,但要真正承担起组织农民进市场、延伸农业产业链的重任,还是显得无能为力。在许多地方,农民卖不出去的东西,供销社同样卖不出去,原因就是单个供销社企业并不见得比农民高明。因此,供销社在流通之外还需要强大的网络连接,形成统一的网络规模。只有在网络的基础上,将供销社分散的经营网点通过适当方式联结起来,把点连成线,把线结成网,有了一个信息通畅、流转顺畅的大流通网络,供销社的优势才能充分地发挥出来。(2)松散的运行机制使得经营模式单一趋同。供销合作社基层经营网络大多是在集贸市场基础上发展起来的,实行家庭联产承包责任制以后,基层经营网络在解决农民"买难""卖难"问题上发挥了重要作用。但长期以来单打独斗加之粗放型经营,所经营商品也仅停留在农民的生产资料和必需的生活资料上,既不能组织收购大批量的农副产品,又无力经营大宗商品(如彩电、冰箱、空调、洗衣机等),加上基层经营网络难以延伸到交通不够便利、消费群体分散的区域,因而不能满足广大农民日益增长的物质文化生活需要。

2. 组织内部联合与合作的体制和机制尚未建立

各级供销社内部组织化程度低导致实现同类联合的难度加大。各级供销社网点遍布城乡各个角落,具有"点多、面广、腿长"的特点,但是普遍规模小、组织化程度低,大多数单体企业实

[①] 执笔人:李想、苏耀庭;审稿人:唐敏。

力较弱,再加上行政区划等原因条块分割,同类型企业多,同业竞争严重,在资源整合的基础上实现同类联合的难度加大。在经营网点的选择上,不能摆脱急功近利、嫌贫爱富的阴影。城镇规模较大,经济发展状况良好的村镇往往具备良好的经营环境和较大的发展空间,但不能不正视在这样的地区竞争也更加激烈的现实。而在偏远的欠发达地区,却具有前者所没有的市场潜力和消费需求。

二、基层社为农服务能力仍显薄弱

目前,各地供销社发展不平衡不充分的问题比较突出,部分县级社、基层社经济实力还不够强,为农服务的能力无法满足农民生产生活的需要。农业社会化服务范围大、内容多、要求高,供销社要通过深化改革解决好服务能力不强、规模不大等问题。建设农业社会化服务体系,关键在基层,难点也在基层。可以说,我国基层社是整个供销合作社组织体系中最薄弱的环节,总体存在着经营服务能力不强,规模不大的问题。具体表现在以下方面:

1. 基层供销社为农服务的能力还不能满足农民生产生活需要

一是供销社服务对象是农民。目前多种流通力量打破了这种垄断局面,出现了交叉经营。为寻求市场,供销社经营范围已从农民扩大到全社会。同时,农民不仅仅是从事种植业的农民,也包括从事商业、工业、运输、信息等行业的农民。这就要求供销社的职能必须从计划指定的农产品和工业品流通,扩大到任何商品的流通;从产品流通的单一职能扩大到产品生产(如农产品加工、轻工生产、直接的农产品生产)和非产品经营(如技术、信息服务等)的多元化经济职能。只有这样,才能适应社会经济的多元要求,求得生存与发展。二是传统主营业务萎缩,提供的服务有限。如在农副产品收购和生活资料供应方面,市场需求大,但基层社所占市场份额小,能提供的服务有限,市场多由个体经营者抢占;在农技咨询、信息服务、文化娱乐等方面基层社参与更少。这与城乡经济协调发展的需要、农业产业化的需要、农民生活的需要相比还有很大距离。

2. 与农民利益联结方面,经济上和组织上合作关系不够紧密

供销社的发展根基在农村、在农民。二十二年曲折发展的历程证明,供销社只要扎根农村、服务农民,就会有作为、有价值、有力量,事业发展就呈现出广阔前景;一旦远离了农村、脱离了农民,改革就会步入歧途、发展就会陷入困境。供销合作社既然称为"合作社",就必须遵循其原理,服从其原则。联合是供销社的组织特征,也是供销社的优势所在。所以必须争取最广泛的与农合作和联合。供销社自改革以来,方向性定位是准确的,即为农服务的合作经济组织,但在体现"合作经济"的原始属性——"合作制"上,已经发生了较大偏移。这虽然对供销社经济发展未产生大的影响,但对供销社秉承为农服务宗旨,密切与农民利益的联系,成为真正的农民合作经济组织是十分不利的。

3. 基层供销社参与农业产业化经营的组织优势削弱

从体制上看,基层供销社经过几年的减债减人,转换机制,有的全面实行抽资承包后,多数职工已成为独立开展经营的自营商,有的改成了股份制或股份合作制,已难以发挥系统组织的优势。同时,整体工作机制也不完善,一管就死,一放就乱,在强化供销合作社的控制力与调动经营管理者积极性的结合上缺乏有效的办法。

4. 参与农业产业化的能力严重不足

一是从资金方面看,目前基层供销社普遍缺乏初始投入能力,资金紧缺,与银行基本不发生业务关系,客观上导致了基层供销社的商业取向,要么把自己视为一般的商业经营组织,要么将自己当作坐地收金的"业主",缺乏明确的发展目标;二是经营方式落后,缺乏将基层组织建设与联合社建设、经营网络建设、社有企业发展有机结合起来,而是习惯于化整为零和"一买一卖"的经营模式,难以适应日益变化的市场需要。

三、社有企业的发展质量有待提升

社有企业总体发展水平与构建经营服务体系的要求还不适应,市场竞争力还不强,引领行业发展的龙头企业相对较少,社有资产管理体制机制有待健全。一是规范的现代企业制度尚未完全建立。现代企业制度的基本特征是"产权明晰,责权明确,政企分开,管理科学"。长期以来,供销社实行社企合一的资产管理制度,仍未完全按照现代企业制度要求建立社有资产管理体制,所有权和企业的法人财产权没有完全分离,出资人与企业之间权利义务与职责界限仍不明确;二是企业法人治理结构尚不完善。供销社企业的法人治理结构不完善,有效制衡的股东会、董事会、监事会和经理层"三会一层"制度尚未建立;三是社企不分,多头管理没有得到根本改变。供销社职能定位不清晰,未能摆脱社企不分、多头管理的困境。供销社社有企业既承担部分公益性服务"三农"的职责,又作为自负盈亏、追求利润最大化的经营实体,以效益最大化和为"三农"服务等多重目标对社有企业进行监督管理,造成社企不分。若干内设机构仍是以行政化的手段管理企业,未能站在出资人的角度以价值化、市场化操作方式管理企业,难以对社有资产进行全面、协调的管理,难以有效行使出资人的职责;四是出资人缺位、有效监管制度不完善。县级以上供销社作为参照公务员管理的事业单位,理事会在履行出资人职责时往往出现缺位或错位的现象。五是缺乏经营者激励与约束机制。虽然各级供销合作社理事会是本级社集体资产所有权的代表和资产的管理者,但资产控制权往往掌握在供销社的少数几个中高级管理人员(内部人)手中。这些中高级管理人员拥有资产的控制权,但缺乏收益权。剩余控制权和剩余索取权的不对称导致他们缺乏有效的激励去实现资产价值的最大化。同时,由于对其行为和绩效没有来自最终所有者的监督和评估,也常常会出现控制权的滥用。由此,"内部人控制"问题也就在所难免。

四、流通网络的现代化水平有待提高

一是各地供销社与各类龙头企业现代流通方式的运用无法满足农民群众享受现代流通的文明、优质和快捷的需要,电子商务尤其是农村电商虽然发展快速,但总体发展水平不高,"线上"与"线下"不能有效结合,不仅制约建立社会化、专业化、系列化的现代物流服务体系,而且无法使得广大农民足不出户就能从现代流通中受益,加之传统业务板块转型艰难,电子商务等新兴业务发展水平不高,全系统新的发展动能不足。二是网络建设进度和建设水平参差不齐,农资配送网络和日用消费品网络建设已呈现出良好的发展态势,但农副产品和再生资源网络却建设滞后,发展较慢,再生资源网络建设严重滞后。有的网络终端缺少规范化、标准化管理,有的仅仅满足于外在形象,内在质量没有实质性突破和完善,网络内部建设不平衡难以实现网络整体联动。三是各地由于缺少全国性、区域性龙头企业,使得连锁配送企业与经营网点之间的利益联结机制尚未真正建立,现有的经营服务网络处于比较松散的状态,连锁配送覆盖面窄

和商品配送率低,连锁配送体系建设相对滞后,专业合作社、行业协会等与"新网工程"对接程度较低,"一网多用,双向流通"能力较弱。三是基层组织建设缺少资金,人才短缺问题比较突出。由于自身实力有限,基础条件较差,经营规模较小、发展资金不足,尤其是西部边疆地区供销社普遍存在经营规模小,盈利能力低的状况,扶持资金落实较慢,且缺少当地政府配套资金的支持,资金支持力度仍显不足。同时,由于供销合作社行业的人均收入水平相对较低,对中、高端人才缺乏吸引力,目前供销系统网络经营、管理人员,多数是原企业改制时留下来的,理念和知识陈旧,无法适应传统业务转型与新兴业务发展的现实需要。

五、供销经济理论研究与合作社文化推广有待深入

我国理论界对"合作社是什么?""为什么发展合作社?"等合作经济理论问题、合作社文化缺乏深入系统的研究,实际工作部门从布置工作的需要出发,所做出的有限的探索又往往停留在表面,很多提法还停留于一般理论水平,没有体现出供销社的行业特点,没有深入围绕供销社理念打造供销社文化,没有深入研究合作社的本质规定性与供销社文化的内在规律性。

在合作社文化推广方面,一是缺乏对传统供销社文化的归纳和整理,特别是理论上的进一步提升,如对传统的供销社精神没有很好地提炼。二是未能结合社会主义市场经济体制的要求,以及供销社自身的发展变化,对供销社文化的内容进行及时的创新。三是作为供销社文化建设主体的干部职工的素质不能适应时代发展的要求,干部职工知识老化的现象严重,又缺乏系统的培训,特别是缺乏对一般职工或重点岗位的培训。同时供销社由于自身人员包袱重,经济效益差,对优秀人才缺乏吸引力,引进的人才很少,这种状况导致供销社人员对供销社文化的理解成了严重问题。四是从事供销社文化研究的队伍急剧萎缩。

第三部分　加快全国供销合作社改革发展的对策建议[①]

供销社通过深化综合改革,全系统经济实力、服务能力、发展活力明显提升,2020年,在千方百计克服疫情影响,稳住系统经济运行基本盘的基础上,要坚持"改革强社、服务立社、夯基建社、以企兴社、从严治社",将改革摆在各项工作首位。要通过深化综合改革,推动供销合作社由单纯流通服务向全程农业社会化服务延伸、向全方位城乡社区服务拓展,加快建成中国特色为农服务的综合性合作经济组织,成为与农民联结更紧密、为农服务功能更完备、市场化运行更高效的合作经济组织体系,成为服务农民生产生活的生力军和综合平台。

一、深化供销合作社综合改革,加快完善体制机制

供销社今后要坚持"改革强社、服务立社、夯基建社、以企兴社、从严治社",将改革摆在各项工作首位。深化供销合作社综合改革,是习近平总书记主持中央政治局常委会会议审议通过的重大改革事项。要按照党的十九大关于全面深化改革的新部署新要求,紧紧围绕实施乡村振兴战略,继续贯彻落实中发11号文件提出的改革任务,用更高的标准抓好落实。2019年的中央一号文件再次强调,要继续深化供销合作社综合改革,提高为农服务能力。对此,全系统要形成明确的共识:综合改革是供销合作社发展的根本出路、根本动力,更是重大的政治任务,是发展的巨大机遇。一是2020年是中发11号文件下发5周年,也是文件规定的改革阶段性目标完成之年,要把确保完成改革任务作为今年全系统工作的重中之重。要强化责任担当,对标中发11号文件和各地出台的实施意见,对文件提出的各项硬任务开展全面评估,瞄准突出问题和薄弱环节集中发力,狠抓改革任务落实。对还没有完成的,要列出清单、建立台账,明确责任、对账销号。各省级社要认真履行统筹指导责任,加强督导检查,对本地区综合改革情况开展全面自查。总社开展调研督查,适时召开深化供销合作社综合改革推进会,进一步推动重点改革任务落实。二要继续深入贯彻中发11号文件精神。中央关于深化供销社综合改革的意见下发,这是指导今后一段时期供销社改革的纲领性文件。习近平总书记在安徽小岗村农村改革座谈会上的重要讲话,深刻阐述了当前和今后一个时期推进农村改革发展的新思想、新理念、新观点,为我们做好农业农村工作提供了根本遵循。中央经济工作会议和中央农村工作会议对深入推进农业供给侧结构性改革、培育农业农村发展新动能作出了新部署,对供销合作社工作也提出了具体要求。因此,必须坚持以密切与农民利益联系为核心,以提升为农服务能力为根本,紧扣各级联社职能转变、社有企业创新发展、基层组织重组改造三个关键环节,加快构建适应新形势需要的组织体系和服务机制,使供销社成为服务农民生产生活的生力军和综合平台,成为党和政府密切联系农民群众的桥梁纽带。

[①] 执笔人:李想、苏耀庭;审稿人:唐敏。

二、加快发展生产、供销、信用"三位一体"综合合作,提升供销合作社的综合服务能力

"三位一体"综合合作,是习近平总书记在浙江工作期间亲自部署和推动的重大改革举措,是供销合作社深化改革、深入发展的方向。实践证明,"三位一体"综合合作,有利于完善农村生产关系和农业经营体制,有利于推动现代生产要素与传统农业对接,是推进中国特色农业现代化建设的重大探索。要鼓励各地因地制宜、大胆创新,积极探索"三位一体"综合合作的实现方式和有效路径。要深入总结提炼"三位一体"综合合作改革实践经验,加快在系统复制推广,有效整合各类服务资源,加快形成流通主导、金融支撑、产业融合、协同服务新机制,提升供销合作社综合服务能力。

一是认真总结提炼浙江经验,因地制宜推进"三位一体"综合合作。浙江"三位一体"改革之所以进展顺利、成效明显,关键是做到了因地制宜、从实际出发,首先党委政府重视,提高了改革的协同效应;其次各级农办有力主导,形成了上下协同、条块结合的工作推进机制;最后供销社积极作为,较好地承担了农合联执委会职责。同时,做好基础工作。要从理论和实践层面,对浙江"三位一体"改革进行深入总结提炼,对带有普遍性、规律性的经验成果,加强面上宣传推介。要加强组织领导,及时研究解决改革中出现的新情况新问题,强化指导,完善政策,因地制宜推进"三位一体"综合合作。二是坚持把提升为农服务能力放在首位,让农民得到实实在在的好处。供销合作社是为农服务的合作经济组织,长期扎根农村、联结城乡,组织体系健全,流通优势明显,在解决城乡供需结构性矛盾、满足城乡居民消费需求升级方面,具有得天独厚的优势。各级供销合作社要将发展农村经济、增加农民收入作为"三位一体"改革的首要任务,把"与农民合作、让农民共享"作为价值取向,努力把农合联建设成为农服务、为农代言、为农谋利的"农民之家"。不断创新农业社会化服务,为农民提供代耕代种、统防统治、烘干收储、加工销售等系列化服务。在服务适度规模经营主体的同时,要注重为小农户提供个性化、精准化服务,逐步将小农生产引入现代农业发展轨道,实现小农户和现代农业发展有机衔接。三是着力完善运行机制,增强为农服务合力。要按照合作制理念,推进农合联制度化、规范化建设,建立健全共建共享机制,使参与各方形成利益共同体。积极推进生产、供销、信用三大服务功能的实质性融合,推进农合联会员服务资源的有效对接,实现服务资源功能化、服务功能体系化。

三、实施"供销合作社培育壮大工程",提升基层社发展质量

中共中央、国务院印发的《乡村振兴战略规划(2018—2022年)》明确提出,实施"供销合作社培育壮大工程"。这充分体现了党中央、国务院对供销合作社工作的关心支持,也是我们必须完成的硬任务。2020年,要重点在基层社建设上实现突破,取得成效。一是加快推动实施。总社和各省级社要出台"供销合作社培育壮大工程"实施意见,明确建设目标、工作任务、推进步骤、保障措施等。组织实施"基层社组织建设工程"和"千县千社"振兴计划,深入推进基层社改革改造,采取盘活社有资产、联合社帮扶、社有企业带动、与农民合作社联合发展等多种方式,力争用3年时间,实现5000家薄弱基层社的升级改造,建设2000家综合实力强、服务功能全、与农民联结紧的基层社标杆社。要加快农民专业合作社发展。要立足当地资源优势带头自办和牵头领办,围绕"种养加"等领域吸收农民、生产大户以资金、土地等入股兴办,依托基层

社、龙头企业带动领办。要适应农村经济发展新需要,探索创办土地流转、统防统治、农机作业、产品购销、资金互助等服务类合作社,以满足农民生产生活不同方面的需求。要注重建立利益联结机制,让入社社员享受分红、返利等权益,提高供销社兴办的专业合作社的吸引力和凝聚力。要创新综合服务社发展模式。要主动加强与村两委的合作,积极开展联合共建,注重承接其他涉农部门服务项目,形成服务合力。要规范经营管理,实现统一标识、统一服务规范。要加强与流通网络的对接,依托综合服务社发展农资、日用消费品连锁店和农副产品、再生资源收购点,推动流通企业为综合服务社开展商品配送,将其打造成"新网工程"网络终端,促进现代流通服务向乡村延伸。要加强合作经济联合会和各类专业行业协会的创建,通过联合会和协会建设,吸收各类社会经济组织、个体私营生产经营者加入供销社。鼓励发展基础好、社会影响力强的行业协会承接政府委托服务,争取在制定产业政策、行业规划等方面发挥积极作用。二是健全工作机制。县以上各级联合社领导班子成员都要定点联系基层社,鼓励县以上社有企业对口联系薄弱基层社,切实做到精准指导、精准服务、精准支持。要探索基层社发展新路径,在这方面省社和市社要加强指导和帮扶力度,县社必须切实担负起领导职责。对经济实力薄弱、服务功能软化的基层社,应重点通过联合社帮扶、社有企业支持、流通网络带动等方式切实加以改造,使之增强功能、焕发活力。同时,应把基层社恢复重建工作摆上重要议事日程,因地制宜、创新方式,通过合作制、股份制等制度设计,吸引广大农民、社区居民等以资本、土地等要素合作、入股,重建一批新型基层社,培育一批服务"三农"的生力军。在此基础上,抓好基层社标杆社的创建和评选,促进基层社整体功能的提升。三是加大扶持力度。总社要做大基层组织发展专项资金规模,省、市、县供销合作社都要逐步建立基层组织发展专项资金,完善扶持资金稳定增长机制,确保投入力度不断增强,总量持续增加。强化对资金使用的监管,确保合规使用、用出效益。完善面向基层组织发展的业绩考核机制,加大考核权重,优化考核指标,切实树立起基层优先发展的鲜明导向。

四、深化社有企业改革,加快推进社有企业提质增效

供销合作社能否实现系统经济高质量发展,关键在社有企业。总社要研究制定推动社有企业改革发展的指导意见,召开全系统企业工作会议,对社有企业改革发展作出专门部署,要上下一心,举全力做强做优做大社有企业。一是强化高质量发展的工作导向,调整优化社有资本布局。要聚焦为农服务主业,立足流通优势,创新商业模式,推进社有企业战略性重组和专业化整合,加快剥离偏离为农服务主业的业务,推动优质资源向为农服务骨干企业集中,优化社有资产配置。对传统主业进行改造和提升,加快服务创新、产品创新、技术创新和商业模式创新,推动系统经济发展质量变革、效率变革、动力变革。要积极培育新业态新模式,重点围绕绿色环保、科技含量、要素优化等方面,推动主营业务向产业链前后端延伸,向价值链中高端迈进,在农业全产业链服务、现代物流、农村新零售、农村环保服务等领域,培育新的竞争优势,推动传统产业与新兴产业深度对接,从而促进社有企业加快向现代农业综合服务企业转型。二是推进联合合作。要用好"新网工程"专项资金这个重要抓手,在推进系统企业联合合作上有新的重大突破。要着力推进同一行业、不同层级社有企业的纵向整合,促进上下贯通、利益共享、共同发展。要发挥供销合作社品牌、信誉、资源、业务等协同效应,有效放大社有资本功能。对为农服务的骨干龙头企业,要全力支持、全程监控。要鼓励系统内龙头骨干企业打破层级界限,通过产权、项目、网络、品牌等途径,加强合作,建立新型企业联合体;鼓励系统龙头骨干企

业与社会资本融合,积极与科技含量高、市场前景好的企业开展合作;鼓励社有企业与高等院校、科研院所开展产学研联合,组成战略联盟,实现优化发展。要加快系统信息化建设,推动全系统互联互通互融和数据资源共建共享。三是加快建立健全现代企业制度。进一步完善法人治理结构,规范董事会组成结构和议事规则,建立健全权责对等、运转协调、有效制衡的决策执行监督机制。不断优化社有企业总部机构设置,压缩管理层级,提高管理效率。对不同类型的社有企业实行差异化考核,加快建立有效管用的激励约束机制,激发企业内生动力和活力。要强化企业内部管理,完善"三重一大"、投资项目、财务资金、风险防控等管理制度和内控体系,强化制度执行刚性约束。扎实推进降杠杆、减负债,多措并举降本增效,提高资产质量,切实防范各类风险。要理顺联合社和社有企业的关系,科学设置社有资产管理委员会工作职责、议事规则,建立社有资产管理委员会年度工作和重大事项向理事会报告制度,建立社有资产保值增值指标体系,完善对社有企业考核激励、监督问责等制度,加强风险防控。四是壮大县域社有企业综合实力,推进优势产业整合。加快组建县域供销集团或资产运营平台;在重要涉农领域,保持对社有企业控制力和经营主导权,积极发展混合所有制经济,推动各层级社有企业相互参股和社有企业跨区域横向合作;完善中国供销集团等社有龙头企业股权投资机制,对县域内发展前景好、产业关联度高、带动农民多、有利于推动乡村振兴的优质项目,给予优先安排和政策倾斜。

五、创新服务方式,打造综合性、规模化、可持续的为农服务体系

供销社不断创新服务方式,优化服务供给,加快打造综合性、规模化、可持续的为农服务体系,持续提升综合服务能力,为保障重要农产品有效供给提供有力支撑。一是着力提高农业生产服务能力。要深入实施农业社会化服务惠农工程,加快推广土地托管、统防统治、代耕代种等服务模式,为小规模农户和各类新型农业经营主体提供系列化、专业化服务。2020年全系统农业社会化服务面积力争突破2.2亿亩。要深入推进"绿色农资"行动,推动农资销售与技术服务有机结合。继续开展"质量兴棉"行动,推动棉花产业高质量发展。二是加快提升流通服务水平。中央文件对供销合作社建设冷链物流设施、延伸乡村物流服务网络、发展电子商务等提出明确要求。全系统要抢抓国家启动"农产品仓储保鲜冷链物流设施建设工程"的政策机遇,把冷链物流建设作为全系统的重点项目切实加以推进。中国供销集团要加强与全系统的有效对接,推进冷链业务合作、设施共享和产业整合,提高冷链物流服务的发展速度和规模化水平。要加快建设产地分拣包装、冷藏保鲜、仓储运输、初加工等设施,加快农产品批发市场升级改造,确保完成"十三五"规划提出的改造220家的任务。要依托实体经营网点,充实完善乡村电商服务站点功能,不断延伸乡村物流服务网络,推动农产品进城、工业品下乡双向流通。三是稳妥开展农村合作金融服务。总结各地依法依规发展农村合作金融服务的经验。加强与商业银行等金融机构的合作,积极落实总社与有关银行的"总对总"战略合作协议。发展农村合作金融,必须始终紧绷防控风险这根弦,严格遵循社员制、封闭性原则,不对外吸储放贷,不支付固定回报,加强风险预警,坚守不发生行业性金融风险的底线。

六、加强理论研究,培育中国特色供销社合作社文化体系

加强合作经济理论研究,培育弘扬独具特色、内涵丰富的中国特色合作社文化精神,是推动供销合作事业持续发展的不竭动力。一是加强合作经济理论研究。对于合作社的本质规定

性、如何发展合作社等合作经济基本理论问题展开深入系统的研究,为我国合作社实践提供理论基础与支持。二是加大宣传工作力度,进一步提升供销合作社的影响力。不断完善合作社的发展环境,广泛宣传供销合作社为农服务和改革发展的新作用、新成就,大力弘扬供销合作社精神。积极开展供销合作系统法制建设和文明行业创建活动,继续加大供销合作社标识推广力度,树立供销社的良好社会形象。三是加强教育培训,提高广大供销系统干部职工和农民社员素质。供销合作事业的持续、健康发展,离不开一支充满激情、爱岗敬业的员工队伍与各位高素质的新型农民社员。深入实施人才兴社战略,加强企业、基层组织领导成员和高管人才队伍建设,强化教育培训,建设好教育培训基地,加大人才培训力度,开展多种形式的供销合作社干部职工、企业经营管理人才、农民专业合作社带头人和农村实用技能培训,实现培训工作常态化。着力培养一支出色的管理队伍。四是进一步加强供销合作社文化的国际交流与合作。与国际各类合作组织、港澳台地区合作组织沟通交流,学习借鉴一切有利于加强供销合作社文化建设的有益经验,丰富供销合作社文化的内容,提升供销合作社的国际竞争力与文化的影响力。

第四部分　全国供销合作社综合改革与服务乡村振兴专题研究[①]

党的十八届三中全会标志着我国已经进入了全面深化改革的新阶段。在过去30多年改革开放的成功实践中，中国特色社会主义事业取得了举世瞩目的成就。供销合作社作为为农服务的合作经济组织，是党和政府做好"三农"工作的重要载体，在习近平新时代中国特色社会主义思想指引下，把贯彻落实乡村振兴战略与全面深化综合改革紧密结合起来，统筹谋划、整体部署、协调推进，在服务乡村振兴中深化综合改革，进一步激发内生动力和发展活力。各地党委、政府也高度重视供销合作社综合改革，把综合改革纳入了农村改革发展大局，特别是强调在乡村振兴中要发挥供销合作社的独特优势和作用，出台了很多含金量高的扶持政策，在资金、项目等方面都加大了支持力度。各地供销合作社认真贯彻中发〔2015〕11号文件精神，扎实推进综合改革试点工作，取得了积极成效。

一、供销合作社综合改革发展概况

2014年4月，国务院根据2014年中央一号文件和《政府工作报告》提出的重要改革任务，批准同意在河北、浙江、山东、广东4省开展供销合作社综合改革试点。2015年3月，中共中央国务院出台《中共中央　国务院关于深化供销合作社综合改革的决定》（以下简称《决定》），就深化供销合作社综合改革做出部署。2017年4月，为更好地贯彻落实中发〔2015〕11号文件精神、全面深化供销合作社综合改革工作电视电话会议精神，在国务院批复的河北、浙江、山东、广东4省供销合作社综合改革试点成功之后，总社启动供销合作社综合改革专项试点，这是推动改革全面展开的重要举措。

1.供销合作社综合改革的时代背景

随着国家统筹城乡发展战略的深入实施，城乡一体化格局加速形成，我国农业农村发展面临的新形势新任务，更加迫切需要供销合作社在为农服务中发挥更大作用。供销合作社长期扎根农村，服务农民，是农民信得过、靠得住的组织，这些优势必将在"三农"工作和统筹城乡、服务城乡中发挥越来越重要的作用。

（1）2014年一号文件强调供销合作社组织基础，2015年一号文件对供销社提出明确要求

党中央、国务院和各级党委政府站在统筹城乡发展、建设社会主义新农村和发展现代农业的高度重视供销社工作，从2004年中央一号文件开始，发挥供销合作社的作用等相关表述就一直在文件中被提及，但多侧重于强调供销合作社在农产品流通和农民生产生活资料供应等方面的作用；2012年和2013年中央一号文件开始强调供销合作社在农业社会化服务和农村流通方面的作用。而2014年中央一号文件对供销合作社工作更加重视，不仅提到了供销合作社的改革，而且提出"努力把供销合作社打造成为农民生产生活服务的生力军和综合平台"，并

[①] 执笔人：李想、苏耀庭；审稿人：唐敏。

且在发展新型农村合作金融组织上也提到了依托供销合作社基础。强调供销合作社组织基础在历年的中央一号文件中是不多见的,供销社改革发展的良好政策环境为供销合作社改革和发展提供了新的机遇。

2015年中央一号文件《关于加大改革创新力度 加快农业现代化建设的若干意见》对供销社提出明确要求,提出了"全面深化供销合作社综合改革,坚持为农服务方向,着力推进基层社改造,创新联合社治理机制,拓展为农服务领域,把供销合作社打造成全国性为'三农'提供综合服务的骨干力量。抓紧制定供销合作社条例"的要求。

第一,党的十八届三中全会对农村改革的新要求需要供销合作社加快改革发展。改革开放30多年来,供销合作社改革始终是整个经济体制改革特别是农村改革的重要组成部分。十八届三中全会《决定》针对当前农村经济社会的深刻变革,对全面深化农村改革做出新的重大部署,提出了新的要求,中央一号文件提出的全面深化农村改革的一系列措施,实际是《决定》有关农村改革的延伸、拓宽和具体化。从这个意义上说,全面深化农村改革,需要各级供销合作社抓住机遇,进一步加快改革发展。

第二,中国特色新型农业现代化的发展道路要求供销合作社必须深化改革。推进中国特色农业现代化,要立足国情农情,顺应时代要求,加快构建新型农业经营体系,在坚持家庭经营基本制度的基础上,通过提高种地集约经营、规模经营、社会化服务水平,着力解决好谁来种地、地怎么种的问题。现在,农业领域提供社会化服务的经营主体普遍比较分散,规模小,服务功能相对较弱,越来越需要在农村培育一个成体系、有规模、有可持续发展能力的经济组织,担负起这个服务责任,让农民得到更多更好更体贴的服务,更多地分享国家强农惠农富农政策带来的实惠。而供销合作社具有扎根农村、联系农民、点多面广的优势,既有经营性又有公益性,最有条件和基础成为农业社会化服务体系的骨干力量,如果能够按照改造自我、服务农民的要求,创新组织体系和服务机制,完全能够成为为农服务体系的骨干力量和主渠道。从这个意义上说,深化供销合作社改革是发展现代农业的客观要求。

第三,供销合作社改革发展中面临的新情况新问题要求自身必须深化改革。在30多年的改革开放历程中,受多种因素影响和制约,供销合作社走过了不平凡的道路,供销合作社能发展到今天,经过了多年的改革探索实践,取得了显著成绩,也积累了不少成功经验,得到了群众的认可,但也要看到,一些深层次矛盾和问题还没有得到很好的解决,长期体制不顺、机制不活积累的矛盾相互交织,改革与发展实践中不断出现的新情况新问题一直相伴,成为供销合作社改革发展的主要障碍。对这些矛盾和问题,必须通过进一步深化改革和体制创新,切实加以解决。

(2)指明新时期供销合作社改革的思路、方向与重点

2013年,供销合作社积极谋划和研究推进供销合作社改革工作,初步形成了关于供销合作社改革的总体思路。2013年4月26日,时任中共中央政治局委员、国务院副总理汪洋到中华全国供销合作总社调研时指出:党的十八大报告指出,道路决定命运、方向和前途,就是走什么路很重要。我们要从走中国特色社会主义道路的高度,去认识供销合作社的历史贡献和现实作用。供销合作社的组织形态具有中国特色,它既有政府色彩,又有公益色彩,还有市场色彩,是一个有特点的合作经济组织,怎么在社会主义市场经济条件下体现出这个组织的特殊作用,既是一个理论问题也是一个实践问题。汪洋强调,要正确认识和理解供销合作社在农业现代化进程中的重要作用。农业现代化要求必须走规模化、集约化的路子,但是规模化、集约化

在不同国家的要求是不一样的,土地多人少,可以是生产的规模化,但是更多的地方土地少人多,要求的是服务的规模化。供销合作社系统的存在,使我们在服务规模化的问题上不再费周折,加以改造,就能够让它成为国家可以掌握的、在服务规模化上发挥作用的一种组织形式和重要力量,使农业、农民的生产能够抵御市场风险,能够实现效益的最大化。供销合作社系统如果能进一步在农业社会化服务、农村流通中发挥重要作用,特别是在农业生产资料、生活资料、农副产品、再生资源流通中进一步发挥主渠道作用,将对我国实现四化同步特别是农业现代化发挥不可替代的作用。

汪洋指出,供销合作社要围绕上面两点,完善体制,加强自身的改革。通过深化改革,适应中国特色社会主义的要求,适应农业现代化的要求。同时,还要牢牢树立市场竞争意识,从市场角度出发,把握设计自身的体制机制改革,保持自身活力。汪洋希望供销合作社在总结历史经验的基础上,勾画未来的发展方向,共同努力,为中国的"三农"事业作出应有的贡献,成为中国特色社会主义制度和道路上浓墨重彩的一笔。

2013年10月9日,汪洋在浙江省上虞市就供销社改革发展和"三位一体"为农服务工作进行考察调研时,对供销合作社的今后发展提出了更高的要求和希望。他强调:"要正确认识和理解供销合作社在服务'三农'中的重要作用。供销合作社的工作首先是要看农民从中得到多少实惠、农村从中得到多少实惠,而农民得到实惠是底线。在当前'四化'同步的背景下,农业要实现现代化,一个重要的问题就是农民与市场的对接,要通过一种社会服务组织把千家万户的农户与市场对接起来,这方面供销合作社有条件、有优势,已经进行了探索,也取得了很好的成绩。目前,还没有任何一个组织能替代供销合作社在这方面的地位、作用和贡献。供销合作社要在农业产业化、社会化服务上继续发挥重要作用,同时要认真思考供销社发展的体制问题,不断探索新的商业模式、组织形式,在为农民服务的同时,通过提供服务实现自身的健康发展,更有竞争力和生命力,这样既解决了农民的问题,又解决了供销社自身的发展,也解决了国家的难题。"10月12日,汪洋主持召开国务院会议,召集11个中央部委听取中华全国供销合作总社关于深化供销合作社改革的专题汇报,对供销合作社的工作给予了充分肯定,明确了新时期供销合作社改革的思路、方向、重点和相关保障措施。

2014年7月,在纪念中华全国供销合作总社成立60周年之际,习近平总书记批示强调:供销合作社是促进农村经济社会发展的重要力量。在新的历史条件下,要继续办好供销合作社,发挥其独特优势和重要作用,努力成为服务农民生产生活的生力军和综合平台。

2014年4月,国务院根据2014年中央一号文件和《政府工作报告》提出的重要改革任务,批准同意供销合作总社在河北、浙江、山东、广东4省开展供销合作社综合改革试点。试点四省按照改造自我、服务农民的要求,大力推进供销合作社组织创新、服务创新、经营创新,完善体制机制。通过健全基层组织,激发内在活力,进一步密切与农民利益联系,拓展服务领域、提高服务质量,推进服务规模化、流通现代化,促进实体性合作经济组织建设,努力将供销合作社打造成为农民生产生活服务的生力军和综合平台。

2015年3月23日,中共中央国务院出台《中共中央 国务院关于深化供销合作社综合改革的决定》,就深化供销合作社综合改革做出部署。这份文件包括深化供销合作社综合改革的总体要求;拓展供销合作社经营服务领域,更好履行为农服务职责;推进供销合作社基层社改造,密切与农民的利益联结;创新供销合作社联合社治理机制,增强服务"三农"的综合实力;加强对供销合作社综合改革的领导。《决定》要求,供销合作社要把为农服务放在首位。面向农业现代化、面向农民生产生活,推动供销合作社由流通服务向全程农业社会化服务延伸、向全方位城乡社区服务拓展,加快形成综合性、规模化、可持续的为农服务体系,在农资供应、农产品流通、农村服务等重点领域和环节为农民提供便利实惠、安全优质的服务。同时提出,到2020年,把供销合作社系统打造成与农民联结更紧密、为农服务功能更完备、市场化运行更高效的合作经济组织体系,成为服务农民生产生活的生力军和综合平台。

总体而言,供销合作社工作被纳入深化农村改革全局来安排和部署,充分体现了党中央、国务院对供销合作社的高度重视。当前供销合作社正进入较快发展的轨道,处于改革发展的关键时期。

2. 四省供销合作社综合改革试点概况

开展供销社综合改革试点,是党中央、国务院的重大部署,事关新时期"三农"发展全局。2014年4月,国务院批准同意在河北、浙江、山东、广东4省开展供销合作社综合改革试点。试点四省按照改造自我、服务农民的要求,因地制宜,积极探索,大力推进供销合作社组织创新、服务创新、经营创新,完善体制机制,取得了积极成效。

(1) 河北省供销社综合改革

河北省供销社紧紧围绕"改造自我、服务农民"的总要求,坚持有利于供销合作社事业发展、有利于农民群众增收致富、有利于国家经济社会发展的原则,以舍我其谁的勇气、以只争朝夕的劲头、以敢为天下先的精神,大胆往前推,大胆向深处试,着力从以下五个方面推进改革。

第一,创新组织体系。按照办成实体性合作经济组织的要求,推进供销合作社与社有资产运营实体一体化,与农民合作社联合社一体化,最终形成供销合作社+供销集团公司(资产运营中心)+农民合作社联合社"三位一体"的组织架构。2014年,省社及试点市县社完成供销合作社+供销集团公司(资产运营中心)的组织架构。2015年,省社及试点市县社自下而上完成供销合作社+农民合作社联合社的组织架构。

第二,创新服务体系。一是面向现代农业,提供规模化服务。选择10个县,面向新型农业经营主体探索合作式、订单式、托管式社会化服务模式,开展产前、产中和产后系列服务。二是面向新农村建设,构建农村综合服务网络。按照经营性和公益性相结合的原则,纳入新农村建设规划及农村面貌改造提升活动,加快推进乡镇社区综合服务中心和村级综合服务社建设。三是面向新型职业农民,开展技能教育培训。利用供销合作社系统教育培训资源,建设农民职业教育培训基地,通过承接"阳光工程"、"农村劳动力就地就近转移培训工程"、家庭手工业辅导员培训等项目,形成供销合作社特色的农民职业教育培训鉴定服务体系。

第三,创新经营体系。一是加快农产品流通网络建设。完成省农产品电子交易中心产权重组,加速网上批发、招标拍卖、厂商分销等多种业务拓展,建设全国性的农村产权交易数据库、农产品资源数据库和农产品交易价格指数发布中心。由财政出资、供销合作社负责经营管理,重点建设和改造30个公益性农产品批发市场。二是加快农资流通网络建设。加大对农资经营网络的整合力度,加快配送中心建设,扩大连锁配送规模和提高优质肥覆盖率,开展农业技术、测土配方施肥等服务,解决好农资进村、农资安全问题。三是加快日用消费品流通网络建设。整合系统内外资源,加快推进"百城购物·供销社超市"项目,统一连锁配送、服务标准、建筑风格、配套设施、品牌标识,形成集物流配送、电子商务和综合服务为一体的农村日用消费品现代流通网络体系。四是加快再生资源流通网络建设。在全省选择50个基础较好的县(市),将垃圾处理和再生资源回收利用相结合,建设经营性、公益性兼具,村收集、乡回收、县集散加工处理的新型再生资源回收利用体系。

第四,创新农村金融体系。一是成立由政府支持、各级供销合作社入股的省级小额贷款公司,市、县、乡设分支机构,面向全省农民、农民合作社及其他新型农业经营主体开展小额贷款业务。二是由省财政和省社共同出资组建河北省农业合作保险公司,在10个市、县开展政策性农业保险试点。三是完成省农村产权交易所组建,开展土地承包、林地使用、农村集体经营性建设用地使用权等的信用评估和产权交易,参与农作物生态、农业机械、农民宅基地等农村资产评估。四是新合作投资担保公司实现财政注资扩容,分支机构覆盖所有县市,加大与金融部门合作,探索新型融资担保方式。五是与金融部门合作,组建票据公司,服务城乡龙头企业和中小企业发展;积极开展村镇银行、典当、信托等金融服务,发展适应农民需要的金融产品;按照社员制、封闭性原则,积极稳妥开展农民资金互助合作。六是在小额贷款公司、资金互助合作社等金融创新基础上,利用3~5年时间,完成河北农民合作银行组建工作。

第五,创新管理体制机制。一是创新管理机制。参与改革试点社,在保持人员公务员待遇不变的基础上,按照实体性合作经济组织的职能要求,创新运行机制和激励机制。二是理顺上下级社关系。下级社领导干部的任免、调动,需报上级社备案;下级社重大资产处置和大型项目投资需报上级社审核。三是健全社有资产管理制度。在省市社成立供销集团公司(资产运营公司),县级社成立资产管理中心。引导上下级社通过资产、管理、技术、股本、品牌等要素相互参股,形成经济利益共同体。四是完善考核机制。以经济发展、为农服务、资产保值增值及公益性服务指标为重点,加强对本级社和下级社的工作评价和考核。

(2)浙江省供销社综合改革

浙江省供销社按照"改造自我、服务农民"的总要求,以密切与农民利益联系为核心,以基层组织改造、组织体系建设、服务规模化、流通现代化为重点,坚持为农服务方向,坚持合作制原则,坚持合作经济组织的基本属性和特色,坚持以农民生产生活服务需要为出发点,结合浙江实际,大力推进供销合作、生产合作、信用合作"三位一体"农村新型合作体系建设,创新组织体系和服务机制,形成为农服务有力、组织体系健全、经济实力强劲、体制机制完善的供销合作社发展新格局,把供销合作社打造成为农民生产生活服务的生力军和综合平台。改革重点如下:

第一,改革联合社体制。切实履行政府赋予的政策性为农服务职责,探索联合社实行企业化管理的体制机制,逐步建成上下贯通的实体性合作经济组织。创新省社机关运行机制。履行为农服务职能,体现合作经济组织属性,实现联合社与社有资产运行一体化,建立为农服务和资产保值增值的双向考核制度,优化绩效挂钩的激励约束机制,增强发展的活力和动力。建立健全政策、资金、人才等方面的对下服务保障机制,有效调动全系统改革发展的积极性。推进省社兴合集团公司改革,完善现行员工持股机制,促进产权多元化和混合所有制经济的发展。推进资本运作,深化产融结合,支持和鼓励一批企业上市。打造省级企业为农服务平台。以中国茶叶拍卖交易服务公司为主体,建设茶叶等大宗农产品交易中心,打造农产品交易服务平台;以浙茶集团为龙头,打造集茶叶生产种植、加工研发、品牌营销和茶机制造于一体的茶产业经营平台;以浙江农资集团为龙头,打造"智慧农资"信息服务平台;以电商和农产品营销公司、专业市场为依托,打造农产品产销对接平台。指导推动市、县级供销合作社按照实施方案要求,结合各地实际,开展综合改革试点,确保落到实处。

第二,打造"三位一体"农村新型合作体系。一是省、市、县三级供销合作社成立农村合作经济组织联合会,实行统一的组织领导构架,秘书处设在供销合作社。二是加强基层供销社建设,基本实现基层供销合作社乡镇全覆盖、经营网络行政村全覆盖。三是采取产权结合、牵头领办、业务连接等多种方式,大力发展农民合作社,推进供销合作与生产合作的深度融合,形成与农民紧密联系的利益共同体。四是突破农村合作金融服务,推进资金互助会建设,构建以供销合作社资本为主体、农民合作社和农民参与、符合农村实际的新型合作金融服务体系。

第三,提升为农服务能力。一是增强农资经营服务能力。健全农资连锁经营网络,促进农资企业从单一经销商向提供多功能社会化服务的综合服务商转型,推进"智慧农资"建设,构建实体经营与网络平台有机结合、便捷高效的经营服务体系。二是增强农产品流通服务能力。加强农产品批发市场建设,3年内全省建设农批市场40家以上、农贸市场50家以上,农产品市场交易额占全省20%以上。重点建设中国茶叶拍卖交易服务中心,积极发展农产品电子商务,推进"网上供销百馆万店"工程,开展农超、农店、农企、农校"四对接"活动,构建多形式产销对接机制。三是增强农村生活服务能力。大力发展农村社区综合服务,打造服务品牌,开展适合供销合作社特点的公益性服务。

第四,加快社有企业转型升级。一是深入实施"强企工程"。培育一批龙头企业,树立行业主导地位。以项目带动有效投资,培育发展新兴产业,形成主业突出、有限多元的发展格局。提升企业创新能力,推进经营业态、商业模式创新。大力实施"名企、名牌、名家"三名培育计划。二是推动社有企业参与农业产业化发展。围绕茶叶、果品、食用菌等优势领域,重点发展基地、加工、销售一体化的龙头企业,打造产加销融合的产业发展平台。积极参与农业产业化、标准化示范、农业综合开发等项目,参与乡村改造和城镇综合体开发。三是创新社有企业发展机制。推进社有企业产权多元化和社有资产的资本化改造,以资本、品牌、业务等为纽带加强合作联合。进一步理顺社企关系,完善社有资产管理体制和制度。健全激励约束机制和管控体系,规范改制和产权转让行为。

(3)山东省供销社综合改革

山东省供销社将按照改造自我、服务农民的总要求,以密切与农民的利益联系为核心,加快在体制机制改革、服务规模化、流通现代化和农村合作金融四个方面取得重大突破,不断开辟供销合作社更为广阔的发展前景。

第一,以加快体制机制改革为重点,进一步明确合作经济组织的功能定位。一是建立农村合作经济组织体系。自下而上成立农民合作社联合社,与县、市、省供销合作社联合社一套机构、两块牌子,吸引各类农村合作经济组织加入进来,形成全省上下贯通、联结紧密、运行高效、充满活力的合作经济组织体系。二是加快联合社组织改造和职能转变。在省、市、县供销合作社成立供销集团公司(资本运营公司),稳步推进供销合作社与社有资产运营实体一体化,探索实体化运作的有效途径。三是创新联合合作机制。推进系统上下社有企业产权联结和业务联合,优化层级分工,形成产权明晰、责权明确、上下贯通、分级所有的经营管理新体系。

第二,以突出服务规模化为重点,打造农业社会化服务的主渠道。一是强化推进机制。加快供销合作社与村"两委"、农民合作社和资金互助组织的联合合作,整合各自优势,构筑"四位一体"工作机制,形成农业农村发展强大合力,集中解决当前农业发展中的服务、组织、经营和资金保障等方面的难题,推动服务规模化加快发展。二是规范托管方式。进一步完善流转式、订单式、参股式等全托管服务方式,开展耕、种、管、收、加、售等全程社会化服务;大力推进"菜单式"半托管服务,在良种育繁推、耕种、浇水、打药、收割、烘干、储存、加工、销售等关键环节提供社会化服务,提高农业生产组织化程度,促进山东省农业转型发展。三是扩大社会化服务规模。实施"农业服务规模化提升工程",重点抓好代耕代种、统一浇水、统防统治、统一收获、储存销售或加工等环节的规模化服务,努力成为农业社会化服务的主渠道。

第三,以突出流通现代化为重点,成为农村商品流通的主导力量。一是建设现代化流通网络。用网络信息技术改造提升供销合作社现有的流通服务网络,通过"实体+网络"虚实结合的方式,推动省、市供销合作社经营网络同县域网络对接,逐步形成跨区域、跨层级、上下贯通、纵横一体的全省供销合作社现代化流通网络。二是着力培育品牌企业。采取多种形式,以省供销合作社社有企业为依托,大力培育发展具有核心竞争力的大型现代化流通企业。加快推动与系统内外知名大型连锁企业的合资、合作,建立采购联盟,实现联合采购。三是深化"新网工程"建设。进一步优化区域流通布局,重点规划建设好一批辐射能力强、规模大的区域性仓储中心、配送(分)中心,加强农产品产后的分拣、加工、冷藏、配送等配套设施建设,争取政府及有关部门支持由供销合作社主导公益性批发市场建设。加快发展规范化的农村特许加盟店,把规范化、标准化的服务延伸到农民身边。

第四,以合作金融业务为重点,建立符合农村实际的新型合作金融服务体系。一是规范发展农民资金互助合作社。按照社员制、封闭性的原则,在不对外吸储放贷、不支付固定回报的前提下,鼓励领办的农民合作社设立信贷部,开展内部资金互助业务,依据有关规定设立农民资金互助合作社。二是探索组建农民资金互助联合组织。由县级农民合作社联合社发起,组织县域内农民资金互助合作社入股,组建县级农民资金互助联合组织,开展县域内统一结算等农村合作金融业务。适时组建市、省农民资金互助联合组织,负责市、省范围内农村合作金融业务的管理与服务。三是积极开展融资担保业务。按照"入股自愿、风险共担、利益共享"的原则,组建山东供销融资担保股份有限公司,推动系统内部开展融资担保合作,提高供销合作社对农民合作社的融资服务能力。四是加强农村合作金融业务监管。在加强系统内部管理指导、强化行业自律的基础上,配合地方金融监管局加强管理,确保新型农村合作金融服务体系风险可控、安全高效、稳步发展。

(4)广东省供销社综合改革

广东省供销社以推进组织、经营、服务和管理体系创新为引导,着力在以下四个方面进行重点突破:

第一,建立上下贯通、运转高效的实体性合作经济组织。一是创新联合社组织管理体制。维护供销合作社组织体系完整性,建立联合社条块协调机制,创新上下级联合社考核评价制度,探索建立省社与试点县(市、区)供销合作社上下贯通、运转高效的新型组织管理体制,在试点县(市、区)供销合作社全面实行"县基一体化"管理。二是创新社有企业联合发展体制。按照市场经济原则,省社投资企业通过产权、业务等对接方式,联合试点县(市、区)供销合作社和基层供销合作社共同发展,组成利益共享、风险共担的利益共同体。三是创新社有资本运营监管体制。推进联合社与社有资本运营实体一体化,完善"联合社—经营实体"监管体制,推动联合社从直接管理企业向资产管理和资本运营转变;省联社和社有资产运营实体实行"一套机构、两块牌子",统一领导、统一管理、一体运营;根据省联社和运营实体职能统筹考虑,在内设机构、人员岗位和收入分配等方面改革创新,积极探索省联社向实体性合作经济组织转型;支持和鼓励有条件的试点县(市、区)联合社办成实体性合作经济组织。

第二,建立一体化运营、双向流通的现代经营服务网络。一是推动经营网络转型升级。大力发展现代流通方式,提升信息化水平,推动农资、农产品、日用消费品和再生资源等供销传统流通网络改造升级,构建一体化运营、双向流通的现代经营服务网络。依托省社直属农资企业,建立省级农资经营和农化服务平台,对接重组试点县(市、区)农资经营业务,建设一体化运营的农资现代经营服务网络;依托省社直属农产品企业,建立省级农产品物流交易平台,对接重组试点县(市、区)农产品采购供应业务,建设一体化运营的农产品现代购销服务网络;依托省社直属日用消费品企业,建立省级日用消费品统一采购配送平台,对接重组试点县(市、区)日用消费品供应业务,建设一体化运营的日用消费品现代配送服务网络;依托省社直属再生资源企业,建立省级再生资源综合利用平台,对接重组试点县(市、区)再生资源回收交易和分拣加工业务,建设一体化运营的再生资源现代回收利用服务网络。二是推动经营网络与金融服务有机结合。依托省社投资企业,积极开展小额贷款、融资担保等业务,推动金融服务与供销合作社产业链融合。建立健全管控机制,防范风险。

第三,建立三农经营服务综合平台。一是建设经营服务综合平台。通过新建、扩建或改造等方式,在试点县(市、区)建设三农经营服务物流交易综合平台,衔接上游供应链、经营服务网络和下游基层服务组织、经营网点,逐步培育拓展交易配送、质量检测、仓储加工、冷链物流、电子商务、金融服务等专业化、综合性服务。积极承接政府购买公共服务。二是改造基层供销合作社。发挥经营服务综合平台辐射带动作用,按照现代服务业发展要求和"重组—改造—提升"路径,推进基层供销合作社改造重组,恢复提升基层经营服务能力,使基层供销合作社成为供销合作社经营服务网络的坚实基础和重要支撑。扩大基层供销合作社的覆盖面,保持供销合作社基层组织和资产的完整性,防止因改造重组导致基层经营服务组织体系萎缩。三是提升规模化服务水平。推动供销合作社经营服务网络,尤其是基层供销合作社与农民专业合作社、社区综合服务社有效对接,开展规模化、专业化和标准化服务,形成一网多用的综合服务体系。坚持合作制原则,吸收农民、专业大户、家庭农场等农业生产经营主体进入供销合作社基层服务体系,密切与农民的组织和经济联系,形成利益共同体。

第四,建立适应市场经济要求的监督管理体系。一是发展混合所有制经济。确保供销合作社对经营网络和重点企业控制力,推进供销合作社投资企业深化产权制度改革,大力发展混合所有制经济。引进社会资本参股,放大社有资本功能;鼓励经营者和员工持股,形成出资人和劳动者的利益共同体;鼓励投资企业在境内外资本市场上市,优化社有资本投向结构,确保社有资本保值增值。二是建立现代企业制度。建立健全现代企业制度,规范企业股东会、董事会、监事会及管理层责权利关系,形成各负其责、协调运转、有效制衡的法人治理结构。三是加强联合社监督管理。加强联合社理事会建设,规范联合社重大事项报批报备和决策程序。加强联合社监事会建设,建立省社监事会与投资企业监事会联动机制,投资企业监事会主要负责人纳入省社监事会成员范围。

3.供销合作社综合改革专项试点概况

为更好地贯彻落实中发〔2015〕11号文件精神、全面深化供销合作社综合改革工作电视电话会议精神,总社在国务院批复的河北、浙江、山东、广东4省供销合作社综合改革试点成功之后,明确了将围绕构建双线运行机制、创新联合社治理机制、强化基层社合作经济组织属性、推动农村产业融合发展、建立社有资产管理委员会、设立多种形式的发展基金、健全联合社"三会"制度7项重点工作在全国范围内开展专项试点。

(1) 专项试点的总体要求

坚持试点先行,从基层创新中找办法、探路子,对成功的经验及时总结推广,其对面上改革的示范带动作用往往胜过一堆文件。近几年来,供销合作社综合改革的实践特别是河北、浙江、山东、广东4个试点省取得的成效,充分证明因地制宜,突出重点领域和关键环节,抓纲带目,以点带面,是深化供销合作社综合改革的有效途径和成功方法。下一步抓改革落实,推动供销合作社综合改革深入展开,在对综合改革中形成的土地托管、基层社提质扩面、"三位一体"综合合作、跨层级跨区域联合合作等可复制可推广的经验,加快在面上推广的同时,对尚未完全破题的重点难点问题,必须毫不动摇地坚持试点先行,找准突破口,选择部分有条件的地区开展专项改革试点,以重点领域和关键环节的突破,推动综合改革以点带面,在更大范围、更广领域取得更多成果。

开展专项试点,绝不能胡子眉毛一把抓。要突出问题导向,抓住重点和关键,聚焦制约全局的难点和薄弱环节,集中力量,重点突破。要扎实开展调查研究,在摸清不同层级、不同地区供销合作社的发展现状的基础上,针对深化改革存在的突出矛盾和深层问题,找准切入点和突破口,因地制宜,对症施策。要根据不同试点内容合理确定试点层级和范围,选择有基础、有条件的不同地区和单位开展试点示范,发挥典型带动作用。要积极争取党委、政府支持,调动系统干部职工的积极性,有效整合社会资源参与和促进专项试点,为试点工作营造良好的改革环境。要坚持改革的正确方向和原则底线,不能把供销合作社为农服务宗旨改丢了、系统优势改没了、覆盖率改低了、社有资产改少了、社会主义市场经济的方向改偏了,不搞"一刀切"。

(2) 专项试点的主要内容和试点名单

第一,探索构建规范高效的双线运行机制。按照社企分开、上下贯通、整体协调运转的要求,以厘清行政管理、行业指导、经济发展三方面的职能边界为重点,强化联合社机关服务系统和"三农"的职能,密切层级间的合作,理顺社企关系,优化社有资本为农服务布局,按照管办分开原则稳步推进直属事业单位和主管社团改革。

构建双线运行机制试点名单:四川省、广东茂名市、广西贵港市、吉林敦化市。

第二,探索创新联合社治理机制。按照建设合作经济联合组织的要求,优化各级联合社机关机构设置、职能配置,更好地运用市场经济的手段推进工作。在稳定县及县以上联合社机关参照公务员法管理的基础上,对新进机关的相关工作人员探索实行聘任制。完善干部选拔培养机制,探索具有合作经济组织特点的干部人事管理制度,激发干部人才队伍活力。

创新联合社治理机制:黑龙江省、内蒙古赤峰市、河北昌黎县、广西田东县。

第三,强化基层社合作经济组织属性。发挥县级社统筹作用,推动基层社吸纳农民和各类新型农业经营主体入社,健全民主管理制度,完善与社员之间的利益分配关系,强化社有企业对基层社的服务带动,整合资源建设为农服务综合平台,实现基层社农民出资、农民参与、农民受益。

强化基层社合作经济组织属性:重庆市、山西晋中市、湖北潜江市、福建长汀县、青海大通县。

第四,推动农村产业融合发展。发展集生产、加工、销售于一体的项目,打造产业带动力强、区域辐射面广的现代农业产业化联合体,建设、培育中小型农产品加工企业和农产品加工技术集成基地,提升农产品供给质量,积极发展农业农村新产业新业态。

推动农村产业融合发展:天津宝坻区、辽宁沈阳市、浙江绍兴上虞区、宁夏平罗县。

第五,规范建立社有资产管理委员会。在联合社机关成立社有资产管理委员会,按照理事会授权,以管资本为主加强对社有资产的监管。厘清联合社理事会与社有资产管理委员会的职能边界,规范社有资产管理委员会的内部运行机制,建立社有资本经营预算制度,接受审计机关和同级财政部门的监督。

建立社有资产管理委员会:安徽省、江西南昌市、湖南浏阳市、贵州遵义红花岗区。

第六,探索设立多种形式的发展基金。设立供销合作社股权投资基金,由社有资本、社会资本和财政资金组成,以投资收益为导向,采用公司制或有限合伙制的形式,委托基金管理人专业运作,以股权方式对外直接投资,并建立回购、转让等退出机制。设立供销合作社产业发展基金,整合供销合作社、财政和社会资金,为供销合作社传统行业企业并购重组、做大产业规模、实现转型升级提供融资平台,打造上下贯通的经营服务体系。设立供销合作社合作发展基金,以本级联合社不低于当年社有资产收益的20%的资金为基本来源,实行公益性导向,体现合作制属性,主要采取无偿资助和融资担保方式,统筹用于基层社建设和为农服务。

设立股权投资基金:上海市、陕西省。

设立产业发展基金:北京市、江苏省、山东烟台市。

设立合作发展基金:江西省、湖北咸宁市、新疆察布查尔县。

第七,健全联合社"三会"制度。选择代表大会、理事会、监事会制度建设水平不同的联合社同步开展试点示范,召开代表大会,修改完善章程,选举产生理事会、监事会,带动基层社健全"三会"制度,吸纳农民入社。

健全联合社"三会"制度:江苏省、河南省、甘肃永昌县。

二、供销合作社在实施乡村振兴战略中的独特作用分析

党的十九大提出乡村振兴战略,明确指出农业农村农民问题是关系国计民生的根本性问题,必须始终把解决好"三农"问题作为全党工作重中之重。并提出实施乡村振兴战略的总要求是:产业兴旺、生态宜居、乡风文明、治理有效和生活富裕。

实施乡村振兴战略,是中国特色社会主义进入新时代,以习近平同志为核心的党中央在深刻把握我国国情农情,深刻认识我国城乡关系变化特征和现代化建设规律的基础上,着眼于党和国家事业全局,坚持以人民为中心的发展思想,对"三农"工作做出的新的战略部署,是解决人民日益增长的美好生活需要和不平衡不充分的发展之间矛盾的必然要求,是实现"两个一百年"奋斗目标的必然要求,是实现全体人民共同富裕的必然要求,是做好新时代"三农"工作的根本遵循。

乡村振兴战略的提出,赋予了供销合作社新使命,供销合作社是为农服务的合作经济组织,长期以来扎根农村、贴近农民,具有较为完备的组织体系、健全的经营服务网络和熟悉"三农"的工作队伍,在乡村振兴中责无旁贷。在以下几个方面可以充分发挥供销合作社的积极作用。

1.创新农业生产社会化服务体系

近年来,农村青壮年劳动力外出打工,留下来的多是妇女和老人,"谁来种地"的问题十分突出。自2014年供销合作社综合改革试点工作开展以来,供销合作社就"谁来种地"的问题探索形成土地托管等农业社会化服务新模式,为农民提供代耕代种、统防统治、烘干收储等系列化服务,确保农民打工、种地两不误,同时也推动了农业适度规模经营模式的发展。土地托管

服务从无到有,截至2017年年底,土地托管服务推广到全国29个省份,托管对象从大田托管发展到草场托管、林果托管、高原农业托管,服务内容从农资供应延伸到耕、种、管、收、售各环节,土地托管等农业社会化服务面积超过1.4亿亩,探索了"大国小农"基本国情、农情下,以服务规模化推进农业现代化的路子。

2.强化农产品现代流通体系

辛辛苦苦种出来的东西,能不能卖出去、卖个好价格,是农民最关心的。当前,农产品"卖难买贵"现象比较突出,同时,部分农产品价格周期性大幅波动,甚至频繁出现"过山车"式的暴涨暴跌。目前,供销合作社正加快建设农产品现代流通网络,在线上发展农产品电子商务,在线下推进农产品重要产区和集散地的批发市场建设,完善冷链物流设施,供销合作社将在畅通农产品流通渠道、提高流通效率、促进农民增收方面发挥更大作用。

3.推动农业一、二、三产业融合发展

一、二、三产业融合发展,是发展现代农业、促进农民增收的有效途径。供销合作社要发挥好产业类别和经营主体众多的综合优势:在做好生产环节托管服务的基础上,推动服务向加工、流通等产业链后端延伸,逐步形成覆盖产前、产中、产后的服务链条,引领农民参与三次产业融合发展,分享产业链收益;支持现有农产品经营企业改造提升,在优势农产品产地发展初加工和精深加工,提高农产品附加值;有条件的地区,可以建设集生产、加工、服务于一体的现代农业产业化联合体,提高农业综合效益;积极发展乡村旅游、观光农业、生态养老等新兴服务业,开发农业多种功能。

4.拓展乡村绿色生态服务体系

当前农村环境问题不容乐观,不少地方垃圾环村,农业面源污染突出。供销合作社系统农资经营量占全社会70%,再生资源回收量占全社会50%,是建设美丽乡村的重要力量。供销合作社应该发挥农资供应主渠道作用,调整优化用肥结构,提倡增施有机肥,大力推广测土配方施肥技术提高肥料利用率,推广应用高效、低毒、低残留农药新品种,大力开展秸秆、农膜、农药包装等农业废弃物回收和资源化利用。供销合作社再生资源企业应主动参与农村生活垃圾分类回收和处理,供销合作社再生资源回收利用网络应与城乡环卫清运网络实现有效对接,服务美丽乡村建设。

5.助力精准脱贫攻坚工作

供销合作社有2300多家农业产业化龙头企业、18.6万家农民专业合作社,在开展产业扶贫、提高贫困农户自我发展能力等方面有独特优势。一是大力实施行业精准扶贫。供销合作社应加大在贫困地区的项目建设力度,培育优质产品基地和农业龙头企业,通过吸纳贫困户入股、就业和利润返还等方式,建立利益联结机制,带动贫困户增收脱贫。同时,推动农产品加工流通企业、电商平台、连锁超市与贫困地区新型农业经营主体和农户有效对接,让贫困群众从流通环节分享更多收益。二是做好定点扶贫。帮助扶贫点研究困难问题,注重发挥社有企业在帮扶地区的带动作用,积极向帮扶地区延伸经营服务网络,在资金、项目方面加大投入力度,把供销合作社产业政策、项目政策向贫困地区倾斜,高质高效完成党和政府交给的脱贫攻坚任务。

6.稳步开展农村合作金融服务

农民常常遇到"融资难""融资贵"等问题,这严重阻碍了农业农村的发展,供销合作社系统应积极稳妥发展农村合作金融，为现代农业发展提供有力支撑。供销合作社发展资金互助和合作保险，是农村商业金融和商业保险的有力补充。供销合作社应有更加明确的规划，在严格执行国家金融法律法规和有关监管政策、强化管理、规范运作、切实防范金融风险的前提下，发挥合作经济组织的独特优势，积极稳妥地发展，给农民带来更加实惠、更加贴心的金融服务。同时，积极推进"三位一体"综合合作，通过整合供销合作社的流通优势、农民专业合作社的生产优势、农村合作金融的资金优势，打造集生产、供销、信用等生产生活服务功能于一体的综合为农服务平台。按照合作制理念，推进生产、供销、信用三大服务功能的实质性融合，完善内部治理结构，突出农民主体地位，进一步完善产业经营服务、拓展资本经营服务、承接政府委托服务，使参与各方共同受益，实现服务资源功能化、服务功能体系化。

7. 助推"乡风文明"建设

乡风文明建设是乡村振兴的保障，只有坚持物质文明和精神文明共同发展，才能更好地提升农民精神风貌。供销合作社组织体系比较完备且熟悉"三农"工作，应当积极发挥基层供销合作社和综合服务社在农村精神文明建设的作用，助推"乡风文明"；配合发挥其在理论宣讲、科学普及、政策宣传等活动中的平台作用；参与建立读书室、活动室、棋牌室、养老中心等，丰富农村广大群众精神文化生活；协同开展丰富多彩、群众喜闻乐见的文化活动，丰富农村广大群众的精神文化生活；发挥文化凝聚人心、增进认同化解矛盾、促进乡村和谐的积极作用，同时还可以带动乡村旅游产业的发展。

8. 助推乡村治理创新

供销合作社系统县及县以下组织体系相对完整，经营网点众多，熟悉农村，贴近农民，特别是很多农村综合服务社既提供生产资料又供应生活资料，还具备图书室、培训室等文体娱乐空间，能够为强化农村基层党组织建设、加强文化宣传等工作提供必要支持。依托供销合作社农村网络优势，将党支部建在基层供销合作社、农民专业合作社、农村综合服务社、乡村超市等产业链终端上，强化党员干部的履职意识，发挥党员干部在改革发展中的带头作用，能够促进农村党建工作的制度化、常态化。深化供销合作社与村"两委"合作，将供销合作社的经营服务优势与村"两委"的组织、政治优势相结合，开展"党建带社建、村社共建"，推进基层供销合作社与村集体、农民专业合作社共建项目、共建产业，能够为基层党员干部发挥先锋模范作用提供更多平台和机会。依托供销合作社，吸纳懂市场、会管理的经营管理人才和各方面的专业技术人才参与为农服务，培养造就一批懂农业、爱农村、爱农民的"三农"工作队伍，能够在人力、智力等方面为创新乡村治理提供必要补充。

9. 促进农民增收致富

当前，农民家庭经营收入和工资性收入增长难度加大，持续增收面临较大压力。供销合作社完全可以通过领办创办农民专业合作社、吸纳各类农业经营主体加入基层供销合作社等多种方式密切与农民的利益联结，通过积极参与农业生产服务、发展农产品电子商务等多种渠道帮助农民节支增收，通过加大政策宣传、组织农民培训等多种手段激活农民发展动力，帮助农民持续增收。基层供销合作社可与农民社员建立紧密型组织联系，健全按交易额返利和按股分红相结合的分配制度，实现农民出资、农民参与、农民受益。此外，供销合作社还可以依托本系统的科研院校，进一步发挥人才、技术优势，在助农增收中做出更大贡献。

三、供销合作社综合改革的主要目标、指导思想和重点任务

实施乡村振兴战略,是中国特色社会主义进入新时代,以习近平同志为核心的党中央在深刻把握我国国情农情,深刻认识我国城乡关系变化特征和现代化建设规律的基础上,着眼于党和国家事业全局,坚持以人民为中心的发展思想,对"三农"工作做出的新的战略部署,是解决人民日益增长的美好生活需要和不平衡不充分的发展之间矛盾的必然要求,是实现"两个一百年"奋斗目标的必然要求,是实现全体人民共同富裕的必然要求,是做好新时代"三农"工作的根本遵循。

供销合作社是为农服务的合作经济组织,长期以来扎根农村、贴近农民,具有完备的组织体系、健全的经营服务网络和熟悉"三农"的工作队伍,在乡村振兴中责无旁贷。近年来,供销合作社系统上下积极推进综合改革,改革红利持续释放,经济运行稳中有进、稳中向好,经济发展规模迈上新台阶,为农服务领域全面拓展,改革发展各项工作实现新成效。但同时也应看到,系统发展不平衡、不充分的矛盾依然突出,提升发展质量、增强为农服务能力的任务仍然艰巨。当前,供销合作社综合改革已经进入由点到面、全面推开的新阶段,各级供销合作社要深刻认识实施乡村振兴战略对全面深化供销合作社综合改革的重大意义,牢牢把握实施乡村振兴战略给供销合作社发展带来的难得机遇,在促进城乡融合发展、共同富裕、质量兴农、乡村绿色发展、乡村文化兴盛、乡村善治和精准脱贫中发挥更大作用。要切实增强责任感使命感,紧紧围绕乡村振兴战略,对照中发〔2015〕11号文件提出的改革任务,以更大的决心、更明确的目标、更有力的举措,破除为农服务水平提升的体制机制性障碍,将供销合作社综合改革向纵深推进。

1.主要目标

到2020年,供销合作社综合改革取得显著成效,农业社会化服务水平明显提升,土地托管等服务面积超过2亿亩;基层组织基础进一步夯实,基层社实现乡镇全覆盖,农村综合服务社发展到45万家,覆盖80%以上的行政村;农村现代流通体系建设深入推进,线上线下加快融合发展,全系统流通企业电子商务应用率达到80%以上,基层经营服务网点信息化改造比例达到70%以上;农村一、二、三产业融合发展水平进一步提升,基本形成产业链条完整、功能多样、业态丰富、联结紧密的具有供销合作社特色的产业融合发展体系;新型农业经营主体不断发展壮大,领办农民专业合作社20万家,发展规模农业产业化龙头企业3000家,其中带动作用强的大型龙头企业100家;农村生态服务取得新突破,助力打赢脱贫攻坚战,成为服务农民生产生活的生力军和综合平台,成为党和政府密切联系农民群众的桥梁纽带。

到2035年,供销合作社建成更加完善的农业社会化服务体系、更加健全的基层组织体系、更加便捷高效的农村现代流通体系、与农民利益联结更加紧密的产业融合新体系和助力美丽乡村建设的绿色生态服务体系,为实现乡村振兴做出更大贡献。

到2050年,供销合作社全面建成与新时代农业农村现代化相适应的合作经济组织,成为全面实现乡村振兴,农业强、农村美、农民富伟大实践的重要力量。

2.指导思想

以习近平新时代中国特色社会主义思想为指导,全面贯彻落实党的十九大和十九届二中、三中、四中全会精神,认真贯彻中央经济工作会议、中央农村工作会议和中央一号文件精神,紧

紧围绕"三农"工作大局,坚持稳中求进工作总基调,牢固树立新发展理念,落实高质量发展要求,按照产业兴旺、生态宜居、乡风文明、治理有效、生活富裕的总要求,以提升为农服务能力为根本,以构建更加完备的农业社会化服务体系、更加健全的基层组织体系、更加高效的现代流通体系、与农民利益联结更加紧密的农村一、二、三产业融合发展新体系和助力美丽乡村建设的绿色生态服务体系为重点,在实施乡村振兴战略中主动担当、积极作为,把供销合作社加快打造成为服务农民生产生活的生力军和综合平台,不断开创供销合作社改革发展新局面。

3.重点任务

(1)围绕促进适度规模经营,加快打造更加完备的农业社会化服务体系

顺应农村土地"三权分置"改革、第二轮土地承包到期后再延长三十年的新形势,发挥供销合作社综合服务优势,积极创新和优化服务供给,加快打造综合性、规模化、可持续的为农服务体系,推进适度规模经营,促进农业农村现代化。主要工作包括大力开展土地托管服务、促进小农户和现代农业发展有机衔接、强化农业社会化服务科技供给。

(2)围绕壮大乡村集体经济,加快建设更加健全的基层组织体系

乡村振兴,主战场在农村。供销合作社参与乡村振兴战略,基层组织体系建设是关键。要巩固基层组织建设成果,提升建设水平,加快建设更加健全的基层组织体系。主要工作包括深入推进基层社分类改造、加强与农民专业合作社融合发展、因地制宜发展生产、供销、信用"三位一体"综合合作、加快农村综合服务社建设、深入开展"党建带社建、村社共建"。

(3)围绕推进农村流通现代化,加快建设更加高效的现代流通体系

要以线上线下融合为切入点,加快发展农村电子商务,加强农产品市场和物流配送体系建设,不断提升流通现代化水平。主要工作包括加快发展农村电子商务、加强农产品市场建设、完善物流配送体系。

(4)围绕发展农业农村新产业新业态,构建农村一、二、三产业融合发展新体系

乡村振兴,产业兴旺是重点。要充分发挥供销合作社经营服务网络健全,产业类别和经营主体众多的优势,着力打造产业融合发展的新载体新模式,构建供销合作社农村一、二、三产业融合发展新体系。主要工作包括大力发展农产品加工、着力推进优势产业整合、积极拓展农业多种功能。

(5)围绕美丽乡村建设,积极打造乡村绿色生态服务体系

乡村振兴,生态宜居是关键。供销合作社要依托农资和再生资源服务网络,积极参与农业面源污染防治、农村环境整治等工作,打造乡村绿色生态服务体系,在促进美丽乡村建设中发挥作用。主要工作包括加强农业面源污染治理、积极参与农村环境整治、完善城乡回收利用网络功能。

(6)围绕打赢精准脱贫攻坚战,扎实做好供销合作社扶贫工作

参与脱贫攻坚是党和政府交给供销合作社的一项政治任务,也是供销合作社参与乡村振兴,践行为农服务宗旨的重要体现。要坚持精准扶贫、精准脱贫基本方略,采取更加有力的举措、更加集中的支持、更加精细的工作,助力地方党委政府打赢脱贫攻坚战,在促进共同富裕中发挥更大作用。主要工作包括大力实施行业精准扶贫、扎实做好定点扶贫。

四、供销合作社综合改革与服务乡村振兴典型案例

1.河北省供销合作社:全面深化综合改革,全力服务乡村振兴

2019年,河北省供销合作社坚持以习近平新时代中国特色社会主义思想为指导,深入贯彻落实中发〔2015〕11号文件精神,围绕服务乡村振兴,持续深化供销合作社综合改革,全力推进组织体系创新、服务体系创新和治理体系创新,着力提升系统治理能力和为农服务能力,推进高质量发展,全省系统实现销售3490亿元,位居全系统第三,实现利润21.3亿元,同比增长21.7%。

(1)创新组织体系,打造乡村振兴载体

基层组织建设扎实推进。坚持"新建一批、提升一批、巩固一批、做强一批"工作思路,按照合作制原则规范提升基层组织发展质量,打造服务乡村振兴的载体。积极推广"村两委+供销合作社+农民合作社"发展模式,大力发展村级基层社,培育主导产业,促进村集体经济产业化、规模化、标准化发展,帮助农民增收致富。2019年重点培育了14个基层组织示范片区,建成以农民社员为主体的规范的村级基层社60余家,全省基层社达到1961家,庄稼医院发展3780家。

"两社融合"格局巩固提升。大力推广中华全国供销合作总社总结的"三位一体"和"两社融合"等综合改革试点经验,充分发挥供销合作社的流通优势、农民专业合作社的生产优势和农村信用社的资金优势,开展生产、供销、信用"三位一体"综合合作,广泛吸纳农民和各类经营主体入社,多途径领办创办农民专业合作社及联合社,服务带动小农户的能力进一步增强。截至2019年年底,全省系统领办创办农民专业合作社27527家、联合社1869家,13个市级社发文推进"三位一体"综合合作。

农村社区综合服务体系加快形成。大力推广定州市农村社区综合服务体系建设经验,加快农村社区综合服务中心建设步伐,着力打造集政务、商务、公益于一体的县乡村三级综合为农服务体系。定州模式得到了全国总社和河北省委主要领导的充分肯定,已在全省37个县复制推广,全系统建成农村社区综合服务中心3230家。

(2)创新服务体系,助力乡村振兴战略实施

开展一条龙农业生产服务。大力推广邯郸市为农服务中心建设经验,围绕耕、种、管、收、加、储、销等农业生产环节,大力开展土地托管服务,以服务规模化促进农业适度规模经营。全省系统土地托管面积1202万亩,同比增长41%。

开展一体化农产品流通服务。聚焦冷链物流、电子商务、质量追溯等重点环节,推动农产品流通品牌化、标准化、网络化。打造京津冀一体化农产品销售平台,围绕首都建设大型农产品市场网络群。打造6个农产品物流园、建设全省物流信息化平台,构建县、乡、村三级物流配送体系。与社会知名品牌电商开展战略合作,开通河北供销社馆,加强省社电商公司与各层级企业的合作。2019年,全省系统建成农产品市场100家,实现交易额335.6亿元;物流业务营业额2.11亿元,同比增长247%;实现电商销售额72亿元,同比增长32%。

开展一站式农民生活服务。依托农村社区综合服务中心,整合系统服务资源,加强与职能部门、金融机构以及物流快递等社会企业的合作,搭建综合便民服务平台,为农民提供商品供给、养老幼教、快递物流、金融保险、生活缴费、文体娱乐等政务商务公益性服务。

开展系列化农村合作金融服务。积极开展产权交易、担保保险、抵押融资等农村金融服

务,解决农民融资难融资贵问题。建成省市县农村产权交易中心142个,业务品种扩充到12大类,累计实现交易额30亿元、抵押贷款4.1亿元;全年开展担保业务19.33亿元,服务企业3561家。

积极服务脱贫攻坚。省社积极谋划实施大宗商品交易中心、金融科技大数据平台等一批为农服务项目,与全省62个贫困县建立农产品产销对接关系,在农产品市场和连锁企业设立扶贫专区166个,在网上农博会展销贫困县农产品200余种,在农交会销售贫困县农产品3.2亿元。在31个县级社搭建起"政银社户保"金融扶贫服务平台,政府注入风险补偿基金15.81亿元,累计发放贷款99.39亿元,惠及14.52万农户。

(3)创新治理体系,主动融入乡村振兴大局

完善联合社治理机制。指导昌黎县社圆满完成总社"联合社治理机制创新"专项试点,通过建立社有资产运营管理机构,健全以农民为主体的"三会"制度,完善比贡献比绩效的激励约束机制,进一步创新管理模式,理顺社企关系,构建起机制有效力、主体有活力、监管有能力的新型联合社治理机制,为供销合作社治理体系和治理能力创新探索路径。总社已把昌黎经验作为典型案例,在全系统推广。

加快开放办社步伐。牢固树立开放发展理念,突破传统体制机制束缚,纵向上强化系统层级联合和农民合作社联合社建设,横向上稳步推进与大型企业、金融机构及各类新型农业经营主体的合作,全省系统规范发展开放办社企业473家。

健全内部治理体系。全面加强党的领导,把党组织建设纳入社有企业法人治理结构,进一步健全风险防控体系,狠抓制度落实,对社有企业采取最严格管控措施,实施财务、纪检、审计人员综合派驻,在放活自主经营权的同时,确保社有企业在法律制度框架内规范运行。

发挥合作经济优势。强化基层组织合作经济属性,积极引入村"两委"干部、大学生村官、农村能人等担任合作经济组织的负责人,推动合作社经济优势和村"两委"组织优势有机结合,促进乡村组织振兴。

2.广东省供销合作社:推进系统联合合作,提升为农服务能力

广东是国务院2014年批准的供销合作社综合改革4个试点省份之一,2017年又承担了总社的双线运行机制专项改革试点任务。一年来,广东省供销合作社继承弘扬敢闯敢试、敢为人先的改革精神,深入贯彻落实中央11号文件精神,按照总社工作部署,着力构建双线运行机制,大力推进社有企业联合合作,有力推动全省供销合作社为农服务能力和经济发展质量显著提升。

(1)围绕示范带动,深化双线运行机制专项改革

根据全国总社工作部署,指导推动茂名市供销合作社开展双线运行机制专项改革试点工作,取得初步成效。茂名市供销合作社全面落实了成立社有资产管理委员会、形成年度工作和重大事项向理事会报告制度,进一步加强社有资产和社有企业管理。建立联合社与成员社双向考核评价机制,加大基层工作指标考核权重,将综合业绩考核结果通报成员社及所在地党委、政府,形成工作合力。设立合作发展基金,基金入库600万元,支持基层社开展为农服务项目建设。组建社有资产运营平台,制定了《茂名市供销合作社组建社有资本运营平台总体方案》,积极构建"市社理事会—社有资产管理委员会—资产公司本部—投资企业"管理体系。加强社有企业联合合作,6家市社直属企业与省级企业进行业务对接,年对接业务销售额达2亿元,社有企业盈利水平较上年增长193%。2019年,茂名市供销合作社利润总额1317万元,同

比增长97.2%。我们及时总结试点中好的经验做法,为全省乃至全国供销合作社系统在这方面的改革提供借鉴。

(2)围绕联合合作,打造龙头企业引领的经营服务体系

以省级农资经营企业为引领,建设现代农资经营与农技服务网络。天禾农资公司通过股权、业务、品牌合作等方式,与省内外供销合作社合作,在全国设立97家配送中心,对接终端客户超过2万家,着力打造现代农业综合服务商。通过制度创新,激发内生动力发展活力。实施"事业合伙人""事业创始人"计划,在49家控股子公司实施员工持股计划,占控股子公司总数的64%。通过渠道下沉,加快构建直面终端、扁平化的农资经营服务网络,在13个主要农业和农资消费大省建立了4个大型仓储中心、23万平方米仓储物流设施,服务农户超200万户。通过技物结合,打造现代农技服务品牌。开展农业面源污染治理项目,建立一支400多人的农技服务队伍,年均开展种植试验示范活动1万多场次,打造"天禾好作物"农技服务品牌。通过开放合作,不断做大企业规模优势。重组广东省农科院蔬菜种业和植保经营单位,与中国柑橘研究所合作,打造种业、植保技术研发和科技成果转化平台。

以省级冷链物流企业为引领,联合打造全省冷链物流配送网络。天业冷链集团由省、市、县三级供销合作社共同投资组建,通过股权合作、项目开发、管理输出等形式,积极盘活资产、整合资源,布局打造广东省供销系统公共型农产品冷链物流骨干网,加快发展"运营总部+主销区冷链物流园+主产区小型冷库和集配中心"冷链物流配送体系。与汕头、韶关、江门开平、肇庆高要等市县供销合作社合作开发当地冷链资源,建成运营总库容15万吨的冷链物流基地,为京东生鲜、阿里易果生鲜、伊利等国内外知名生鲜电商和食品生产企业提供"仓配一体化"服务。

以省级粮油经营企业为引领,联合打造全省放心粮油经营网络。天润粮油集团围绕推进农村农业三产融合发展,对接市县供销合作社网点资源,拓展粮食种植、仓储、加工、销售、电子商务全产业链服务。以牵头实施"丝苗米省级现代农业产业园"等项目为重点,引入当地供销合作社企业参与园区建设,推行"公司+农民专业合作社+基地+农户"模式,共同实施园区内土地流转、农产品加工基地建设,带动水稻种植超20万亩。在广州、阳江、肇庆建成总库容20万吨的粮食储备基地,承担省、市、区三级粮食储备17万吨。对接市县供销合作社终端门店5000多个,覆盖全省大部分县区及中心城镇。

以省级电商企业为引领,探索跨区域产业扶贫合作机制。嘉网电子商务公司对接"供销e家",投资茂名、英德等地供销合作社5个股权合作项目,围绕广东特色、优质、大宗农产品,打造线上线下一体化运营的农产品供应链平台,推出"粤供优品"自有品牌超过100个,推动解决金柚等季节性农产品和贫困地区农副产品"卖难"问题。公司牵头以广东东西部扶贫协作产品交易市场"广东供销馆"为依托,联合全国总社企业及13省(区、市)供销合作社以及所属141家企业成立供销联盟。组织联盟成员参加首届广东东西部扶贫协作产品交易博览会等活动,展示联盟成员企业800多种名特优产品,40家企业签署了合作协议。2019年,全省系统累计为西部各省区市销售产品约30亿元,带动农户27万户,带动贫困户4.5万户。

(3)围绕强基扩能,建设新型助农服务综合平台

按照省委省政府《关于对标三年取得重大进展硬任务扎实推动乡村振兴的实施方案》要求,由供销合作社牵头负责新型乡村助农服务示范体系建设,到2020年,全省建成100个县域助农服务综合平台和1000个镇村助农服务中心。按照立足现有基础建设一批、盘活存量资源

建设一批、用好社会资源建设一批的"三个一批"建设思路,重点打造了农业生产服务型、流通网络带动型、对接农业产业园型、"三位一体"综合服务型、农村产业融合型等五种类型助农服务综合平台。经过一年的攻坚,截至2019年12月底,已建成并运营的县域助农服务综合平台87个、镇村助农服务中心783个,成为供销合作社打造为农服务生力军的重要抓手和载体。

在助农服务示范体系建设基础上,带动基层社拓展农资、农产品、日用品等经营业务,东莞、惠东等地供销合作社通过项目支持、企业带动,集中资源建设一批配送中心、生产基地、田头批发市场等。同时,整合供销、信用合作、专业协会等资源,创新建立生产、供销、信用"三位一体"综合服务体系。德庆县供销合作社服务平台提供生产、技术、供销、信用等服务,共发放助农贷款536万元,培育农产品科研项目30多个。通过大力领办创办农民专业合作社及示范社,推动供销合作社与农民专业合作社融合发展。开平、新兴等地供销合作社依托当地特色产业,建设一批农民专业合作社、配送中心等,带动18万户农民增收。台山市供销合作社积极实施"粤菜师傅工程"厨艺培训,培训人员近3000人,建立粤菜特色食材供应基地12个,带动26个农民专业合作社生产特色食材。

3.湖南省供销合作社:整体推进综合改革 积极参与乡村振兴

2019年,湖南省供销合作社深入贯彻落实中发〔2015〕11号文件精神,整体推进综合改革,全省系统实现高质量发展,完成销售总额2022.6亿元,利润总额56.3亿元,分别同比增长32.2%和62.3%。

(1)提高站位,争取党政强力保障

争取党政重视高位推动。向省委、省政府领导报送供销改革简报16期,省委、省政府主要领导、分管领导全年对供销合作社工作指示、批示、讲话19次,专题研究部署、调研督导供销合作社改革工作10次。目前,14个市州、112个县市区和1551个乡镇全部建立由党政领导任正、副组长的供销合作社改革领导小组,岳阳、湘潭等4个市州由党委、政府正职任领导小组组长。

争取部门支持破解难题。省委组织部明确支持供销合作社联合社参公管理。省直有关厅局先后制定出台政策,帮助解决供销系统困难企业职工养老保险欠费、土地确权、新增用地、基层社注册登记等难题,将基层社建设纳入全省农村综合服务平台统筹推进。

争取财政投入有力支撑。2014—2019年,省财政累计投入供销合作社改革资金2.19亿元,其中2019年投入6350万元。2020年省财政将在2019年的基础之上增加4000万元支持供销合作社改革。长沙、株洲、怀化等市财政支持供销合作社改革专项经费均在2000万元以上。

(2)积极创新,整体推进综合改革

推行五级贯通模式。2019年,省供销合作社综合改革领导小组在总结前期改革经验基础上,提出"三大体系、五级贯通、覆盖到户"湖南供销改革新模式。在全省全面构建以乡村基层社为重点,省市县乡村五级贯通、逐步覆盖到户的新型组织体系,以社有企业为支撑、省市县乡村五级贯通、逐步覆盖到户的新型经营服务体系,以行业协会和农村合作经济组织为骨干、省市县乡村五级贯通、逐步覆盖到户的新型农合会体系。

加快整市推进步伐。召开省、市、县、乡四级党政领导参加的全省全面加快推进供销改革电视电话会议,各市州因地制宜整市州推进供销合作社改革。各市州、县市区均召开了供销合作社改革领导小组专题会和动员会,制定了具体实施方案,改革速度明显加快,措施明显加强,支持力度明显加大。

加大督导考核力度。省社建立供销改革周报告、月通报制度,协调省委改革办牵头赴市州、县市区调研督查,并将省供销合作社改革领导小组成员单位相关工作情况纳入绩效考核。争取省委督查室将全省供销合作社改革考核作为省直部门保留的8项考核事项之一。部分市州将供销合作社改革纳入对县市区党委政府绩效考核。

(3) 多措并举,推动健全组织体系

大力发展乡村基层社。推广党建、村建、社建"三建结合"和党务、村务、商务"三务合一",在条件成熟地区建设标准化的村级基层社,在基础薄弱地区按照村党支部书记兼主任、村专干等兼工作人员、有必要场地的标准建设村级基层社。同时按照乡镇领导分管、站所等人员兼任干事、有必要办公场地、有牌子的标准建设乡镇基层社。目前,全省基层社实现乡镇全覆盖,建成村级基层社134个。

加强"三会"制度建设。争取省委支持,解决了个别市州、县市区在机构改革中减少供销合作社理事会领导职数、降低监事会领导级别的问题。到2019年年底,全省县级社监事会恢复率达到96%以上。推广全国总社综合改革专项试点成果,指导浏阳市社召开社员代表大会,组织全省14个市州社负责人到浏阳观摩学习。

努力增强基层实力。广泛吸纳农民专业合作社等新型经营主体加入基层社,整合社会资源共同建设为农服务项目,拓展基层服务阵地,基层综合实力整体提升。2019年,全省基层社资产总额、利润总额分别达到134亿元、22亿元,分别同比增长38%、93%,县及县以下对全省系统经济发展的贡献率达到76.5%。

(4) 主动担当,积极参与乡村振兴

实施"惠农工程"。创建"惠农工程"规范化县,加快打造县、乡、村三级惠农综合服务平台,累计建成92个县级惠农服务公司、2005个乡镇惠农服务中心、3.25万个村级综合服务社。土地托管面积达到727万亩,同比增长43%。统防统治等农业社会化服务面积达到900万亩,同比增长65%。完成农产品收购833亿元,同比增长32%。

参与脱贫攻坚。将拓展为农服务领域与扶贫工作相结合,开展"党建带社建、村社共建",发展乡村特色产业,带动村集体和农民增收。2019年全省系统帮助贫困县销售农产品10多亿元。省茶业集团联结带动8万贫困户,户均增收9000元。省蜂业协会促进涉蜂产业发展,带动1.2万贫困户,户均增收3000~5000元。

助力美丽乡村建设。召开全省供销合作社系统推进垃圾分类暨再生资源回收利用体系建设现场会,主动参与美丽乡村建设和农村人居环境整治,打造了邵东"一村一站一员"新型农村垃圾分类回收模式,在娄底探索出市县两级供销合作社牵头承担农村垃圾分类工作机制。全省系统再生资源回收利用体系迅速恢复发展,全年完成再生资源回收额128.3亿元,同比增长54%。

4.辽宁省沈阳市供销合作社:提升为农服务综合实力,促进农村产业融合发展

2019年,沈阳市供销合作社以为农、务农、姓农为工作导向,深化社有企业改革,拓展经营服务领域,积极探索符合沈阳地域特点、具有供销合作社特色的改革发展途径,圆满完成总社农村产业融合发展专项试点任务,农产品全产业链体系初步建成,为农服务质量明显提升,企业发展活力有效激发,整体经济实力和市场竞争力显著增强。全年实现销售总额221.7亿元,利润总额1.53亿元,同比分别增长47%和21%。

(1) 发挥龙头企业带动作用，促进农村产业融合发展

加快农业产业基地建设。着眼提高产业融合规模效应，重点培育沈阳秋实农业科技发展有限公司、沈阳鹤湖农业科技发展有限公司等农业产业经营主体，探索"龙头企业＋农民合作社"、"公司＋联合社（合作社）＋农户"和"社村共建"等联合合作模式，打造一批现代农业生产基地，建设对接各类直供直采生产基地24个，5个品牌产品入选沈阳十大名牌产品，46家企业和农民专业合作社产品进入"沈阳特产"目录。

发展农产品精深加工。着眼延长产业链和提升农产品附加值，通过自建深加工项目、增加深加工环节、整合深加工企业等多种方式，发展农产品加工业集群，构建农产品深加工产业体系。整合法库辽育白牛、一木山楂、沈北七星米业等10余家深加工企业，发展无公害绿色农产品初级加工及精深加工。推动诚真餐饮、安邦海得和国字菜篮子等农副产品配送企业建设中央厨房，服务终端客户包括党政机关、大中院校、企业、部队等超过600家，日配送服务覆盖人群50余万人。

提升农产品流通服务水平。通过推动集散地大型农产品批发市场和现代物流中心建设、完善市场交易功能、引进大型连锁企业、控股社区直供项目等方式，建成地利农产品物流园、新民法哈牛市场、苏家屯十里河市场、方巾牛蔬菜交易中心等一批区域性乃至全国性农产品批发交易集散地，实现全市农产品流通"供销全覆盖"，全年建设升级改造各类交易市场25个，年交易额达200亿元。

(2) 加快发展电子商务，实现线上线下融合发展

加强农村电商规划。顺应商业模式和消费方式深刻变革的新趋势，立足全市农村电商发展实际，制定实施《推进农村电子商务发展工作方案（2019—2021年）》，从构建农村电子商务综合平台、推动涉农经营主体电商应用、建设农产品电商博览园和创业孵化园、完善"市、县、乡、村"四级电商服务网络等7个方面，推进沈阳市农村电子商务建设。

打造"供销快线"电商平台体系。依托沈阳"供销快线"电子商务公司，打造农村电商综合服务平台，初步形成由1个"供销快线"平台、5家县级电商公司、3家县级运营服务中心、3家仓储物流中心、1家培训孵化中心和217家乡村级电商服务点构成的四级电商网络体系。

推动发展产业电商。整合龙头企业资源，发展沈阳特色农产品产业电子商务，带动寒富苹果、山楂、奇异莓等一批本地产业快速发展。2019年，实现农产品电商交易额2.3亿元，带动线下销售5.8亿元。

(3) 拓展经营服务领域，提升为农服务质量水平

大力开展土地托管服务。积极落实总社"惠农工程"指导意见要求和省社工作安排，大力开展土地托管服务，着眼提升精准服务小农户能力，推行菜单式、个性化、精准化服务，全年开展托管服务等农业社会化服务面积33.3万亩，同比增幅达96.9%。

积极拓展科技服务。坚持科技兴农、绿色兴农，投资1500万元建设6000平方米农资科技服务中心项目，投资4500万元引进先进技术建设新型种苗繁育基地和植物工厂，建立全省第一家安全投入品体验中心，开展各类技能培训100余场，培育农产品经纪人3万余人，升级改造庄稼医院46个，助农增产增收1.2亿元。

稳步推进农村普惠金融服务。着眼缓解农民融资难、融资贵问题，市社专门成立合作金融处，联合建设银行、邮储银行、农商银行开展战略合作，发起成立省现代农业经济发展联盟，拓展涉农普惠金融业务，全年协调邮储银行和农商银行贷款16.3亿元，服务对象涉及全市9个涉农区县(市)。

(4)深化社有企业改革,增强发展活力和为农服务实力

推动社有企业挂牌上市。着力推进社有企业规范公司治理结构,增强市场竞争能力,沈阳秋实环境服务有限公司在辽宁股权交易中心成长板成功挂牌上市,实现社有企业改革历史性突破。

积极推进"垃圾分类"。通过创建"沈阳市可回收物数据信息管理平台",全面升级改造公共机构、企业、居民社区再生资源回收流程,实现省直公共机构"垃圾分类"全覆盖,签约省直公共机构150家、市区公共机构504家,在19个社区开展垃圾分类业务,建设环保屋249处,全年实现收入4000余万元,同比增长33%。

加快完善现代企业制度。制定出台《社有投资企业经营管理评价暂行办法》《社有固定资产租赁管理暂行办法》等14项制度,组建"1+4+N"模式的供销集团,打造形成以农资物流、电子商务、环境资源、酒店业务服务4个板块为支撑的平台化运营体系,社有企业的内生动力和发展活力明显增强。

5.福建省供销合作社:坚持初心使命,着力服务乡村振兴

2019年,福建省供销合作社扎实开展"不忘初心、牢记使命"主题教育,认真学习贯彻习近平总书记对供销合作社工作的重要指示批示精神,重温习近平总书记在福建工作期间多次提出的"供销合作社改革的生命力在于与农民贴在一起,与农村经济的发展贴在一起"的重要指示,披荆斩棘、勇往直前,以强化基层社合作经济组织属性为抓手,以提升为农服务能力为根本,努力当好供销合作事业施工队员,推动改革发展再上新台阶,全年实现销售总额2312亿元、同比增长25.4%,实现利润总额9.76亿元、同比增长30.4%。

(1)坚持为农宗旨,着力夯实基层基础

扎实推进专项试点。指导长汀县社圆满完成总社"强化基层社合作经济组织属性"专项试点,按照合作制要求创新组织体系、健全"三会"制度,吸纳农民和农民专业合作社等新型农业经营主体加入基层社,着力打造农村电子商务、乡村供销物流、农村合作金融、农村社区综合维修等四大服务平台,取得积极成效,被总社评为"综合改革专项试点工作先进单位"。目前,省社已将长汀县社的成功经验在全省复制推广。

着力推进基层组织建设。坚持"民主办社、开放办社、因地制宜、分类推进"的原则,推动基层社提质扩面。全年改造提升基层社109个,总数达到981个,实现乡镇全覆盖;实现利润4.15亿元,同比增长37.9%。通过共同出资、共创品牌、共享利益等方式,积极领办创办农民专业合作社及联合社,全年新发展农民合作社929个、联合社101个,农民合作社总数达8612个、联合社413个,入社成员达45万人。基层组织网络的快速恢复和发展,激发了基层经营服务活力,全省县及县以下销售额占全省系统的82.6%。

不断拓宽为农服务领域。紧紧围绕促进乡村振兴,创新服务方式,拓宽服务领域,积极开展全程农业社会化服务和全方位城乡社区服务。目前已建成电商运营中心49个、自建电商平台62个、基层电商服务站672个。福建供销农业服务公司设立"供销信贷风险补偿基金",在龙岩市8个县(市、区)为农民合作社提供贷款担保5.8亿元;牵头整合4家社会快递企业,组建8家供销通世达物流公司,创立"供销快递"自有品牌,占领了当地60%~70%的市场份额。新组建福建供销物流有限公司,推动农村电商与现代物流整合发展,探索打通"工业品下乡最后一公里、农产品进城最先一公里"。2019年,全省系统实现电子商务交易额224.3亿元,乡村

物流营业额 2.3 亿元,同比分别增加 51.4%和 27.1%。

(2)坚持初心使命,着力服务乡村振兴

抓好流通主业升级。省社制定出台贯彻落实福建省乡村振兴战略规划的实施方案,推动全省系统按照党委、政府统一部署,积极参与乡村振兴,实现了传统主业的快速发展。全省系统实现连锁销售额 355 亿元、同比增长 28.8%,日用消费品零售额 1144 亿元、同比增长 29.9%,农产品购进额 853 亿元、同比增长 22.6%,再生资源购进额 86 亿元、同比增长 20.9%。

积极助力脱贫攻坚。省社制定出台《行业扶贫三年行动实施方案》,以产业扶贫为重点,助力各级党委、政府打好精准脱贫攻坚战。省社与西藏昌都市政府签署战略合作协议,与厦门供销集团共同打通"藏香猪"入闽进厦最后一公里。

积极参与农村人居环境整治。省社制定出台《参与农村人居环境整治的行动方案》,选择 8 家经营情况较好的再生资源企业开展试点,发挥供销合作社再生资源网络优势,积极参与县、乡、村三级农村生活垃圾和再生资源回收利用体系建设,参与农村人居环境整治和面源污染防治工作,为建设"机制活、产业优、百姓富、生态美"的新福建贡献力量。

(3)加强联合合作,着力加快事业发展

加强系统内合作。积极推进供销合作社上下贯通,努力形成适应市场经济要求的高效运作模式。省社加强与总社电商公司等企业的合作,推进中央厨房、冷链物流产业园等重点项目,推动供销合作社产业转型、业态创新、动能转换,全省系统有 42 家电商企业实现与"供销e家"对接。

开展系统外联合。省社积极与阿里云、华威集团、永辉超市、省金融机构等社会企业开展战略合作,在大数据、农村电商、农村金融、"智慧农业"、农村物流等领域实现资源共享、优势互补。福建供销投资集团与阿里云合作,与永泰等县签订智慧农业合作协议,共同为福建供销大数据中心建设奠定基础。各级供销合作社也积极与社会企业合作,建强传统网络,开拓新兴业务,实现快速发展。

搭建合作交流平台。主动筹备、积极参加交易会、博览会、展销会等,签订贸易合作项目、战略合作协议,加强与系统内外企业的交流合作,打造服务乡村振兴协作平台,整合资源共同发展。在厦门成功举办首届"一带一路"农产品农资(电商)交易会,参加第十届广东现代农业博览会,取得积极效果。

(4)坚持党的领导,着力推动长远发展

争取党委、政府支持。全省系统紧紧围绕贯彻落实中发〔2015〕11 号文件精神,积极争取各级党委、政府的关心支持,全省 90%的县级社建立"三会"制度,形成省、市、县三级理事会、监事会各司其职、协调运转的工作格局。

加强风险防范。省社首次召开落实全面从严治党工作会议,制定《党组工作规则》,重大事项均上党组会议研究决定。制定《直属企业资产租赁和经营业务承包管理办法》和《企业投资合作议事规则(试行)》,组建资产运营管理中心和资产运营公司,带动全省系统建立健全规章制度,强化企业内部管理,有效防范和抵御各种风险。

弘扬供销文化。坚持改进作风、管好队伍、树好品牌,以作风立社、以文化兴社、以品牌强社。大力弘扬习近平总书记在福建工作期间亲自倡导和践行的"马上就办、真抓实干"优良作风,弘扬供销合作社的"扁担精神""背篓精神",弘扬福建"爱拼才会赢"的精神,全面推广使用"中国供销合作社"标识,着力打造"福建供销"品牌,成功举办迎国庆全省系统书法美术摄影展、笔会、惠民文艺演出等系列庆祝活动,不断增强供销人的文化自信。

6.湖北省供销合作社:改革创新增实力,优化服务惠"三农"

2019年,湖北省供销合作社重点推动中发〔2015〕11号文件精神在湖北深入落地落实,积极开展改革试点,大力建设综合服务体系,系统规模优势和为农服务潜力进一步释放,全省系统实现销售2862.4亿元,利润14.4亿元,分别同比增长22.3%和27.5%。

(1)组织试点示范,激发内生动力活力

强化合作经济属性,促进社农共赢。指导潜江市圆满完成总社"强化基层社合作经济组织属性"专项试点。采取"村两委＋基层社＋专业合作社"一体化服务模式,在潜江市15个乡镇全面恢复基层社阵地,广泛吸纳各类新型农业经营主体和农民入社,共同开展为农服务,供销合作社与农民实现紧密利益联结。2019年,全省实现基层社乡镇全覆盖,新创建的基层社标杆社、农民专业合作社示范社数量分别居全系统第二位和第一位。

设立合作发展基金,激发基层活力。指导咸宁市顺利完成总社"设立供销合作社合作发展基金"专项试点。采取提取社有资产收益和市县两级财政支持相结合的方式,在咸宁市及赤壁市、通城县分别设立合作发展基金,通过与银行合作放大资金池,无偿支持公益性强的基层经营服务体系和扶贫项目建设,在破解资产分级所有体制障碍、促进层级联合合作方面形成良好示范。

深化综合改革试点,提升服务能力。经省委、省政府批复,在22个县市开展综合改革试点,聚焦农业社会化服务、流通网络建设等10个方面大胆探索,强化项目扶持、行业指导和交叉核验督办,2019年新增经营服务面积超过1万平方米,土地托管、农村物流、电商服务、垃圾分类等综合服务能力明显提升,初步建成一批县域内服务农民生产生活的综合平台。

抓好经验复制推广,推进县级社振兴。采取"县申报、市初审、省指导"的方法,对总社总结的11项综合改革试点经验和7个方面专项试点经验进行复制推广。重点在51个县市复制农村产业融合经验,在39个县市复制强化基层社合作经济组织属性经验。一批"三无"县级社找到振兴路径,基层薄弱局面明显扭转。

(2)大力拓展业务领域,构建综合服务体系

拓展土地托管服务,树立供销品牌。针对农村大量劳动力外出务工的现状,以土地托管服务为载体,发挥供销合作社农资经营优势,推进技物结合、产销融合,构建跨区域、规模化、保姆式农业生产服务链条。到2019年年底,全省托管面积达到479万亩,同比增长66%,叫响了"供销合作社为农民打工"的服务品牌。

创新流通服务,保障农产品供给。通过线上品牌引领、线下产销对接,实现电商销售额421.5亿元,帮助国贫县销售农产品5210万元。完善从生产基地到居民餐桌的农产品供应链,推进农产品基地与批发市场、配送中心、社区菜场对接,形成覆盖全省的农产品市场网络。2019年农产品市场交易额同比增长29.3%,帮助农民销售农产品突破千亿元。

拓宽村级综合服务,提升农民获得感。推进农村综合服务社提质扩面,基本实现行政村全覆盖,新创星级综合服务社341家。坚持经营性与公益性相结合,因地制宜延伸农村书屋、乡村旅游等新兴服务,努力实现农民办事不出村,较好地满足了农民综合服务需求。

推行金融助农服务,破解农村融资难题。省社与建行开展战略合作,依托供销合作社村级网点开展便民金融服务,已覆盖全省一半以上行政村。省社投融资平台严格防范风险,开展"全链条、一站式"农村合作金融服务,累计涉农投资达90亿元。

(3)践行高质量发展要求,增强为农服务实力

加强资产监管,提升资本收益。全省系统清产核资工作基本完成,各类资产全部建档立卡,一批资产变出租为运营,各级社资委进入实质化运作。省社明确资产公司职责清单、负面清单,建立出资企业全面经营预算制度、重大投资项目审批备案制度,初步建成"管资本"为主机制。2019年,全省系统资产总额和所有者权益分别同比增长28%、22%。

推进项目建设,培育发展动能。发挥项目支撑作用,去年立项21个,总投资28.7亿元,开工建设11个,形成实物工程量5.8亿元,汉南恒大供销现代农业基地成为全省乡村振兴新亮点。省社编制《省属社企成长工程三年行动方案(2020—2022)》,谋划了16大产业和109个项目,第一批14个重点项目春节后全面动工。

加强政策协调,改善发展环境。2019年,省社多次向省委、省政府汇报改革情况并获批示,省委把供销合作社综合改革纳入省委常委会工作要点和省深改委督办事项,省农业农村改革领导小组会议专门听取汇报,省委为省社新增机构编制和工作职能,省政府出资5亿元设立"供销合作发展产业引导基金",省财政安排9000万元支持供销合作社开展农业社会化服务。省政府召开全省供销合作社综合改革现场会,省直有关部门主要负责人主动到省社现场调研指导项目对接,供销合作社改革发展环境越来越好。

7. 陕西省供销合作社:补短板增动能提质量,在综合改革中实现追赶超越

2019年,陕西省政府召开深化供销合作社综合改革服务乡村振兴现场会,进一步明确供销合作社承担的重要任务;省委组织部对各市县政府分管领导进行专题培训,形成抓落实工作合力;省社抓住问题关键点,推动综合改革齐头并进,全省供销合作社系统为农服务强劲有力,经济实力显著增强,销售总额、利润、资产总额、所有者权益同比分别增长24.2%、33.1%、28.9%和72.4%,增速比全国平均值分别高出11、15、22、58个百分点,在总社的综合业绩考核中上升了8个名次。

(1)抓基层补短板,基层组织薄弱局面初步扭转

在前几年综合改革积累的经验和经济基础上,我们将2019年确定为"基层组织建设提升年",通过集中人力、财力,强化政策支持,加快补上基层短板、夯实组织体系根基,让农民切实感受到供销合作社改革带来的实惠,让党委政府真切看到供销合作社在为农服务中的独特优势和重要作用。

在基层组织建设中,注重发挥关键少数的关键作用。由省社主要负责同志分片包抓,通过调研、协调、督促等多种形式,推动市县两级采用依托强社带弱社、农民专业合作社联合社改造、引进农村能人加入、按照合作制原则新建等形式,推进基层社恢复重建。深入推进"供销进万村工程",结合村社共建、电子商务村级站建设、移民新村服务网点建设等,建设村级综合服务社、村级供销合作社。2019年,投入基层组织建设的资金3800万元,实现基层社乡镇全覆盖,发展农村综合服务社8721个、村级供销合作社94个,领办创办农民专业合作社2060个、联合社214个,带动服务农户50万户,农民群众看到"供销社又回来了"。

在为农服务中,基层组织经济实力显著增强。2019年,基层社利润9239.7万元,同比增长29.5%,在全省系统占比24.3%;县及县以下销售总额在全省系统占比85.2%。实践证明,基层组织发展不仅有利于满足农民群众对美好生活的需要,也是供销合作社的重要基础支撑力量。

(2)抓电商增动能,流通网络现代化加快推进

发展农村电子商务是陕西省社承担乡村振兴任务的重要载体。一年来,在构建省社统领指导、由省社电子商务集团为龙头集中管理,以县级公司为分支、基层服务网点为终端,以前置仓、物流网为配套保障的线上线下一体化农村电子商务经营体系上取得新进展,电子商务集团成长为陕西省内涉农电商巨舰。2019年,集团发展控股子公司5家、县域电子商务子公司29家,整合40家县(镇)级大型综合超市,改造新建731个镇(村)综合服务网点,在县域基本完成布局。全年销售收入5.34亿元,同比增长64%;汇总利润1466万元,同比增长60%,在竞争激烈的电商领域站稳了脚跟。

省域内供销电商仓储物流体系初步形成。以"供销e家"西北仓储物流中心和供销菜鸟西北产地仓为核心,统一规划、统一建设、统一运营、精细管理,在全省重要节点县区已建成和在建各类产地仓和配送仓27座,初步形成了总面积达11万平方米的全省供销电商仓储物流体系,具备了农产品仓储、检验、分拣、包装、物流、配送和供应链管理等现代仓储物流功能,为农产品上行、日用品下行提供了有力支撑。

农村电商成为陕西供销合作社新的增长极。目前,92个县区供销合作社开展了农村电子商务,共发展电商企业648家,其中88家由供销合作社作为第一大股东,供销电商覆盖全省90%的县、70%的乡镇,其中贫困村电商服务网点1729个。2019年电子商务销售额49.46亿元,同比增长56.4%,其中通过电商销售农产品36.23亿元。电商已经成为供销合作社开展为农服务、推动流通网络现代化的重要依托。

(3)抓服务提质量,为农服务能力不断提高

农业社会化服务持续深化。2019年,82%的县级供销合作社开展土地托管服务,托管品种从粮食作物延伸到经济作物,服务对象从普通农户拓展到各类新型经营主体。开展产业型综合服务中心试点,建成眉县猕猴桃、蒲城农资、岐山小麦、柞水木耳等综合服务中心449个,为当地主导产业开展全程服务。开展统防统治面积32.6万亩,配方施肥面积42.6万亩,农机服务面积26.8万亩,建设庄稼医院2086个,售给农民的农资额151.6亿元,同比增长13.9%。

农产品流通能力大幅提升。省社从综合改革专项资金中划出1000万元,作为农产品促销资金,培育农产品名优品牌102个,农产品展销活动签订合同金额58.9亿元,在各大超市、零售企业设立贫困地区农产品销售专柜专区125个,与贫困地区建立长期稳定合作关系的单位135个,开展面向学校、医院、机关单位、企业的集采集配、直供直销业务。2019年,实现农产品销售401亿元,同比增长32.7%,占系统销售总额的39.4%。

为农服务领域继续拓展。省社再生资源回收利用公司推进农村生活垃圾分类业务,承担了政府赋予的农村人居环境治理任务。推广韩城等市县再生资源回收利用网络体系建设经验,服务美丽乡村建设。咸阳市政府还赋予供销合作社茯茶产业管理新职能,安康市政府安排供销合作社牵头成立生猪等农业特色产业联盟。汉阴、眉县、靖边开展了生产、供销、信用"三位一体"综合合作试点。通过产业扶贫,帮助贫困村(户)发展产业项目731个,投入贫困村产业帮扶资金共计1.3亿元。

2019年,还在全省供销合作社深入推进实施双线运行机制,省社直属供销企业集团和供销电商集团与63个市县供销合作社企业建立了产权联结,推动棉花、糖酒果品等社有企业业务全面转型,62个市县供销合作社成立社有资产管理委员会,省社和10个市级社按照中央11号文件做实合作发展基金,省社继续争取到省政府5000万元综合改革专项资金支持,以现场推进会、经验交流会等形式推进学先进、学典型,树立全省供销合作社系统"比学赶帮超"的鲜明导向,激发干事创业、追赶超越的动力和活力。

第五部分　全国供销合作社"新网工程"建设专题研究[①]

"新网工程"于2007年正式写入中央一号文件,着力打造跨行业、跨地区的全国性和区域性龙头企业,建设以信息技术为支撑、物流配送为基础、连锁经营为手段、标准化管理为特征的全国性农村现代流通服务网络,以及区域网络间的对接融合。自2006年5月经国务院批准设立以来,"新网工程"为我国农村商品流通体系建设,促进农业现代化发展起到了重大的推动作用。着工业化、信息化、城镇化的快速发展,对同步推进农业现代化的要求更为迫切,加快"新网工程"建设已成为创新农村社会管理的重要抓手,是"四化同步"发展中不可或缺的内容。

2015年3月23日,中共中央、国务院发布了《关于深化供销合作社综合改革的决定》(以下简称《决定》),《决定》充分肯定了供销合作社在党和政府做好"三农"工作中的重要载体作用,在"新网工程"建设方面,《决定》提出要"加强供销合作社农产品流通网络建设,创新流通方式,推进多种形式的产销对接","……继续实施新农村现代流通服务网络工程建设,健全农资、农副产品、日用消费品、再生资源回收等网络,加快形成连锁化、规模化、品牌化经营服务新格局",为加快推进农业现代化,促进农民增收致富,推动农村全面小康社会建设,全国各级供销合作社依托"新网工程"项目,在电子商务发展、市场转型升级、流通体系建设等方面取得了较好的成绩,供销合作社"新网工程"建设迎来了历史性的发展机遇。

一、"新网工程"的产生及主要建设内容

1."新网工程"的产生

2002年1月,全国供销合作总社三届三次理事会会议召开,会议向全系统提出了"四项改造"任务,即"以参与农业产业化经营改造基层社;以实行产权多元化改造社有企业;以实行社企分开、开放办社改造联合社;以发展现代经营方式改造经营网络"。会议首次提出建设现代经营网络的概念,会议指出,广泛应用现代经营方式改造供销合作社的传统经营网络,就会形成大大小小的企业集团;传统经营网络不断整合和提升,就会形成具有市场竞争力的全新经营网络,有了这样的经营网络,在市场竞争中就会占有一席之地。"四项改造"为供销合作社再铸辉煌,奠定了坚实基础。

2005年,党的十六届五中全会提出了建设社会主义新农村的目标。全国供销合作总社围绕为建设社会主义新农村做贡献这一主题,提出在"十一五"期间,供销合作社工作要在夯实基层基础的同时充分发挥自身优势,加快建设"新农村现代流通服务网络工程"(简称"新网工程")。

2006年,国务院印发了《听取供销总社关于建设农村现代流通服务网络等有关工作汇报的会议纪要》,对"新网工程"思路给予充分肯定。2007年的中央一号文件也指出,要加快建设新农村现代流通网络。"新网工程"由一个部门工程转变为政府工程。自2006年以来,"新网

[①]　执笔人:刘敏、徐冠宇;审稿人:李想。

工程"建设取得显著进展,在农村现代流通中的主导作用日益凸显。

2."新网工程"建设的主要内容

从网络建设类型上来看,"新农村现代流通服务网络工程"包括两种网络类型的建设:一是流通组织网络;二是信息技术网络。两种网络相互融合、互相支持,协同发展,但从实际建设情况来看,信息技术网络建设明显滞后于流通组织网络的建设。

(1)"新农村现代流通服务网络"之流通组织网络

"新网工程"之流通组织网络的建设,即从产业链发展的角度,建设遍及城乡的商品流通组织系统。例如,改扩建各类批发市场和中心市场,增加各类基层经营网点,建设配送中心,扶持龙头企业,发展农民专业合作社,建设综合服务社,等等。

从字面上来讲,"新网工程"是由全国供销合作社系统承担的,以改造、整合供销合作社系统的网络资源,建设农业生产资料现代经营服务网络、农副产品市场购销网络、日用消费品现代经营服务网络、再生资源回收利用网络四大网络为主要内容的重大工程。四大网络的具体建设内容如下:

农业生产资料现代经营服务网络:实行连锁经营,严把质量关,为农民提供质优价廉的农业生产资料,杜绝假冒伪劣农资,帮助农民测土配方施肥,完善农业社会化服务体系,为现代农业提供产前、产中、产后系列服务。

农副产品市场购销网络:以批发市场为龙头,基地建设为基础,现代物流配送为手段,构建从基地、加工到市场、配送和终端一条龙的农副产品市场购销网络。参与和推动农业产业化经营,帮助农民解决农产品销售难问题。

日用消费品现代经营服务网络:实施"小超市、大连锁"战略,集中采购,连锁配送,降低商品价格,以此改善农民消费结构,提高农民生活质量。

再生资源回收利用网络:抓住回收网点建设、市场集散交易和综合利用处理三个环节,形成以社区回收站点为基础,市场集散加工为核心,综合利用和无害化处理为目的的再生资源回收利用网络。以此改善村容村貌,促进人与自然和谐发展,推动资源节约型、环境友好型社会建设。

除了以上所述四大网络的建设以外,"新网工程"还包括建设烟花爆竹流通网络,以及庄家医院、村级综合服务站、实验示范田等综合服务设施的建设。"新网工程"的实施,是现代农业建设的大事,也是供销合作社系统适应现代流通的要求、强化自身功能、提高服务水平的一项重要工作。

(2)"新农村现代流通服务网络"之信息技术网络

"新网工程"之信息技术网络,即将庞大的商业网络资源与先进的网络技术相结合,进一步提高商品流通的效率。总社以及各级省、市等地方供销社积极建设电子政务和电子商务,以更好地服务于新网工程的建设。但是总体来看,这些政府网站以发布涉农信息、为农服务政策、农业新闻和相关统计数据为主,极少涉及农业电子交易的相关业务,个别地方供销社网站有商品挂牌销售或称之为网络广告,这种挂牌销售只提供商家的信息,且信息大多没有及时更新,这些政府网站完全没有涉及配套的竞价交易、实物配送、资金结算等环节,只能称其为农产品电子商务的初级阶段,其为农服务的效率也较低,与农业交易和农业物流相关的信息技术网络尚未真正运用于"新网工程"。

自2011年以来,随着科技的进步和财政资金支持陆续加大,农业信息技术的网络建设初步开展。"新农村现代流通服务网络"之信息技术网络建设逐步提上议事日程。2011年9月22日,中华全国供销合作总社与中国科学院签署《共同建设农资现代经营服务网络体系战略合作协议》,运用物联网技术,建立农资质量追溯网络体系,从源头上有效预防假冒伪劣农资流入市场,保证农资质量,维护农民利益。除了农资经营之外,随着新网工程的进一步推进,网络技术在日用消费品零售、农副产品流通、再生资源回收以及农业社会化服务等领域都将得到应用,有效提升流通组织效率。

2014年1月24日,中华全国供销合作总社与中国科学院在京进行工作会商,双方就贯彻落实中央一号文件,发挥各自优势,利用物联网技术,在原有合作基础上,双方将在科研攻关、技术服务、成果转化、产业化等方面进一步深化战略合作关系,携手打造新农村流通网络。

2014年3月28日,在江苏省无锡市召开了中科院科技服务网络计划项目可行性论证会,会上提出了《现代农资经营大数据基础共性技术及数据中心建设》《棉花全产业链智能服务平台建设及规模应用》《网上供销社建设与示范推广》等三个项目的可行性研究报告,这意味着"新农村现代流通服务网络"之信息技术网络的建设正逐步深入展开。

二、"新网工程"在中国特色农业现代化中的作用与地位

1."新网工程"与中国特色农业现代化建设

(1)"新网工程"建设已经成为各地推动社会主义新农村现代流通体系建设的重要平台,是"四化同步"发展的重要抓手

"新网工程"一经提出就受到党中央、国务院和各级党委政府的高度重视。国务院有关部门从各自职能出发,对供销合作社开展"新网工程"建设给予大力支持。财政部设立专项,通过以奖代补、财政贴息等方式给予资金支持。各级党委政府把"新网工程"建设纳入社会主义新农村建设总体规划,统一部署,与新农村各项建设协同推进。

(2)"新网工程"是发展现代农业、便利农民消费的战略举措,是建设社会主义新农村的题中应有之义

随着"新网工程"建设的稳步推进,沟通城乡、便民利民的日用消费品连锁经营网络初具规模;技物结合、综合服务的农资现代营销网络初步形成;产销衔接、与农业产业化经营协调推进的农副产品购销网络具备雏形;循环利用、绿色环保的再生资源回收利用网络正在兴起;烟花爆竹、食盐、医药等大宗商品的购销网络也有不同程度的发展。

(3)"新网工程"建设密切了农产品产销衔接,是推动现代农业发展、促进农民增收的重要途径

建设社会主义新农村,关键是发展现代农业;发展现代农业,必须发展现代流通。作为由生产到消费的桥梁,没有现代流通就没有农产品的顺畅销售,也就没有现代农业。供销合作社的新农村现代流通网络是"双向流通"的网络,是与农业产业化经营密切对接的网络。通过农产品进超市、进网络,不仅推动了农产品的标准化生产、品牌化经营,也带动了专业合作社等农业产业化经营组织的广泛发展。

(4)"新网工程"建设之所以受到广大农民群众的欢迎,根本原因是适应了广大农民生产生活的需要

中国城乡二元结构表现在各个方面,在流通领域尤为突出。由于农村商品流通体系建设滞后,农民消费不便利、不安全、不实惠的状况长期存在,既制约农民消费,也使农民备受"假冒

伪劣"之苦。广大农民群众迫切需要现代化的农村商品流通服务,享受与城市居民同等的商业文明。推进"新网工程"建设,把超市办到村,把现代流通服务延伸到户,把供销合作社传统经营网络与现代经营理念、经营方式结合起来,有力地改变了农村商品流通的落后面貌,改善了农村消费环境,便利了农民消费。

2."新网工程"与供销合作社

"新网工程"建设促进了供销合作社改革,是实现供销合作社又好又快发展的必由之路。传统的供销合作社经营业态与计划经济体制相适应,"三尺柜台一杆秤",管理粗放,经营落后,在激烈的市场竞争中日益萎缩,不少基层社只剩下"土台子、黑屋子、破院子"。大力实施"新网工程"建设,把现代流通方式和现代流通生产力引入供销合作社,通过改造、整合、优化、提升,从根本上改变了供销合作社传统落后的面貌,形成了以现代经营方式和现代商业文化为主体的核心竞争力,供销合作社正以一个崭新的面貌呈现在广大农民群众面前。

网络是供销渠道,而网络的两端以及运输、储存、装卸、搬运、包装、流通加工等环节和方面,可以广泛采取合作制的形式,使之成为"新网工程"的组织基础;而网络就成为众多合作社统一目标的载体。这种基于多种合作社的"新网工程"和"新网工程"的众多合作社,将不仅是流通领域的奇观,也将是合作社领域的创举。

在"利润决定空间"的网络竞争中,"新网工程"与作为组织基础的合作社之间的利益机制应该是:以网络的整体效益补助合作社的比较收益,以合作社的比较收益支撑网络的运作发展。这样,以扶助社会弱势群体为己任的合作制所具有的广泛的地域性、适应性和利益分配机制,就可成为网络有效延伸的社会基础、经营扩张的利益动力和平稳运行的机制架构。将合作制的优势与网络物流的集成效益融为一体,这是供销合作社构建"新网工程"的独特优势和核心竞争力,是供销合作社制胜农村市场的法宝和利器,这是目前其他社会经济系统难以做到的。

合作制能够使"新网工程"真正成为便民、惠农工程,成为农民自己的经营网络,供销合作社的发展和壮大,自然就寓于"新网工程"发展的过程之中了。

3."新网工程"与物流

在"新网工程"中,是用建设流通网络的方法和手段,达到承载、运行物流的效果和目的。网络是手段和形式,物流是目的和内容。就是说,"新网工程"根据物流发展的要求去规划网络,而不是以构筑网络的形式谋求物流的发展。

(1)农资、农副产品、日用消费品和再生资源四大网络的共同点是承载物流,用现代物流科学的要求来统筹规划、设计、整合和优化上述四大流通网络

"新网工程"的统筹规划,就是在对四大网络功能和要素进行集成和优化的前提下,对网络相关建筑、设施、设备等内容的空间布置和安排,以取得四大网络的物流单独运作所无法取得的综合效益。

(2)网络是物流系统的重要组成部分,规划网络的目的和要求,是实现物流系统的反应快速化和物流总成本的最优化

物流要素集成化是物流系统化最为重要的要求之一。所谓物流要素集成化,是指通过一定的制度安排,对物流系统功能、资源、信息、网络要素及流动要素等进行统一规划、管理和评价,通过要素之间的协调和配合使所有要素像一个整体在运作,从而实现物流系统要素之间的

联系,达到物流系统最优化的目的的过程。

(3)"新网工程"要建设的四大网络,共同点和本质是物流以及由此而产生运输、储存、装卸、搬运、包装、流通加工、配送、信息处理等功能和要素

三、"新网工程"建设的特点

1. "新网工程"要建设"四网合一"的双向流通网络工程

"新网工程"的目标就是要实现"两下两上"四大功能,即农资、日用消费品下乡、农副产品进城、再生资源回收利用。这四种功能在网络上都表现为搭载和输送物流的运行特性,只是物流的来源地和目的地不同,只要实现四种物流的输出端口与物流目的地的市场化对接,就能在同一网络实现四大功能。而"两下"物流的目的地,恰是"两上"物流的来源地,这就使四种物流之间具有天然的互补功能。如果四大网络分开建设,不仅会形成重复建设,大大增加网络建设成本,降低网络的使用效益,也会阻碍终端网点的规范化、标准化管理,限制网络的功能扩展,降低网络的综合竞争力。

"双向流通"是新农村现代流通网络的特色,也是供销合作社为农服务宗旨的重要体现,必须坚定不移地予以推进。要坚持把农产品进超市、进网络作为"新网工程"建设的基本方针,有条件的农村超市要开辟农产品销售专柜;要继续把"新网工程"建设与推进农村合作经济组织发展统一起来,开辟专业合作社产品、农产品行业协会推荐产品进入"新网工程"的绿色通道;把农业生产资料供应、测土施肥、科学用药同农副产品品牌化经营结合起来,提高农产品质量安全水平和市场竞争力;把日用消费品供应同农产品进超市、进网络结合起来,积极探索生产与销售各环节的各种便民服务方式,适应农民既作为生产者又作为消费者这一双重身份的需要,最大限度地满足农民生产生活需求。

2. "新网工程"应自下而上组织建设

"新网工程"的根是网络的终端,是直接面向农村最基层农民群众的服务网点。"新网工程"的全部价值,最终要靠网络终端所开展的服务来实现,"新网工程"向上延伸的配送中心、信息中心、交易市场等网络组织,都是为了响应终端的发展需求、扩充终端的服务功能、提高终端的经济效益而存在的。只有通过网络终端的需求带动整个网络的建设,才能保证网络是在需求的基础上建立起来的,才能使网络具有较强的生命力,并最大限度地节约网络建设的成本。如果自上而下进行建设,花费巨资建设的配送中心、信息中心,却没有服务对象,形成本末倒置,那么这种计划经济模式,不仅会造成巨大的浪费,也难以在市场经济条件下生存。

3. "新网工程"建设应遵循市场经济规律

检验"新网工程"建设成败的唯一标准,就是看网络是否能在农村市场中生存发展。这就决定了"新网工程"建设不能运用那种单纯依靠政府投资、靠行政体系和行政指令维持网络运转的"计划经济模式",必须赋予"新网"自身较强的造血机能,能够在获得必要的初始推动力之后,依靠自身的力量滚动发展。这就要求"新网工程"建设从一开始就必须完全按照市场经济规律办事,充分利用市场这只无形之手的巨大调节力量,搭建能够集聚各方资源的发展平台,依托农村市场发展壮大。

4. 要紧密依靠各地各级供销社开展"新网工程"建设

对于"新网工程"这样浩大的工程,必须争取多方支持。而其中最为重要的就是要紧密依

靠和充分调动各地各级供销社的积极性。如果撇开各地供销社单独建网,不仅力量无法达到,更会造成"新网工程"与各地供销社形成竞争关系,成为"新网工程"的阻碍力量。要通过宣传,把总社的号召变成各级供销社实实在在的行动;通过利益分配调节,调动各级供销社的参与热情;通过建立有效的激励机制,鼓励探索者和先行者;通过各级供销社,争取各级地方党委、政府的支持和帮助,真正实现"新网工程"建设全国一盘棋。

5."新网工程"需发展四大网络基础上的综合物流

现代企业具有内部分工专业化、功能市场化的发展趋势,第一方物流、第二方物流都有可能发展为第三方物流,即由企业物流发展为物流企业。从农资、日用消费品经营网络本身而言,物流外包化的趋势也是显而易见的,在企业表现为物流专业化部门发展为专业物流企业。再从农副产品购销经营、再生资源的回收利用(所谓"上行网络")的流通过程看,虽然有"分购联销"的初始阶段可以由农民和个体运输专业户完成,但是,由批发市场集中后特别是加工后的农副产品、经过集散交易市场分类和加工环节的再生资源,其运输和储存环节,就需要由专业化、规模化的物流企业完成。更为重要的是,当农资网络、日用消费品网络的下行物流与农副产品网络、再生资源网络的上行物流,二者相向流通,形成最为经济的"钟摆式物流环"时,只有具备一定规模、有较强运作能力的物流企业才能承担此任。四大网络的信息沟通,物流功能的科学配置和机动协调,这对物流企业是相当高的要求,也是一个较高的"物流门槛"。在农村,供销合作社系统不应当企图依赖社会物流完成四大网络的经营任务,供销合作社必须下最大决心担当起发展农村第三方物流的责任,争当农村第三方物流的主导力量。这不仅是发展农村流通业的重要内容,也关系到"新网工程"四大网络的兴衰成败。

6.打造"新网工程"建设的网络格局

众所周知,"新网工程"是以农业生产资料现代经营服务网络、农副产品市场购销网络、日用消费品现代经营服务网络、再生资源回收利用网络四大网络为主要内容的重大工程。这四大网络的运行环境基于两种网络类型,即流通组织网络与信息技术网络,同时也要求流通组织网络与信息技术网络互相融合、共同发展,信息技术网络的建立以流通组织网络为基础。同时,信息技术网络也是流通组织网络高效发展的重要支撑。

"新网工程"的建设就是要将农资、日用消费品下乡与农副产品进城、再生资源回收利用等四种商品的输出与输入实现市场化对接,而这四种商品的流通具有天然的互补功能,农资与日用消费品的消费市场正是农副产品与再生资源的生产市场,因此,"新网工程"中的四大网络在概念上分开,并以技术网络为支撑,建成全国统一的新农村流通服务网络,形成了"4—2—1"的网络建设基本特点,即四大网络流通主体、两大网络建设类型和全国统一的流通体系。

四、2019年"新网工程"建设基本情况

1.财政部设立中央财政专项资金

中央财政从2007年起设立了"新网工程"中央财政专项资金,从2007年至今,中央财政对"新网工程"的专项资金投入力度逐年加大。

在中央财政资金的带动下,各地政府对供销合作社的财政配套资金逐年增多,并带动更多社会投资,起到了公共财政资金四两拨千斤的效果。例如,2012年10月,上海市财政局会同上海市国有资产监督管理委员会联合报请市政府批准《上海市新农村现代流通服务网络工程

专项资金管理办法》,该管理办法明确指出,拟按照每年度获得中央财政"新网工程"专项资金的数额,安排当年度配套资金预算,重点用于支持市供销合作社及其出资企业在农资、农副产品、日用消费品和再生资源回收利用等服务体系重点升级改造项目。

2."新网工程"中央及各级财政专项资金支持情况

根据财政部《关于印发〈新农村现代流通服务网络工程专项资金管理办法〉的通知》[①],中央"新网工程"项目采取专家评审、集体决策的方式,按照"扶强、扶大、扶优、扶特"的原则,重点支持农业生产资料现代经营服务网络、农副产品市场购销网络、日用消费品现代经营网络、再生资源回收利用网络和电子商务信息平台建设等五大网络建设的有关项目。各级供销社也纷纷出台本级"新网工程"专项资金管理办法及项目实施方案,组织本地区企业积极申报,并启动专项资金项目立项公示和绩效评估,进一步提高项目资金的使用效率。

目前,全国各省、市地方政府大都安排了"新网工程"配套资金。"新网工程"已成为强农惠农富农的重要政策平台和完善农村现代流通体系建设,促进新农村建设带动就业的重要载体,各地党委和政府高度重视和大力支持"新网工程"建设,分别召开专题会议、出台政策文件,制定了一系列扶持"新网工程"的政策措施,并给予配套资金支持。

3.建设总体情况

(1)营业收入与利润

2019年,全国供销合作社支柱行业经营稳健,全系统扎实推进"新网工程"建设,全年实现销售总额4.6亿元,同2018年比略有下降。其中:农业生产资料类销售额7872.3亿元,农产品类销售额18580.8亿元,消费品类零售额15884.5亿元,再生资源类销售额2318亿元。

2019年全年商品交易(批发)市场交易额9447.1亿元,同比下降6%。其中,农副产品市场交易额7767.6亿元,再生资源市场交易额745亿元。

(2)企业建设

2019年年末,全系统共有各类法人企业21501个(不含基层社)。其中,省社所属企业1258个,省辖市社所属企业2889个,县社所属企业15653个。全系统有各级政府和省以上有关部门认定的农业产业化龙头企业2240个。其中,省部级及以上认定的农业产业化龙头企业811个。

2019年全系统连锁企业5997家,拥有配送中心9663个,发展连锁、配送网点84.6万个。其中:直营连锁、配送网点15.5万个,加盟连锁、配送网点69.1万个。县及县以下连锁、配送网点79.9万个。其中,县级10.9万个,乡镇级29.3万个,村级39.7万个。

2019年全年,全系统开展电子商务活动的企业3437个。登记注册为电子商务企业1604个,其中,自建电子商务平台的企业1306个,入驻商户21万户。全系统有经市、县级以上行政主管部门认定的品牌的企业1558个。

(3)综合服务

按照流通现代化的规范标准和现代物流业的发展要求,全系统以"新网工程"为抓手,积极运用现代信息技术和现代物流技术,不断创新经营业态,延伸服务网络,拓展服务领域,为农民

---

① 财建〔2009〕630号,原财政部印发的《新农村现代流通服务网络工程专项资金管理暂行办法》(财建〔2007〕821号)同时废止。)

提供生产、市场信息、产销对接等方面的服务。利用"新网工程"专项资金的示范带动作用,全系统已初步建成了覆盖县、乡、村三级的经营服务网络,供销合作社的整体服务功能显著提升。截至2018年年末,全系统共建立综合服务社(中心)42.5万个,比上年增加0.3万个,其中,与村委会共建64201个,农村综合服务中心67409个。生产性为农服务中心13042个。庄稼医院70767个,增加725个。

4. 四大网络建设

"新网工程"实施14年来,在中央财政资金的大力支持下,按照"小超市、大连锁""一网多用、双向流通、综合服务"的发展战略,重点围绕农业生产资料、农副产品、日用消费品、再生资源回收利用四大网络建设,通过多元化投入、市场化运作、企业化管理、连锁化经营,网络建设成效显著。2019年"新网工程"四大网络综合经营情况如表5-1所示。

表5-1　2019年"新网工程"四大网络综合经营情况

	批发市场交易额(亿元)	同比增长	全年销售总额(亿元)	同比增长
全系统	9447.1	－6%	4.6万	－22%
农业生产资料	—	—	7872.3	－14.4%
日用消费品	—	—	15884.5	－17%
主要农副产品	7767.6	－3.8%	18580.8	－11.7%
再生资源	745	－10.1%	2318	－22.5%

自2006年实施"新网工程"以来,全国供销合作社系统农资经营服务网络得到了长足进展,2019年全年全系统连锁企业销售额9078.3亿元,从农业生产者购进的农产品购进额13405.9亿元。网络覆盖面快速提升,农资流通效率极大提高,服务功能日益完善。

五、2019年"新网工程"的新发展

2019年1月,中华全国供销合作总社印发关于参与农村人居环境整治的行动方案的通知,为改善农村人居环境,建设美丽宜居乡村做出供销合作社应有的贡献。通知明确了供销合作社参与推进农村生活垃圾治理,引导农民群众转变生产生活方式,探索具有农村特色的垃圾分类方法,建立以县域或乡镇为基础的资源回收利用体系等工作。长期以来,供销合作社扎根农村、贴近农民、服务农业,组织体系和经营服务网络比较完整,特别是建立了比较健全的再生资源回收利用网络体系,培育了一批再生资源行业龙头企业,在参与农村人居环境整治中具有良好的基础和优势。当前,供销合作社再生资源企业正在逐步从"废品买卖型"向"环境服务型"转型升级,各级供销合作社要把参与农村人居环境整治同再生资源行业转型升级相结合。

2019年2月,中华全国供销合作总社与国家开发银行联合印发了关于开展脱贫攻坚合作的通知,为深入贯彻落实党中央、国务院关于打赢脱贫攻坚战的决策部署,更好地服务乡村振兴战略,中华全国供销合作总社与国家开发银行本着优势互补、互利共赢的原则签署了《脱贫攻坚合作协议》,供销合作社是为农服务的合作经济组织,是党和政府做好"三农"工作的重要力量。开发银行是国家出资设立、直属国务院领导的国有开发性金融机构,主要通过开展中长期信贷与投资等金融业务服务国民经济重大中长期发展战略,支持国家重点领域建设、助力打赢脱贫攻坚战、扎实推进保障性住房建设、积极推动国家重大战略实施、服务"一带一路"建设。双方将根据各自实际情况,因地制宜,积极稳妥地围绕重点开展实质性的业务合作。

2019年全系统继续实施基层组织建设工程和"千县千社"振兴计划，2019年10月，总社发布了关于命名2018年度百强县级社、基层社标杆社、农民专业合作社示范社、农村综合服务社星级社的决定，此次总社命名百强县级社、基层社标杆社、农民专业合作社示范社在经济实力、运营管理水平、为农服务成效等方面有进一步提升，已成为乡村振兴及联农带农富农的重要抓手。

2019年"新网工程"建设继续围绕农村电子商务和全国性流通网络平台建设展开，具体体现在以下几点。

1.系统上下合力推进"扶贫832平台"建设

"扶贫832平台"是供销合作社系统贯彻落实党中央、国务院关于开展消费扶贫决策部署的重要举措，截至2020年6月28日，"扶贫832平台"入驻活跃供应商4212家，实现832个国家级贫困县供应商全覆盖，上线农副产品种类4.3万个；注册采购预算单位31.2万家，预留采购金额56.2亿元；成交总额8.3亿元，其中，6月以来，每日成交额基本稳定在2000万元左右，且呈现稳定增长态势。

为促进网络平衡发展，供销社正积极进行全国统一电子商务网络平台的总体规划，平台突出供、销一体，实现双向流通，建设全国一体、有机融合的现代流通网络，推进城市零售终端建设，逐步把供销合作社网点延伸到城市社区。由于各地区网点布局不均衡，一些重要的物流基地尚未建成，使得"新网工程"的社会化服务功能仍然处在较低水平，许多网点商品经营单一，服务面窄，实力不强，一定程度上影响了流通网络运行和流通现代化水平的提升，通过重要流通环节和物流节点的项目建设，各级供销社应积极参与公益性农产品批发市场建设和农产品现代流通综合示范区创建，以充分发挥示范引领作用，逐步推动全国性电子商务平台的建设，恢复和完善现代化经营服务网络，使供销合作社成为农村现代流通的主导力量。

2.全国农产品市场发展规划初步展开

为加强供销合作社农产品流通网络建设，创新流通方式，推进多种形式的产销对接，供销合作社将农产品市场建设纳入全国农产品市场发展规划，在集散地建设大型农产品批发市场和现代物流中心，在产地建设农产品收集市场和仓储设施，在城市社区建设生鲜超市等零售终端，形成布局合理、联结产地到消费终端的农产品市场网络。鼓励各级供销社积极参与公益性农产品批发市场建设试点，有条件的地区，政府控股的农产品批发市场可交由供销合作社建设、运营、管护。同时加强供销合作社农产品流通电子商务平台建设，创新流通方式，提升农产品流通服务水平，推进多种形式的产销对接。

3.逐步加大基层供销社网络建设配套资金及基础设施建设

总社第五届理事会第九次会议的报告中提出，要把网络建设与新型城镇化建设、基层社新建改造紧密结合起来，加快网络空白和薄弱地区的网点布局，扩大网络覆盖面。由于自身实力有限，基层供销社参股比例偏低，控股项目较少，对农村流通网络控制力还不强，基础供销社条件较差，规模较小，发展资金不足，尤其是西部边疆地区供销社普遍存在经营规模小、盈利能力低的状况，在中央"新网工程"专项资金使用中，扶持资金落实较慢，且缺少当地政府配套资金支持，资金支持力度仍显不足。

各地基层供销社抓住有利时机进行基础设施建设，利用现有土地、网点等资源，采取项目引领、招商引资、社会融资、资产合股等办法加快实施农产品市场改造升级，改变基础流通设施薄弱的现状。以基层供销合作社为依托,积极培育和发展一批具备产后加工、分拣包装、冷藏、仓储功能的产地农产品收集市场、集配中心,扶持领办的农民合作社发展农产品加工流通。进一步加强"新网工程"等中央财政专项资金管理,明确主体责任,加强资金监管,强化责任追究,实施项目绩效评价管理,充分发挥项目资金的使用效益。

截至2019年年末,全系统有基层社32465个,比上年增加673个。其中:集体企业20503个,有限责任公司3753个,股份有限公司764个,股份合作公司1395个,农民合作社3317个。基层社经营网点32.8万个,其中,日用消费品网点16.4万个,农业生产资料网点11.3万个,农副产品收购网点2.5万个,再生资源回收网点1.8万个。

4.加强农业信息化建设,提升流通现代化水平

在扩大经营网络覆盖面的同时,供销合作社把提升流通现代化水平摆在更加突出的位置。加快推进农村流通设施和农产品批发市场信息化提升工程,积极开展电子商务,将大宗商品远期现货和期货交易引入农资、农产品和再生资源行业,筹建电子商务平台,将现代信息技术应用于采购、仓储、配送、销售等各个环节,建立供应链管理系统和电子结算系统,不断提高网络的运营水平。

依托村级综合服务社,与有关部门联合建设农村信息化终端平台,加快实现信息进村入户。同时,要大力加强区域物流配送能力建设,加快发展统一配送、统一价格、统一标识、统一服务的连锁网点,构建网络化、标准化、品牌化的网络终端,形成县、乡、村三级连锁经营体系,引领和带动整个流通业的转型升级,最大限度地减少流通环节,提高流通组织化程度。例如,山东兰陵县供销合作社将推进农村流通现代化作为深化供销合作社综合改革的重要环节,积极搭建为农服务的综合平台,深入推进"网上供销合作社"建设,促进了线上线下交易融合发展,方便了群众的生产生活。

5.大力培训网络经营和管理人才

供销合作社的人均收入相对较低,对中、高端人才缺乏吸引力,目前的供销系统网络经营、管理人员,多数是原企业改制时留下来的,理念和知识陈旧,不适应现代流通网络的建设。现代农业也不再是传统的劳动密集型产业,而是一个知识、技术和劳动混合密集型的复合性产业。根据农业生产和管理的高素质人才和适用人才相对短缺的状况,发展农业现代化和"新网工程"建设特别需要强化人才队伍建设。"四化同步"发展,对专业性、复合性的人才的需求显得尤为突出,这些人既需要懂农业生产,又需要懂物流、仓储、市场、信息处理、价格信号等,培养和造就合格的人才队伍,尤其是网络经营和管理人是"新网工程"建设的当务之急。

6.加快发展供销合作社电子商务

为顺应商业模式和消费方式深刻变革的新趋势,供销合作社各级设开始加快发展电子商务,形成网上交易、仓储物流、终端配送一体化经营,实现线上线下融合发展。

具体来说,供销社总社正积极组建具有交易、金融、信息和技术服务多种功能的全国性电子商务平台,盘活供销合作社基层实体网点,推动线上线下融合发展,加快形成网上交易、仓储物流和终端配送一体化经营,破解农村流通"最后一公里"的难题。开展电子商务示范县创建工作,发挥县级社的主体作用,培育和发展电子商务企业,加快基层经营网点的信息化改造,打造网上便民综合服务中心。例如,贵州龙里县自获批全国电子商务进农村综合示范县以来,紧紧围绕构建农村电子商务服务体系、改善农村电子商务发展环境、提高电子商务应用创新能力

三个方面探索全县电子商务产业发展新路径。

同时,供销社积极发展依托移动互联的电商业务,抢占网络消费市场。随着全国性的电子商务平台正式上线运营,各级供销合作社正积极做好与全国性平台的对接,尽快形成全国性、一体化的电子商务网络,全力打造"网上供销合作社"。

7.以企业为载体,以电子商务为平台,实现网络整体联动

围绕供销合作社传统优势行业,加强资源整合,大力推进流通企业跨地区兼并重组和投资合作,以龙头企业带动网络资源整合,以优化"新网工程"项目建设布局带动组织体系改造,积极培育具有国际竞争力的农资大型企业。

全国供销合作系统应加快改造传统网络,推动联合合作,大力推动网络的对接融合,以龙头企业为载体,以大型骨干批发市场为抓手,大力推进流通企业跨地区兼并重组和投资合作,推进系统内外网络资源的跨层级、跨区域整合,通过资源整合,实现网络整体联动。例如,为整合系统内各类商品资源、共同推进电子商务发展,上海市嘉定区社召开了电子商务推进会。会议要求,药业公司、惠民超市公司进一步加大电子商务推进力度,其他各商品经营企业作为补充,整合各类资源,促进系统电子商务发展水平进一步提高。

通过采取多种形式,广泛吸纳各类新型农业经营主体参与"新网工程"建设。全系统正大力推进流通企业联合重组,推动优质资源进一步向骨干企业集中,加快培育一批主业突出、市场竞争力强、行业影响力大的大型流通企业集团,加强以大型农产品批发市场为骨干的市场流通网络建设。同时,支持电商、物流、商贸、金融等企业参与涉农电子商务平台建设,引导农村物流经营主体依托第三方电子商务服务平台开展业务,实现网络整体联动。

第六部分 "三位一体"农民合作经济组织体系建设专题研究①

党的十九大作出了实施乡村振兴战略的重要部署,并提出要构建现代农业产业体系、生产体系、经营体系,实现小农户和现代农业发展有机衔接,为扶持小农户,提升小农户发展现代农业能力,加快推进农业农村现代化,夯实实施乡村振兴战略的基础,2019年2月中共中央办公厅、国务院办公厅印发了《关于促进小农户和现代农业发展有机衔接的意见》。这是习近平新时代中国特色社会主义思想在"三农"领域的集中体现,为新时代农业农村发展指明了方向、明确了重点。以农民合作经济组织体系建设为重点,发展生产、供销、信用"三位一体"综合合作,是习近平总书记在浙江工作期间亲自部署和推动的重大改革举措。实践证明,"三位一体"综合合作是培育新型农业经营主体、健全农业社会化服务体系、实现小农户和现代农业发展有机衔接的有效途径。在中国特色社会主义进入新时代的历史方位下,我们要及时总结浙江"三位一体"改革经验,按照党的十九大关于实施乡村振兴战略的部署,因地制宜发展生产、供销、信用"三位一体"综合合作,加快打造为农服务大平台,促进农业农村现代化。

一、"三位一体"战略构想的提出

"三位一体"农民合作的最初构想源于习近平总书记在浙江省委书记任上时推动的新型农民合作组织建设。2006年初中央一号文件刚刚提出"社会主义新农村建设",时任浙江省委书记的习近平同志就在当年1月8日全省农村工作会议上,提出了农民专业合作、供销合作、信用合作"三位一体"的构想,后来在12月19日全省推进试点的现场会上进一步表述为:"三位一体"是三类合作组织的一体化,也是三重合作功能的一体化,又是三级合作体系的一体化。"三位一体"农民合作的思想立意深远,其指导的实践在浙江瑞安形成初步经验后,在邻省一些地方得到推广。习近平当选党的总书记后,在实地考察农业和农村工作时,继续不断思索农民合作的方向和路径。

2013年3月,在全国"两会"的座谈中,习近平同志回顾新中国成立六十多年来农村先由分到合,再由合到分过程,指出:当时中央文件提出要建立"统分结合"的家庭承包责任制,但实践的结果是,"分"的积极性充分体现了,但"统"怎么适应市场经济、规模经济,始终没有得到很好的解决。新世纪10多年来,像沿海地区以及农业条件比较好的地方,在这方面都做了积极的探索,也有了一定的经验。农村合作社就是新时期推动现代农业发展、适应市场经济和规模经济的一种组织形式。在这里,习近平总书记思考农民合作问题,是从完善"统分结合"的农村基本经营制度的高度加以谋划的。

习近平同志在2013年12月中央农村工作会议上明确提出:"加快构建以农户家庭经营为基础、合作与联合为纽带、社会化服务为支撑的立体式复合型现代农业经营体系。"这一表述轮廓鲜明,思路清晰,其核心正在于"合作与联合"。农户家庭是"合作与联合"的成员,社会化服

---

① 执笔人:唐敏、李想、陈美玲;审稿人:刘敏。

务是"合作与联合"的内容。

习近平提出将"三位一体"作为农民合作的新形式和实现农民合作的新路径,并非是回应短期问题的临时政策,而是立足农业经济和农村发展的根本处境,即农村市场化,而提出的农村改革的战略构想。他指出:"随着市场经济的发展和农村改革的不断深化,一些影响农业和农村经济发展的深层次矛盾逐渐显现出来。……一家一户的小生产经营方式不适应社会化分工、分业大生产经济发展规律的客观要求"。他在分析了农民在市场经济中的弱势定价地位后说,"必须使分散的农民联合成为一个有机的整体,以形成强大的市场竞争力。"习近平在其博士论文中经过研究指出:"要走组织化的农村市场化发展路子。"他提出:"要发展农民的横向与纵向联合……强化农民合作经济组织的农产品销售职能,加强产后服务,把生产职能与流通职能融为一体……发展跨乡、县的地区联合,组建大规模的中心合作社或农产品销售集团……有计划、有组织、有步骤地发展多层次、多形式、全方位的农业社会化服务组织"。

"要走组织化的农村市场化发展路子",既是指农业产业的组织化,也是指农户通过合作组织形式得以利用和控制这些产业组织,从而真正使得农户成为农村市场化中的首要主体力量和农业产业化中的首要获益力量。这和以往的专业大户、涉农企业、雇佣农业工人的家庭农场中大户、企业主和农场主获得大部分利润的农业经营形式绝然不同,是农户经营走向集约化和规模化新阶段的新道路。在习近平的论述中,纵横联合,融为一体,跨乡、县的地区联合,多层次、多形式、全方位——这些思想,已经标志着"三位一体"农民合作的理论和具体设想日益明确。

二、"三位一体"农民合作经济组织体系建设的理论依据与现实选择

将农民合作经济组织和各类为农服务组织联合起来,建立具有生产、供销、信用"三位一体"服务功能的农民合作经济组织体系,是顺应合作经济发展规律、推动农民合作经济组织拓展服务功能和农民合作经济发展壮大的创新举措,是深化供销合作社改革和农业生产经营管理体制改革的综合载体,是建设现代农业经营体系、走农民共建共享农业现代化和城乡发展一体化道路的客观要求,是健全政府主导、市场决定、社会协同"三农"治理体系和推进国家治理体系、治理能力现代化的重要内容。当前,农民合作社、供销合作社等农民合作经济组织在现代农业发展中的地位和作用越来越突出,但产权关系松散、服务功能单一、竞争实力弱小、利益联结不紧等问题比较突出,难以适应日益成长起来的新型农业经营主体对覆盖全程、综合配套、便捷高效农业社会化服务的迫切需求,难以适应日益富庶起来的农民群众对多层次、多样化、便利化生活服务的迫切需要,必须通过深化改革,扩大农民合作经济组织的横向合作和纵向合作,加快农民合作经济组织联合发展。

1.理论依据

一是现有的市场化的农业社会化服务体系无法完全覆盖小农户。农业社会化服务体系要面临的农业经营主体,多数是小农户,而且生产多数大宗农产品。在市场化条件下,多元化服务主体之间必然展开充分市场竞争,以实现服务主体的足够利润。因为,有能力购买社会化服务的,只能是大户(或者是家庭农场)、合作社和涉农企业。而小农户剩余很少,没有足够资金去购买社会化服务。也就是说,市场化条件下,社会化服务体系必然不能做到覆盖小农户。社会化服务体系只能对新型农业经营主体提供服务,而传统的小农户则会被日益边缘化。而社会化服务体系对于多数小农户而言成为不可企及的奢侈品,面对高价服务,只能量力而行,购

买必需的那部分。这也限制了小农户经营实力和收入的提高。而如果实在受制于劳力外出和资金短缺,就会选择抛荒和被迫的城乡受雇地位。

二是现有的市场化的农业社会化服务体系难以形成服务环节的规模经济。由于当前农村大户、专业合作社,甚至涉农企业,其生产规模都很小,不足以支撑可观的服务环节规模经济。我国家庭农场平均规模100~200亩,相当于日、韩和我国台湾地区的普通农户。专业合作社普遍存在小、弱、散的问题。而涉农企业,除了涉足经济作物,多数也是在农户弱小的既定结构下,通过家庭农场、合作社和农户衔接,通过不平等的市场价格地位谋取服务环节利润。服务体系通过市场关系和这样参差不齐的经营主体结构对接,交易成本较高,一方面很难有长远经营思想,另一方面也只会尽量多赚利润,不可能帮助农民分享服务环节利润。这种社会化服务体系中的各种服务主体,也不可充分专业化,因为不能找到足够数量标准化的农户,也受制于市场范围,不可能达到充分规模。各类服务主体之间也很难发展成有机的体系。

由于现有社会化服务体系无法有效服务小农,我国要实现的粮食安全、农民增收和农业现代化目标,就必须通过合作制组织小农户。

三是现有的专业合作方式带动小农户对接社会化服务体系作用有限。分散小农户为了避免市场风险和自然风险,必然兼业。看到小农户无力购买市场化的涉农服务,我国开始通过成立专业合作社帮助农户。一方面,由专业合作社提供一部分服务,另一方面,通过专业合作社的规模优势提高市场议价能力,压低市场服务价格。但是,兼业小农户的基础使得专业农户数量有限,专业合作社可供吸纳的专业农户数量有限。兼业小农户为了获得优惠服务价格,加入各类专业合作社也有上限,就是管理成本和交易成本高。随着形势发展,专业合作社的种类日益增加,从特色农产品技术服务和市场购销,到资金互助合作,再到农机等技术服务,再到土地股份合作。但是,如果这些合作内容要各自强调其专业性,除了服务农户数量受限外,也会抑制合作社的实力发展,最终无法实现规模优势。具体而言,技术方面的分工和服务离不开资金支持,资金互助合作必须要有产品和产业支撑,农机服务也期望土地连片,土地股份合作也要有高附加值农产品。农民合作从来就不是专业性的,农民只有综合合作才能最终具有规模优势。对于多数农户都是所持土地和资金数量有限的中国农民来说,其合作方式就更是强调其综合性。由于小农户农业依赖户内半工半耕的收入结构购买有限的农业服务,使得农民工降低了市民化的能力;小农户的有限社会化服务需求被满足,也决定了不可能获得服务环节利润,规模就始终弱小。

四是通过综合合作实现规模优势。综合合作实现规模优势可以概括为两种:一种是在特定地域内通过使所有农户加入合作社,满足所有农户的所有涉农服务需求,产生规模优势;第二种是在某一专业服务领域,通过使尽量广大的地域内的所有兼业农户都加入合作社,从而构造规模优势,这也就是所谓"纵横联合"。在这两种方式中,日本、韩国、中国台湾的地域性质的综合农协模式,和欧美的在专业服务领域的专业合作社模式,都已经提供了成型的合作制规则。如果我国结合这两种模式的优势,综合合作的优势就可以得到充分发挥。在实践中,县、乡层次上的农民专业合作社的联合,甚至全市、全省的农民专业合作社联合组织,由于合作社的专业属性,都不可能做到综合合作。没有综合合作,就不可能达成对小农服务的全覆盖,也不可能具有合理的规模优势。

五是"三位一体"合作体系内部可以实现统分自然结合。家庭经营层次提升水平和统一经营有效提供服务的转变同时发生,必须创立这种共生转变的体制。这种共生转变的本质就是促使统分两个层次相互推动,促进农户经济的组织化。在中国,不容逃避的一种思路是实行一种以农户为主体、让农户自己为自己服务的合作组织。在这种合作组织中,首先要确保绝大多数中小农户要进入,不仅要在生产环节和技术服务环节进行合作,还要在流通、金融等农业产业全链条上进行合作。只有让足够数量的小农户按照合作制原则组织起来,才会形成一定区域内足量的服务需求,扩大服务体系利润,小农户因为组织化优势和合作制原则可以分享服务环节利润,使得小农户可以逐步成长,确保可以获得社会平均利润。在这样的"三位一体"的合作体系内部,统分自然结合。农业经营的统分结合应该采用内生力量、组织内部的结合,才能最大限度节约交易成本。而且,统分层次的联合,离不开国家创设的制度环境。也就是说,当前在分和统两个层次上的工作,应该是以统带分,最终实现统分的有机结合。组织体制应该采用"三位一体"的农民合作体系。

此外,基于构建新型农业经营体系、完善统分结合的总体目标,我国要让小农户能够分享整个涉农环节的利润。首先要使涉农环节利润留在农村,其次要使其能留给农户。合作体系的社员并不必然是土地规模经营的农户,合作体系的最大功能并不只是组织生产协作,还包括进行生产环节之外的服务环节的合作,并通过合作社的分配机制将利润分配给小农户。有了合理的分配,小农户的经营规模一样在生产环节的外部实现了扩大。

2.现实选择

一是发展现代农业的迫切需求。当前,我国现代农业发展面临诸多问题,就市场而言,推进统分结合的家庭联产承包经营责任制解决了"分"的问题,但是"统"的问题一直未能很好解决,造成千家万户的小生产与千变万化的大市场难以对接。就资金而言,农民急需小额贷款扩大再生产,但各商业银行基于多种考虑设定诸多硬性条件,造成农民的小额贷款需求与银行的高门槛条件难以对接。就技术而言,现代农业生产离不开先进技术的支撑,而农民掌握和运用新技术的能力普遍不强,造成农业对新技术的要求与农民使用新技术的能力难以对接。就产销而言,由于信息不对称,许多农产品往往产销脱节,造成农民增产增收的企盼与消费者物美价廉的需求难以对接等。要根本解决这些问题,迫切需要整合农村现有资源,探索建立农村新型合作经济体系,推动农民专业合作社、供销合作社、信用合作社"三社"联动,打造新型综合服务平台。同时,要充分利用大数据、电子政务、电子商务、互联网金融、现代物流等手段,为广大农民提供市场信息、农资直供、科技支撑、信贷供给、产品销售、品牌销售等全方位的服务。

二是壮大"三社"的现实途径。自20世纪50年代以来,我国农村先后建立了农民专业合作社、供销合作社、信用合作社等各类合作组织。改革开放后,这些组织按照建立和完善社会主义市场经济体制的要求进行了改组改造,在为农服务中发挥着越来越重要的作用。然而,三类合作经济组织分头为农服务,都存在局限性,如农民专业合作社面临科技支撑、品牌营销、农资采购、市场开拓、资金供给和人才保障等问题;供销合作社和信用合作社面对分散的农户,存在着服务范围窄、经营成本高、市场风险大等问题。这"三社"单打独斗,既不利于服务"三农",也不利于自身发展。但这"三社"由于性质上都是合作经济组织,服务对象上都是农民,基本利益上都是通过服务农民实现自身发展,有着很好的联合和合作基础。因此,构建"三位一体"的综合服务平台,既是发展现代农业的要求,也为"三社"自身发展壮大开辟了新的空间。

三是整合为农服务资源,发挥综合服务功能。构建"三位一体"新型合作体系是顺势推动这三类合作经济组织共同组成一个"服务联合体",搭建一个共同为"三农"服务的综合平台。这一服务联合体在政府指导下,有效整合这三大系统,利用其合作网络,发挥其生产、流通、信贷这三大服务功能,形成"民主管理、责任共担、互促共赢、荣辱与共"的联合机制。凭借"三位一体"的综合服务平台,"三社"分工协作,合力解决发展现代农业面临的问题,即由农民专业合作社组织农户生产,参与技术指导,解决农业生产发展问题;由农村合作银行评定农户信用,发放小额贷款,解决农业生产中的资金问题;由供销合作社营销品牌,培育市场经纪人,解决农业生产中的市场问题。

四是促进农村一二三产业融合发展和农民增收的客观需要。当前,受家庭经营收入和工资性收入增长困难的影响,农民持续增收面临着较大压力。农合联的会员众多,既有辖区内的农民合作社、家庭农场等新型经营主体,也有农业科研推广机构、金融服务组织、农产品加工流通企业等,横跨农村一二三产业。"三位一体"改革,为推动现代生产要素与传统农业对接提供了有效载体和平台,有利于促进资源要素在产业之间、城乡之间的良性互动,有利于促进农村一二三产业融合发展,让农民社员更多分享二三产业的增值收益,拓展了农民增收渠道。

三、"三位一体"农民合作经济组织体系的性质定位、功能和治理

1. "三位一体"农民合作经济组织联合会(农合联)的性质定位

农民合作经济组织联合会简称(农合联),是在党委、政府领导下,以为农服务为宗旨的社会团体,实行农有、农治、农享。农合联为非营利性社会团体,由民政部门注册登记,接受农村工作综合部门管理。农合联是党和政府密切联系农民群众的桥梁纽带,是农民群众向党和政府反映农情民意和服务需求的有效渠道,是党和政府为农民合作经济组织和农民提供公共服务的重要依托,是农民合作经济组织和农民自我服务、自我发展、自我教育、自我管理的综合平台。

2. "三位一体"农民合作经济组织联合会(农合联)的成员组成

农合联原则上按行政层级设置,以县、乡镇两级为重点,逐步形成省、市、县、乡镇四级组织体系。乡镇级农合联成员组成:辖区内农民合作经济组织(包括农民合作社及联合社、行业协会等,下同)和规模较大的家庭农场、合作农场等新型农业经营主体;辖区内具有为农民合作经济组织和农民提供生产生活服务功能的涉农企事业单位(包括农业科研推广、农业生产性服务、农产品加工流通、农资购销、金融供给等组织和企业,下同);其他相关组织和个人。跨乡镇经营服务的农民合作经济组织、新型农业经营主体、涉农企事业单位可在主要经营服务地所在乡镇加入农合联,规模较大的可直接加入县级农合联。省、市、县级农合联成员组成:辖区内下级农合联;辖区内跨次级行政区域经营服务、规模较大的农民合作经济组织和新型农业经营主体;辖区内跨次级行政区域经营服务的涉农企事业单位;其他相关组织和个人。

3. "三位一体"农民合作经济组织联合会(农合联)的组织功能

农村实行以家庭承包经营为基础、统分结合的双层经营体制以来,"分"的层面彻底,"统"的层面相对不够。因此,农合联目前主要应在加强农业农村社会化服务上做文章。具体地说,各级农合联的基本服务功能为生产服务(技术推广、生产性服务、农产品加工等)、供销服务(农资供销、农产品营销、消费品流通等)、信用服务(资金互助、保险互助、融资担保等)。同时,农合联可受政府及涉农部门委托或购买,承担部分公共服务、政策执行、农情调查等具体实施工作;还应做好与本级政府沟通和向本级政府、上级农合联反映农情民意、提出政策建议等工作。各级农合联的经营性服务功能实行实体化运作,由作为会员的农民合作社及联合社、行业协

会、企业等实体承担和实施。

从构建"三位一体"农民合作组织体系的角度讲,乡镇级农合联主要承担具体服务事项的组织实施,县级农合联主要承担聚合服务力量、配置服务资源、生成服务功能、运作服务事项等职责,省、市两级农合联主要承担组织建设、制度建设、发展规划、运行管理等职责,并提供下级农合联难以提供的服务。

4. "三位一体"农民合作经济组织联合会(农合联)的治理结构

农合联实行民主管理。农合联成员(代表)大会是最高权力机构,选举或罢免农合联理事、监事和出席上级农合联成员(代表)大会的代表,议决农合联的重大事项。在农合联成员(代表)大会休会期间,农合联理事会负责执行成员(代表)大会决议,监事会负责监督理事会执行决议和财务。

农合联坚持以农民合作经济组织为主体。各级农合联成员(代表)大会的代表、农合联理事会和监事会的成员应有2/3以上为农民合作经济组织的代表。农合联理事会实行独立理事制度,由独立理事客观评价农合联的运营和管理状况。农合联中涉农企事业单位会员不享有选举权和除监事以外的被选举权。

县级及县级以上农合联实行"议行分立"。农合联理事会聘任执行委员会领导班子,执行委员会领导班子聘用工作人员。执行委员会人员可参选理事会理事,但人数不超过理事会理事的1/3。执行委员会一般依托同级供销合作社联合社执行管理机构组建,也可依托其他组织组建,还可由理事会直接向社会聘任人员组建。

乡镇级农合联一般实行"议行合一",规模较大的也可实行"议行分立"。乡镇级农合联的服务平台可依托乡镇农业公共服务中心(农技推广机构)组建,也可依托其他组织组建。辖区内农民合作社数量不多的乡镇,可由两个或多个乡镇合建农合联,也可由县级农合联在乡镇设置派出机构。

5. "三位一体"农民合作经济组织联合会(农合联)的两项制度:组建资产经营公司、设立农民合作基金

省、市、县三级农合联组建资产经营公司,一般由参加农合联的同级供销合作社联合社、涉农国有企事业单位和其他会员合股组建,也可由供销合作社联合社单独组建。农合联资产经营公司出资各方的出资人权益不变,按出资额履行出资人权利和义务,不得违法违规平调、侵占财产。农合联资产经营公司对下属全资、控参股企业依法行使出资人权利。农合联执行委员会根据需要,可成立资产管理委员会,按照理事会授权,建立资本经营预算制度,并接受审计机关和同级财政部门的监督。

省、市、县三级农合联设立农民合作基金。基金来源主要是:原始基金;农合联资产经营公司按不低于20%比例上缴的年度资产收益;政府提供的扶持资金;财政奖补收入;社会各界捐赠捐款;其他合法收入。基金主要用于农合联的为农服务事业,并优先用于建立和补充农村合作金融风险补偿资金。农民合作基金的闲余资金,可按农民合作基金章程和相关规定采取保值增值措施。

四、"三位一体"合作经济组织体系建设的实践探索

从实践来看主要有三种模式。

1. 供销合作社系统内部整合服务资源,引领农民发展"三位一体"综合合作

河北、江苏、山东、重庆等地供销合作社开展了这类实践探索。在生产环节,由供销合作社系统的农资、农副产品经营企业和基层供销合作社牵头领办各类农民专业合作社,带领农民开展生产合作,实现规模经营。在流通环节,供销合作社通过本系统的农村连锁网络终端、农村综合服务社、农民专业合作社供销部等,引导农民开展消费合作,以优惠价格向农民供应生产生活物资,统一销售农产品。在资金环节,供销合作社出资兴办农信担保公司、小额贷款公司等小微金融企业,一头与正规金融机构对接合作,一头面向农民专业合作社等经营主体,发挥中介平台作用,开展涉农小额信贷服务;同时在领办的农民专业合作社中,选择有条件的开展内部信用互助业务。

实施乡村振兴战略,是党的十九大作出的重大决策部署,是决胜全面建成小康社会、全面建设社会主义现代化国家的重大历史任务,是新时代做好"三农"工作的总抓手。重庆集大城市、大农村、大山区、大库区于一体,最大的发展不平衡是城乡发展不平衡,最大的发展不充分是农业农村发展不充分。重庆供销合作社以习近平新时代中国特色社会主义思想为指导,紧紧围绕习近平总书记对重庆提出的"两点"定位、"两地""两高"目标和"四个扎实"要求,吃透上情、掌握实情、精准发力、形成合力,深入实施乡村振兴战略行动计划,全面推动乡村产业振兴、人才振兴、文化振兴、生态振兴、组织振兴,努力开创重庆"三农"工作新局面。

重庆市供销合作社坚持新发展理念,充分发挥供销合作社独特优势,紧紧围绕全市乡村振兴战略行动计划,全面深化综合改革,构建为农服务"五大体系",加快建设服务农民生产生活的生力军和综合平台。

(1)构建为农服务组织体系

在基层社恢复重建的基础上,加快建设以农民为主体的综合性合作社,密切与农民的利益联结。建设农资经营网点、电商服务站、庄稼医院等,发展特色农业和初加工产业等,在促进乡村产业振兴中壮大基层社。把基层社建设与供销社业务发展结合起来,依托基层社在拓展经营服务阵地中做强基层社。

(2)构建农业社会化服务体系

探索适应不同地区、不同作物生产特点的多种社会化服务形式,促进农业适度规模经营。注重培育各类专业化市场化服务组织,提升小农生产经营组织化程度。推动农资企业扩大高效、环保、新型农资产品供给,加快农资物联网和质量安全追溯体系建设。积极发展乡村旅游、休闲农业、文化体验等新产业新业态,促进一二三产业融合发展,让农民更多地分享全产业链增值收益。

(3)构建农村现代流通服务体系

加强农产品市场体系建设,开展各种形式的产销对接,形成长期稳定的产销关系。进一步优化市场网络布局,提升冷链物流、信息服务等功能,构建联结产地到消费终端的农产品市场网络。加强农村电商平台建设,重点发展满足本地居民消费需求的电商业务,打造供销电商"本地生活品牌"。加强基层物流配送网络建设,建设乡镇物流配送站、村物流配送点,打通农村电商服务的"最后一公里"。

(4)构建农村合作金融服务体系

加快形成小额贷款、融资担保、基金及基金管理、农业保险、供应链金融等业态的农村合作金融服务平台。将重庆农信投资公司打造成系统的融资融债、农村创新金融服务平台,推动重庆供销合作发展基金正常运行,实现农业与资本市场连接,积极参与中国供销财产保险公司筹备工作。推动全市供销系统金融服务业态整合升级,采取共同设立子(分)公司、办事处、工作站等方式,拓展各类农村金融服务业务。

(5)构建农村综合信息服务体系

利用互联网、物联网等信息化手段,发挥供销合作社在农村信息工作中的作用,畅通生鲜农产品供应信息上行、农民生产生活需求信息上行和农业综合信息下行渠道。以重庆农村大数据公司为平台,推进农村信息化数据云平台建设,打造数据采集、发布中心。以农民合作社服务中心、基层社和农村综合服务社为区县载体,加强镇村网点的信息化改造,培育一批高质量的农村电商和综合信息发布网点,打造供销系统为农服务体系信息融合、信息互通、信息共享的终端模块。

2.专业合作、供销合作、信用合作组织推进业务协同,开展"三位一体"综合服务

2016年3月25日,贵州省供销社为充分发挥供销合作社在统筹城乡、精准扶贫、全面建成小康社会进程中的重要作用,发布了《关于加快推进"三位一体"新型合作社建设的实施意见》,提出:通过开展农村合作金融和领办创办农民专业合作社,实现生产合作、供销合作、信用合作的"三位一体",推动供销合作社由传统流通服务向全程农业社会化服务延伸融合多元发展,向全方位城乡社区服务拓展,着力把基层供销合作社打造成为与农民利益联系更紧密、为农服务功能更完备、市场化运行更高效的新型合作经济组织和综合服务平台,更好地在发展现代农业、提高精准扶贫实效、加快同步小康建设中发挥独特优势,成为服务"三农"的主力军和打赢扶贫攻坚战的生力军。"十三五"期间,在全省重点打造"三位一体"示范性新型合作社100个,"三位一体"新型合作社总数达到1000个以上,带动发展农民专业合作社10000个,吸引100万以上农民入社,发展当地特色优势产业,精准带动10万户40万-50万贫困人口脱贫致富,其中2万贫困人口实现小康,为"大扶贫"战略作出大贡献。

贵州省供销合作社将基层供销合作社、社员股金服务社、农民专业合作社有机结合起来,实行三块牌子、一套人马。基层供销合作社负责农资供应、技术服务和产品销售;社员股金服务社负责调剂生产所需资金;专业合作社负责组织农民生产加工,助农增收。"三社"独立核算又互相支持、互相配合,形成相对闭合运行的有机整体,将农业的生产、加工、销售各个环节串联起来,将供销合作社的流通优势、股金服务社的资金优势和专业合作社的生产优势有机结合起来,为农民提供全产业链服务,形成与农民联结更紧密的利益共同体。

近年来,黔东南州供销社系统根据中发〔2015〕11号、黔党发〔2016〕5号、黔东南党发〔2016〕35号等文件精神,大力探索培育"三位一体"新型合作社建设:一是搭好创建起点。2017年5月9日,联合州农委、贵州农村信用联社黔东南审计中心出台了《关于探索培育生产合作、供销合作、信用合作"三位一体"新型合作社建设的实施意见》。二是夯实生产基点。结合农业供给侧结构性改革和"绿色黔东南·有机第一州"战略,围绕破解"谁来种地、地怎么种"的问题,按照"强龙头、创品牌、带农户"的要求,以农民、贫困户为重点发展对象,通过共同出资、共创品牌、共享利益的方式,新领办、参办、创办农民合作社,发展产业基地。三是打造供销亮点。围绕"大数据"战略和"整合产业和产品、打通最后一公里"思路,利用供销社现有的经营网络设施,加快推进基层网点进行信息化改造、推进"互联网+农产品流通"模式,推动连锁化、

规模化、品牌化经营,逐步形成网上交易、仓储物流和终端配送一体化经营格局。四是厚植信用支点。以"社员股金服务社+农民合作社+贫困户"的发展模式,重点把贫困户、农民和农民合作社纳入社员股金服务社,实现融合发展、抱团脱贫,推动扶贫脱贫工作取得实效。五是做好三社示范点。按照省社的创建要求,加强工作督查和调研,积极发展示范社。

截至 2017 年年底,贵州供销系统共创建省级"三位一体"新型合作社 11 个(台江中心社、黎平中潮、麻江贤昌、凯里炉山、黄平旧州、天柱凤城、雷山西江、剑河岑松、丹寨兴仁、锦屏敦寨、台江南宫),州县级新型社 48 个,全系统共发展合作社 506 个,合作社入社农户 1.75 万户,带动贫困户 2117 户;完成土地流转 2.29 万亩,土地托管 1.18 万亩,建设了茶叶、蔬菜、蓝莓、荷花莲子、中药材等 20 个农产品生产基地,有力地促进了区域经济发展、农业增收、为新时代的"三农"工作和实施乡村振兴战略积极奉献。

3.党委、政府牵头推动,依托供销合作社打造"三位一体"新型合作体系

2014 年,浙江的"三位一体"改革再出发,在 7 个县市区开展试点。明确提出"农合联"定性为党委、政府领导下的非营利性社会组织,以为农服务为宗旨,实行"农有、农治、农享",是介于政府与市场主体之间的社会服务综合体,设置省、市、县、乡镇四级组织体系,主要提供生产、供销和信用服务。浙江从供销合作组织体系及服务机制入手,对供销合作社进行深化改革;各涉农部门事业单位的经营性服务事项则将逐步剥离,以委托或购买方式将涉农公共服务事项转由农合联或其他主体承担;浙江引导农合联体系内部的农村合作金融组建农民资金互助会,为农民提供资金互助服务,为保障运行,省、市、县三级拟组建农民资金互助会联合会,承担农民资金互助会的资金余缺调剂、运行安全监管、资金保值增值、风险防范救助等职责。浙江通过几年努力,完成了分类试点和分批改革任务,在全省构建起了生产、供销、信用"三位一体"农民合作经济组织体系及有效运转的体制机制。2015 年,浙江省委、省政府印发《关于深化供销合作社和农业生产经营管理体制改革构建"三位一体"农民合作经济组织体系的若干意见》,明确了"三位一体"改革的指导思想、目标任务、基本原则、主要举措和保障措施。2016 年所有市县全面铺开改革,自下而上全面构建农合联组织体系。

浙江省由各级党委、政府牵头推动,依托供销合作社组建农民合作经济组织联合会,整合涉农部门、供销合作社、农信机构、新型农业经营主体等各方资源,打造生产、供销、信用"三位一体"新型合作体系。2017 年 8 月 22 日,浙江省农民合作经济组织联合会(以下简称农合联)在杭州诞生了。至此,浙江率先全国,自下而上全面构建了省市县乡四级农合联体系。截至 2017 年年底,浙江省已全面完成了省市县镇四级农合联组织构建工作,全省共创建各级农合联组织 886 个,其中省级 1 个,市级 11 个,县级 83 个,乡镇级 791 个,共吸纳会员 51954 个,全省共有 16760 个合作社、3096 个农业龙头企业、8171 个家庭农场,以及 97 个植保中心和 624 个农业专业协会成为各级农合联会员单位。全省较规范的农民合作经济组织和涉农服务组织(企业)基本加入了各级农合联。县以上农合联设立执委会,依托同级供销合作社联合社组建,涉农部门事业单位的经营性服务事项优先由农合联承担,涉农公共服务事项以委托或购买方式转由农合联或其他主体承担。农合联普遍建立农民合作基金和资产经营公司两项制度,整合利用政府涉农部门、供销合作社、农信机构和其他农合联会员资源,建立现代农业、城乡商贸、农村金融三大服务体系,面向会员单位和广大农户提供便捷优惠服务。

浙江省在构建"三位一体"合作组织体系(即农合联体系)时,主要有以下较为鲜明的路径:

(1) 依靠政府强势推动的瑞安实践

瑞安是浙江"三位一体"综合合作的发源地，是行动团体自上而下强力推进的实践典型。浙江省于2006年率先在瑞安开展"三位一体"农村合作协会的试点。同年，全省在瑞安召开现场会，总结推广瑞安经验。在后来的农合联推进中，瑞安供销社、合作社、专业大户等行动主体结合当地实际，围绕优势产业，打造服务平台，呈现出鲜明的市场性、服务性和平台性的特点。

(2) 通过政府职能转移的义乌实践

其特点在于彻底打破各种部门的纠葛，将牵涉农合联的资源、职能、功能等分割整合，重构农合联组织，使得农合联的定位、功能、属性等与供销社脱离，相对独立地开展服务职能。这种较为彻底的制度变迁路径有赖于特殊的政策环境和契机，当时正值省政府全面启动和推进义乌政府职能转变和机构改革工作，因此其农合联建设工作得以与政府职能转变和机构改革工作同步推进，比较彻底地完成了农合联的构建。

(3) 紧密依托供销社体系的上虞实践

上虞供销社是浙江省为数不多的组织结构和社有资产保留完整的县级供销社，该系统现有10家基层供销社、15家直属企业、干部职工8600多人以及资产总额30多亿元。该供销社完整的体系和深厚的资源是农合联良好运行的保障。

不过，浙江省其他大部分地区的实践路径，从政府推动力度来看，大多都达不到瑞安的程度；从依托供销社程度来看，大多虽在体制上依托供销社来架构组织和实现功能，但在供销社托底农合联的能力上都无法达到上虞的程度；从职能转移程度来看，大多数地区只有少量职能转移，甚至还未进行职能转移，难以像义乌农合联那样。不难看出，即使供销社发展走在全国前列的浙江省，在供销社近些年企业化趋势明显、非农化经营显著、组织基础相对萎缩的现实情形下，农合联的构建也必然是一个逐步构建、做实、完善的过程。

以浙江瑞安"三位一体"综合试点为例。2006年3月，瑞安市供销社与农村合作银行、农业局、科技局等部门共同发起组建瑞安农村合作协会，首批吸纳会员单位60家，其中农民专业合作社22家，供销社系统8家，信用社系统13家，村经济合作社2家，5个村及10家民办农业科研单位。协会还吸纳相关部门、单位的51人以特邀代表身份加入。瑞安农协以"三位一体服务三农，条块结合统筹城乡"为会训，组织、协调和引导各级各类会员，规范、扶持和发展多种形式、多种层次的合作事业，探索社会主义市场经济条件下的新型合作道路，主要是做好供销社三大体系与农协体系的对接。

实施组织体系对接。在农协市级层面，供销社作为农协会发起单位之一，积极加入瑞安农协组织。在被确认的第一批8家核心会员当中，供销社系统有4家。市供销联社的领导班子成员和中层业务骨干进入农协会务机关，担任重要职务，供销社主任当选为总理事，为法定代表人。依托供销社成立农协供销部，指导市场流通，申报并管理使用集体商标，协调以产业组建的专业委员会工作。同时，供销社还积极参与农协其他服务实体的组建。供销社控股企业农信担保公司参与信用部工作，结合供销社农产品经纪人培训职能参与培训部工作，并选派优秀科技人才参与农协科技部科技特派员工作。在农协基层层面，主要是对基层社实行开放重组，推进农协基层试点工作。广泛吸纳辖区内各类合作组织、农业龙头企业、农产品经纪人、种养大户等组织与个人加盟，通过清产核资与资产结构调整，现有资产与农民社员进行产权重组，重新确立民主管理方式，使基层供销社真正办成农民的合作经济组织，构成农协基层骨干力量。试点单位马屿中心供销社已召开了两次农民代表座谈会，基层社开放重组方案得到了农民代表的认可,并进入股本募集阶段。并且,借助农协平台,积极发展农民专业合作社。截至 2016 年年底,瑞安创建省级示范社 11 家、温州市级示范 35 家、瑞安市级规范化合作社 125 家,共建立农民合作社 1252 家,联结特色产业基地 18.75 万亩,粮食生产功能区达 6.31 万亩、现代农业园区 30 个。同时,瑞安还通过政策支持农合联发展行业(产业)协会,农产品经纪人协会联结农产品经纪人 1200 多人,年销售农产品 10 亿元。

  到 2017 年年底,瑞安市土地流转面积约 17.3 万亩;家庭农场注册数 401 家;瑞安市农民合作社 1547 家,联结特色产业基地 18.8 万亩;已建成粮食生产功能区 15 万多亩、现代农业园区 30 个,其中天井垟已成为浙江省最大的粮食生产功能区。梅屿蔬菜基地是温州最大的现代农业园区,梅屿蔬菜专业合作社成立于 2011 年,截止到 2018 年有社员 762 户,涉及马屿、陶山、湖岭、仙降 4 个镇(街),41 个行政村,基地辐射面积 7000 余亩,带动农户 4500 余户。近几年,该合作社积极探索产前、产中、销售等各个环节的农民合作,提升农产品的附加值。在销售传统的"毛菜"的基础上,合作社还通过复杂的清洗包装流程,推出了可以即食的"净菜",并创建了"绿印象"品牌,与精品超市、高端市场合作,使蔬菜的价格提升了 4~5 倍。瑞安市农村常住居民可支配收入从 2006 年的 9439 元增长到 2018 年的 30455 元,年均增长 10.3%。

  实施服务网络对接。依靠农协平台支持,按照全国总社"新网工程"统一部署,瑞安市供销社全面推进农资、生活资料、农产品购销三大网络建设。依托浙江省农资集团惠多利连锁体系,发展农资连锁配送网点 221 家,并延伸至专业合作社,为社员提供 300 多种来源可靠、价格实惠的农资,实行统一配送,降低生产成本。瑞安农协供销部还组织开展了多项农资团购。依托基层中心供销社成立了"放心农资连锁店",整合了梅屿、荆谷、顺泰三个乡镇 20 家农资供应点。技物结合,为农民专业合作社提供用肥用药整体解决方案。依托浙江供销超市,创办 11 家供销连锁超市,发展 20 家便利店与综合服务社,并与邮政局下属瑞安五洲超市合作成立配送中心,为全市 40 多家五洲超市、11 家供销超市以及 574 家放心店提供商品配送。开辟农产品进超市的"绿色通道",组织农户、合作社与超市、农贸市场达成协议,64 种农产品可以免费进入 39 家超市门店及农贸城摊位进行销售,并开设专柜,共同打造绿色无公害农产品统一品牌。开展农产品经纪人培训,成立全省首家农产品经纪人协会,并通过招商引资,投资 1.8 亿元,按照"配套温州、辐射闽东"的区域定位,突出"集聚、辐射、服务"三大功能迁扩建瑞安农副产品市场,并将开辟农民专业合作社展示专区,构建农副产品购销网络。

  实施服务功能对接。供销社借助农协平台,拓展服务内容,提升服务内涵。金融服务是专业大户、家庭农场等农业生产主体最迫切的服务,瑞安市创立农信担保公司,对合作社成员实行优惠,截止到 2017 年 6 月,累计提供农业信用贷款担保 2737 户次,担保金额 7.28 亿元。同时,引导有条件的农民合作社组建资金互助会。融达资金互助会按照"组织封闭、对象封锁、上限封顶"原则组建运营,入会会员 600 人,累计发放互助金 488 笔,4999.5 万元。由出资者与农村合作协会、农村合作银行以及专家共同组成董事会、监事会,完善法人治理结构,保证为农服务方向。同时大力推广使用"瑞农协""玉海早春"等集体商标,打造农协统一品牌,促进农产品流通体系发展。逢节假日多次举办瑞安农特产品推介会,有 23 家合作社 42 种产品参加推介,很多参展的农产品往往一个上午就被抢购一空。在不到一个月的时间内,农协会员单位在五洲超市的一个门店就实现销售量 9000 多公斤,销售金额 2.7 万元,农产品售价明显提高,中间环节减少,基层散户从中得到较多实惠。并且组织合作社参加各种类型的农博会、展销会,集中推广本地特色优势农产品。

经过十多年特别是党的十八大以来的探索实践,浙江"三位一体"改革取得重要进展,发挥了生产、供销、信用三大合作的协同效应,搭建起了为农服务的综合平台,在推动浙江农村经济社会发展中发挥了重要作用。浙江"三位一体"改革的成功,证明"三位一体"综合合作是符合我国农村实际的,具有强大的生命力。

构建起"三位一体"农合联组织体系,确立了农民的主体地位。浙江以"三位一体"农民合作经济组织体系建设为重点,自下而上,建立省、市、县、乡镇四级农民合作经济组织联合会(以下简称农合联),作为生产、供销、信用"三位一体"的实施载体和运营主体。农合联为非营利性社会团体,在民政部门注册登记,实行农有、农治、农享,建立成员大会和理事会、监事会制度。供销合作社作为农合联的执行委员会和办事机构,负责农合联的日常经营管理活动。截至2017年年底,浙江省已全面完成了省市县镇四级农合联组织构建工作,全省共创建各级农合联组织886个,其中省级1个、市级11个、县级83个、乡镇级791个,共吸纳会员51954个,全省共有16760个合作社、3096个农业龙头企业、8171个家庭农场,以及97个植保中心和624个农业专业协会成为各级农合联会员单位,形成了比较完整的"三位一体"组织框架。在农合联建设中,农民的主体地位得到切实保障,充分发挥和调动了农民的积极性。

打造为农服务大平台,初步实现了涉农服务资源有效整合。通过"三位一体"改革,把供销社的流通优势、农民合作社的生产优势、信用社的资金优势,以及农业科技推广机构的技术优势等,整合到农合联,打造集生产、供销、信用等生产生活服务功能于一体的综合服务平台,较好地满足了广大农民和新型农业经营主体的服务需求。以浙江省临海市为例,按照"三位一体"的要求,临海成立全市综合性为农服务公共平台——"农民合作经济服务中心",为农民合作社提供规范化指导、农技推广、农产品展销、信用担保、农民培训、农村电商孵化等系列化、一站式服务,成为当地农村合作经济组织和农民群众的"贴心管家"。

推动单个合作经济组织的联合合作,有力地促进了农业现代化。近年来,浙江农村合作经济组织发展很快,在解决一家一户办不了或办起来不经济的事情上起到了积极作用,但也存在着规模小、服务功能单一、竞争实力弱等问题。通过"三位一体"改革,引导农民合作经济组织走上跨区域规模化和跨领域一体化的联合发展道路,扩大组织规模、拓展服务功能、发展一体经营,适应了农民在更大范围、更高层次上对合作和服务的现实要求。在浙江省瑞安市,农合联打破行政区划限制,立足地域相近、产业相同,推动组建蔬菜、粮食、林果、铁皮石斛四大产业联盟,成立11家农民合作社联合社,引导19个涉农乡镇形成10个区域性产业带,助农增收效果明显,部分蔬菜种植户年收入超过30万元。

供销合作社参与"三位一体"综合合作,在充实自身力量的同时拓展了服务平台。农合联执委会设在供销社,承担农合联日常运营管理职责,这一制度设计为供销社拓展服务功能、更好发挥作用提供了载体和平台,有利于转变行政化的思维方式和工作方法,提高市场化运作水平。一些过去相对薄弱的供销社,通过承担执委会职责,恢复了基层组织,发展了经济实体,提升了服务能力,成为党委政府做好"三农"工作的重要抓手。

"三位一体"改革,是深化农村改革的成果,也是深化供销合作社综合改革的重要经验,对于新时代破解"三农"发展难题、引领农业发展方式转变、建立健全城乡融合发展的体制机制具有重要示范作用。因地制宜推广浙江经验,积极推进"三位一体"改革,健全农业社会化服务体系,对于新时代做好"三农"工作有着重要的现实和实践意义。

"三位一体"改革是完善农村基本经营制度的创新举措。以家庭承包经营为基础、统分结合的双层经营体制,是我国农村的基本经营制度。几十年来,我们"分"得较为彻底,调动了农民的积极性,但"统"得不够,跟不上现代农业发展需要。实践表明,一家一户分散经营,不可能实现农业现代化,必须把农民组织起来,走合作化的路子。通过"三位一体"组织体系建设,能够有效整合三大系统、三重服务功能、三级合作体系,实现大组织大平台与小组织小农户的有机结合,为家庭经营进一步走向市场、走向现代化开辟新的空间。可以说,"三位一体"改革是农村新型集体经济发展道路的新探索,丰富了农村统分结合双层经营体制中"统"的内涵,是对农村生产关系和农业经营体制的发展和完善。

五、"三位一体"农民合作经济组织体系建设中存在的主要问题

"三位一体"农民合作经济组织体系建设已经有了有益的尝试,也取得了初步成效,但也存在以下几个方面的困难和问题。

1. "三位一体"农民合作经济组织体系有待健全

供销合作社系统的组织管理体制尚未理顺,影响了"三位一体"农民合作经济组织体系建设主体职能的发挥。前几轮供销合作社改革,由于在政策的指向和工作落实上是企业化管理方式,发展壮大社有资产,通过实现利润的最大化,促进社有资产的保值增值。对"三农"的服务,特别是对农民面对面的服务,更多的是通过有偿服务实现。回归"三农"重新取得农民的认可还有待时日,这将一定程度上影响供销合作社在"三位一体"农民合作经济组织体系建设中主体职能的发挥。

2. 基层对"三位一体"建设的认识尚存在偏差

"三位一体"建设的初衷是在坚持和完善农村"统分结合"这一双层经营体制基础上,进一步提升农民参与市场竞争的层次与能力,为农村生产经营进一步走向市场、促进农村城镇化发展开拓新的空间。但从调查中发现,目前基层对"三位一体"农民合作经济组织体系建设的重要性认识不足,"三位一体"缺乏整体把握及统筹可持续的推进措施。

3. 农民在"三位一体"中的主体地位有待进一步提高

无论在农民合作经济组织联合会还是农民专业合作社联合会,工作思路与实施情况基本由县乡干部和供销社工作人员主导,农民参与不充分。一些地方甚至为了完成任务以重点工作的方式,简单下指标、搞验收、抓考核,这样去推行"三位一体"有可能产生适得其反的效果。

4. "三位一体"服务平台建设亟待加强

"三位一体"农村新型合作体系建设的着眼点是整合各类为农服务资源,提高效率,促进农业现代化和新农村建设。但目前参与的农民合作经济组织联合会、农民专业合作社联合会、各类产业协会及供销社、信用社、政府等各部门比较分散,且由于各自的局限性,只能从自身的工作职责范围内去考虑并组织服务,易造成社会服务资源的浪费。各类组织之间缺乏有效沟通与合作的平台,影响了"三位一体"工作的运行实效。

六、进一步推进"三位一体"农民合作经济组织体系建设的几点建议

浙江、河北、贵州、江苏、山东等地的初步实践表明,以专业合作社、供销合作社、信用合作社联合构成的"三位一体"农业综合服务平台是代表现代农业发展方向的一个新生事物。这一

新型合作经济体系,在坚持和稳定农村统分结合的双层经营体制的基础上,进一步丰富了双层经营体制中"统"的内涵,创造了新的形式,提升了农民参与市场竞争的能力,为家庭生产经营进一步走向市场、走向现代化开辟了新的空间。尽管这一新型合作经济体系在实践中还有待于不断的探索和完善,但这一新生事物的发展方向是符合现代农业发展要求和广大农民需求意愿的,也是符合农村各类合作经济组织利益的。应按照党的十九大精神和十九届五中全会的要求,深入研究和积极推动"三位一体"新型合作经济体系在更大范围的实践和发展。

1. 准确把握"三位一体"农民合作思想

在积极发展"三位一体"综合合作的进程中,一定要准确把握"三位一体"农民合作思想。"三位一体"农民合作思想可以概括为:为农服务、民主管理、联合发展、协同治理。首先,"三位一体"农民合作组织体系从根本上是姓农、为农、务农,是为了实现农业现代化和农民增收的,而绝不是打着"为农服务"的旗号搞摊派、强买强卖、垄断经营;其次,始终是自愿加入、民主管理、共建共享的,而绝不是行政化的、部门化的;再次,应在发挥市场决定性作用的基础上联合发展,积极引导经营业务相同的农民合作经济组织横向联合和业务相关的农民合作经济组织纵向联合,促进农民合作经济组织扩大组织规模、拓展服务功能、发展一体经营、增强竞争实力,使农民合作经济组织走上跨区域规模化和跨领域一体化的联合发展道路,而绝不是以行政手段"拉郎配"、随意干预;此外,应通过建立、发展"三位一体"农合联体系,正确处理政府、市场、社会在"三农"治理体系中的关系,充分发挥农民合作经济组织联合会的协同治理作用。

当前,我国农民合作社等农民合作经济组织在现代农业发展中的地位和作用越来越突出,但产权关系松散、服务功能单一、竞争实力弱小、利益联结不紧等问题比较突出,难以适应日益成长起来的新型农业经营主体对覆盖全程、综合配套、便捷高效农业社会化服务的迫切需求,难以适应日益富庶起来的农民群众对多层次、多样化、便利化生活服务的迫切需要,必须通过深化改革,扩大农民合作经济组织的横向合作和纵向合作,加快农民合作经济组织联合发展。也正是着眼于此,中央一号文件提出要积极发展生产、供销、信用"三位一体"综合合作。

2. 尊重市场规律,完善运行机制

"三位一体"不是简单地将生产、供销、信用三类机构进行人为撮合,应更注重顶层设计与基层创新的结合,建议:一要创新合作组织运行机制。在坚持国际通行的合作制原则基础上,参照现代企业管理制度,建立"三权分工"的"三位一体"合作经济组织运行机制。二要明确各级"三位一体"的建设职能。要建立一个贯穿省、市、县、基层四级的"三位一体"组织体系,四级组织在职能上应各有侧重。基层重点是建立以农户为主体的专业合作社,应是具有法人地位的经济组织,主要开展经营活动;县一级重点是建立以基层合作社为主体的联合会,职能应兼具企业和社团的特征,同时具备经营和服务功能,如组织大宗产品购销、培育品牌、技术培训、金融服务等;省、市一级则应重点关注顶层设计与创新服务,职能应以服务为主,如培训、协调、政策支持等。三要有效整合政府性服务资源。现有的县级"农协"、合作社联合会、"农合联"等联合组织即是"三位一体"改革实践的成果,也是"三位一体"工作的重要一环。应在工作反思基础上对相关涉农组织和服务进行梳理与整合,既要继续发挥原有的公共服务职能,又要明确各自的职责与分工。

3. 加快改革推动农村合作金融发展

金融是经济的核心,农村合作金融是"三位一体"合作体系的核心。建议:一要加强对资金互助会的辅导和监管。必须坚持农民资金互助会"互助"性质不动摇，筹资规模上限不宜过大，要防止出现借农民合作组织之名，行非法集资之实，侵占农民合法权益的违法行为。在具体运作中应成熟一个、发展一个，不能下硬指标，不要揠苗助长。二要明确地方金融管理局为农村资金互助会的监管主体，实行谁审批、谁负责，改变当前多头管理、责职不清的现状。三要转变观念，大胆创新。发展农民信用合作组织要因地制宜，鼓励多种形式的存在。要借助浙江省丽水、温州等地作为全国农村改革试验区和金融综合改革试验区的独特优势，在对农村信用合作的增信服务、风险补偿、农村产权抵押贷款等方面进行改革，创造改革的新亮点。四要在农村合作金融过程中提升农民的金融意识，可通过开设"普惠金融"讲堂等形式，让农民在了解金融的基础上认识自己的真正需求，有利于做好农民的金融服务。

4.科学推进生产、供销、信用"三位一体"综合合作

发展"三位一体"综合合作，对"三位一体"不能狭隘地理解。"三位一体"体现的是大合作的思路，其具体形式可以是多样的，服务内容可以是多元的，不仅仅是生产、供销、信用三个方面，只要是为农服务的资源，都可以融入这个综合平台中。它提供的服务有市场化的，有公益性的，也可以承接政府购买的公共服务。它有龙头作用，但不是龙头企业；它有服务功能，但不是盈利机构；它与政府有密切联系，但不是政府部门；它也不同于日、韩农协以及我国台湾地区的农会。无论如何，市场化是"三位一体"应有的方向。

发展"三位一体"综合合作，思想要解放一些，思路要拓宽一些，只要有利于更好为农服务，有利于农民增收致富，有利于实现农业现代化，就要向前推进。构建"三位一体"组织体系，要坚持因地制宜，不搞"一刀切""一阵风"，要允许各地根据实际去探索创新，在实践中不断提升完善。

发展"三位一体"综合合作，关键还是要提升农合联的为农服务实力和能力，通过服务凝聚民心，实现可持续发展。要牢牢把握为农服务发展方向，在促进农业规模经营、助推农产品销售、推动农业农村产业融合、发展农村合作金融、破题农村电子商务、壮大农村集体经济等方面大胆探索，切实服务，取得突破。要注重统筹各类为农服务资源，发挥涉农协会、龙头企业等各类涉农资源优势，建立完善的社会化服务体系，增强服务各类农业经营主体的功能，使农合联运作"实"起来。

发展"三位一体"综合合作，基础还是在每个新型农业经营主体的建设和发展。因此，农合联要实实在在地把根扎到泥土中去，帮助每个农民合作社、新型农业经营主体抓生产、做营销、谋发展，促进农民合作社规范建设，推动新型农业经营主体之间构建既有效又合意的利益联结机制。

发展"三位一体"综合合作，特别是构建"三位一体"农民合作组织体系，势必涉及农业经营体制改革、农村金融体制改革、涉农部门职能转变及企事业单位改革等棘手问题。要本着改革的精神，简政放权，厘清政府与市场、社会的关系，把该放的权力放开放到位，把该管的事切实管住管好。要该转移的转移，该委托的委托，该购买的购买，努力使农合联真正成为为农服务的综合体，既承接政府委托、购买的公益性服务，又做好市场化经营和农业农村社会化服务。

"三位一体"的本质是整合乡村要素资源，打造为农综合服务平台，能够有效促进城乡资源双向流动和要素合理配置，为农村发展注入新的动力。在新时代"三农"发展中，要深刻理解和把握乡村振兴战略的核心要义，因地制宜发展"三位一体"综合合作，深入推进农村综合改革，构建现代农业产业体系、生产体系、经营体系，努力为我国农业农村现代化建设作出新贡献。

认真总结提炼浙江经验,因地制宜推进"三位一体"综合合作。浙江"三位一体"改革之所以进展顺利、成效明显,关键是做到了因地制宜、从实际出发,具备了"三个条件、两个基础"。"三个条件":一是党委政府重视,提高了改革的协同效应;二是各级农办有力主导,形成了上下协同、条块结合的工作推进机制;三是供销社积极作为,较好承担了农合联执委会职责。"两个基础":一是浙江农业农村发展基础较好,具备了在更高层次发展联合合作的基础;二是浙江合作经济发展基础较好,"三位一体"改革有着较好的认识和工作基础。我们要从理论和实践层面,对浙江"三位一体"改革进行深入总结提炼,对带有普遍性、规律性的经验成果,加强面上宣传推介。要加强组织领导,及时研究解决改革中出现的新情况新问题,强化指导,完善政策,因地制宜推进"三位一体"综合合作。

第七部分　全国供销合作社电子商务发展研究[①]

一、全国供销合作社电子商务发展现状

1. 全国供销合作社电子商务发展势头迅猛

（1）全国供销系统电子商务交易额持续增长

2019年上半年，供销合作社系统实现销售总额22165.2亿元，同比增长6.6%；系统企业汇总利润183.1亿元，同比增长3.1%。

2018年，供销合作社系统实现电子商务销售额2998亿元，同比增长28.5%。目前全系统电子商务企业有1571家，开展电子商务业务的企业3354家，电商对系统销售增长的贡献率为14.1%，比上年同期提高了0.2个百分点。供销合作社系统通过拓展农产品线上销售，整合线下物流资源，打造县、乡、村三级电商服务和物流配送体系，初步形成了具有供销社特色的全国农产品电商"一张网"。"供销e家"全国电商平台入驻商户1.5万家，带动300个县上线销售特色农产品，建设300多个县域电商运营和仓储配送中心，改建3万多家乡村电商服务站，实现线上农产品年销售额58亿元。

截止到2018年年底，全系统共发展电商企业1571家，将10万多个基层网点改造为电商服务站，带动1000多个县、10多万种特色农产品上线销售，全系统电商销售年均增幅超过30%。整合线下物流资源，建设县乡村三级电商服务和物流配送体系，开展到乡、进村、入户的快递服务，打通农村电商"最后一公里"。

积极应对复杂多变的国内外形势和经济下行压力，认真贯彻落实新发展理念，推动社有企业深化改革、转型升级，实现高质量发展。规模实力明显增强，全国20个省级社成立了供销集团，营业收入50亿元以上的企业达到28家。2019年，全系统企业实现营业收入1.8万亿元、利润总额466.6亿元，比5年前分别增加了6.4%、31.7%，企业资产达1.6万亿元，比5年前增加4041亿元。发展质量进一步提升，各级社有企业加快传统业务转型，大力培育新兴业务，企业发展动能不断增强。强化企业内部管理和风险防控，持续推进企业降杠杆减负债，加大长期亏损企业和低效无效资产处置力度，社有企业平均资产负债率降到71%，企业降本增效取得明显进展。联合合作不断深化，总社发起成立新供销产业发展基金，北京、天津等13个省级社参与入股，共同搭建市场化投资平台。京津冀、长三角、东西部社有企业之间联合发展扎实推进，在市场对接、产业开发、扶贫协作等方面迈出重要步伐。

今年以来，面对突如其来的新冠肺炎疫情，全系统坚决听从习近平总书记号令，认真落实党中央、国务院决策部署，迅速行动、尽锐出战，全力投入战疫情、备春耕、保供给、防滞销、促增收、惠民生等工作。全力保障春耕和"三夏"农资供应，今年1—8月，全系统销售化肥9784.7万吨，占全社会的70%以上，发挥了主渠道作用。全力保证市场供应，全系统各类经营服务网

[①] 执笔人：唐敏、李想、刘士栋、陈美玲；审稿人：刘敏。

点克服疫情影响,坚决做到不停业、不断货、不涨价,努力保障防护物资和粮油果蔬、肉禽蛋奶等生活必需品供应。全力做好对口支援湖北抗疫工作,总社组织指导19个省级社对口支援湖北省各地市供销合作社,全系统采购湖北省农产品累计33.7亿元,向湖北省累计捐款1764.3万元,捐赠防护物资、粮油蔬菜等1414.5吨,总社主管行业协会会员单位累计捐款3.4亿元。在战疫保供的关键时刻,供销合作社以实际行动展现了为农服务国家队的担当与作用,彰显了新时代供销合作社人的责任与奉献。

从各类数据和增速可以看出,在"互联网+"和全面深化供销合作社综合改革的背景下,全国供销系统电子商务发展速度加快、规模变大、成绩良好。

(2)电子商务发展相关政策陆续出台

自十八届三中全会以来,党中央、国务院从全面建成小康社会、全面实现我国现代化的战略全局高度,对新时期深化供销合作社综合改革工作作出全面部署。

2015年"互联网+"被列入政府行动计划。同年,中共中央国务院出台了《关于深化供销合作社综合改革的决定》(中发〔2015〕11号),要求"顺应商业模式和消费方式深刻变革的新趋势,加快发展供销合作社电子商务",中华全国供销合作总社发布了《关于加快推进电子商务发展的意见》(供销经字〔2015〕1号),提出要"充分发挥供销合作社传统产业和经营网点优势,以开拓农村电子商务和发展农产品电子商务为重点,大力培育电子商务市场主体"。

2016年,中央一号文件明确指出要"加强商贸流通、供销、邮政等系统物流服务网络和设施建设与衔接,加快完善县乡村物流体系。支持供销合作社创办领办农民合作社"。同年4月,国务院办公厅发布了《关于深入实施"互联网+流通"行动计划的意见》(国办发〔2016〕24号),提出要"深入推进农村电子商务和积极促进电子商务进社区,促进农产品网络销售"。

2018年,中共中央国务院印发《关于实施乡村振兴战略的意见》(中发〔2018〕1号),指出要依托综合服务社、连锁便利店等线下实体,构建供销电商本地生活网,"供销e家"全国平台要按照建设农村电商"国家队"的目标,发展成为具有较强品牌影响和服务带动力的农村电商综合服务平台。同年8月出台国家《中华人民共和国电子商务法》以保障电子商务各方主体的合法权益,规范电子商务行为,维护市场秩序。

2019年中共中央办公厅、国务院办公厅印发《关于促进小农户和现代农业发展有机衔接的意见》(中办发〔2019〕8号),要求增强农村电商服务带动小农户能力。为落实意见精神,中华全国供销合作总社随后印发《供销合作社促进小农户和现代农业发展有机衔接工作实施方案》,方案细化了农村电商发展要求及实施方案,强调要以农产品电商为重点,引导小农户生产适合网络销售的特色优质农产品,加快基层经营服务网点信息化改造,发展农村电子商务服务站。同年8月,总社印发《关于推进区域电商发展的实施意见》,详细部署此后一段时期供销合作社发展区域电商的基本原则和主要任务。

总体而言,自总社印发《关于加快推进电子商务发展的意见》(供销经字〔2015〕1号)以来,各级供销合作社迅速行动,电子商务呈现良好发展态势。特别是全国供销合作社电子商务工作会议后,各地狠抓落实,加快开展网上交易、仓储物流、终端配送一体化经营,电子商务成为供销合作社发展速度最快的新兴业务板块。

(3)各方领导关注供销合作社电子商务的发展

2015年12月,时任国务院副总理汪洋在调研全国供销合作总社电商平台时强调,供销合作社具有发展农村电子商务有独特的优势,要积极培育和壮大农村电子商务市场主体,有关部门要完善支持政策,鼓励地方和各类市场主体创新农村电商模式,为农村电商发展提供良好的市场环境。时任总社党组书记、理事会主任王侠在传达学习汪洋副总理讲话精神的会议上提出各级供销社要充分认识到电子商务对经济发展的重要性,把电商作为大事来做,站在国家的角度来考虑,顺势而为,主动出击。2018年又进一步提出"供销合作社是建设农村现代流通体系的骨干力量,要着眼于解决制约农村流通发展的瓶颈问题,加快发展农村电子商务,建设现代流通体系,提高流通效率,不断提升流通现代化水平"。同年,中国供销集团副总经理、中国供销电子商务有限公司董事长王正伟一行到安徽省潜山市就扶贫工作和供销合作社综合改革工作开展调研,调研详细了解了潜山优质农特产品的生产和销售等流程。

2019年年初,中国供销电子商务有限公司在京举行"供销e家"三年回顾暨三年规划汇报会,总社党组成员、理事会副主任邹天敬,党组成员、理事会副主任,中国供销集团党委书记、董事长杨建平出席活动并讲话。邹天敬对"供销e家"成立三年来取得的成绩表示充分肯定,并希望"供销e家"始终坚持方向,着力提升为农服务能力。杨建平更是对"供销e家"的未来发展提出了要有大格局、大协同、大合作等三点期望、要求。同年9月,中国供销电子商务发展联盟主办的"2019农村电商新趋势论坛暨'供销e家'省级工作推进会"在厦门隆重召开,中国供销集团副总经理、中国供销电子商务有限公司董事长王正伟作论坛致辞,中华全国供销合作总社经济发展与改革部现代流通处处长齐雪飞作会议发言,福建省供销社党组纪检组组长郑恢先全程参与。

(4)全国供销合作总社电子商务平台——"供销e家"

①"供销e家"简介

作为全国供销合作社统一的综合性电商平台,"供销e家"由中国供销电子商务股份有限公司负责搭建和运营,是中华全国供销合作总社的下属企业品牌,由中国供销集团有限公司出资成立,首次上线时间为2015年11月,平台首页见下图。

图7-1 2015年"供销e家"平台首页

图 7-2　2020 年"供销 e 家"平台首页

建设"供销 e 家"电子商务交易服务平台,是有效整合供销合作社全系统内部资源,打造供销合作社发展电子商务核心竞争力的必然要求。供销合作社扎根农村、贴近农民,具备经营服务网络健全、产业类别和经营主体众多等独特优势,是"供销 e 家"开展农产品电子商务坚实的基础支撑。

"供销 e 家"是全国供销合作社统一的综合性电商平台,发挥一网多用、双向流通、供销并举、综合经营的独特优势,既把日用消费品、农业生产资料供应下去,又把农副产品、再生资源收购销售上来,实现供给与需求有机对接,着力构建服务"三农"的综合性、可持续的农村电子商务交易服务平台。"供销 e 家"建设遵循"集中建设、资源共享"和"前台多样化、后台一体化"原则,以农村电子商务和农产品电子商务为重点,通过交易、服务两大功能板块,形成网上交易、仓储物流、终端配送一体化经营,实现线上线下融合发展,从而把供销合作社传统经营网络优势融入到互联网,再把互联网优势转化到成供销合作社现代经营网络优势。

"供销 e 家"不直接参与商品的购销,供销合作社系统内电子商务企业和地方性、专业性电商平台直接对接平台,利用平台开展交易。重点围绕农产品、农业生产资料和日用消费品、再生资源回收利用等供销合作社传统经营业务,主要采用 B2B 大宗和批发交易、B2C 零售交易、O2O 在线业务等交易方式。

2018 年 3 月 15 日,供销 e 家与韩国农协 HANARO 流通股份公司及天津中外运国际物流发展有限公司在京签署三方战略合作协议。此次签约全方位开启了"供销 e 家"国际合作发展布局,也标志着"供销 e 家"成为韩国农协指定的中国区唯一总代理。

2018 年 4 月 23 日上午,由中国供销电子商务有限公司("供销 e 家")发起成立的"供销 e 家无人机大联盟"南皮启动会在南皮县委党校隆重召开。无人机植保作为农业智能化的先行者,具有效率高、成本低、环保节能等一系列的优点,同时还可以防止人员药物中毒,确保人身安全。河北德金电子商务有限公司将以"供销 e 家无人机大联盟"的启动为契机,在南皮县供销社的大力支持下,成立专业无人机联盟植保队伍,在南皮县打造集无人机销售、维修、保险、药剂于一体的全产业服务链条,推进农业智能化快速发展。

为了进一步推进农村电商战略部署,"供销e家"成立了供销兴农云计算有限公司(云计算公司)及供销云商科技产业发展有限公司(云商科技产业公司),于2018年6月28日取得营业执照。云计算公司注册资金2.01亿元,致力于提升技术服务能力;云商科技产业公司注册资金1亿元,致力于加快推进供销电商产业园项目建设。此前,"供销e家"已经先后收购和注册成立了支付公司和云仓公司,专业板块公司的陆续成立,意味着"供销e家"在农村电商综合服务方面的布局进一步向专业化延伸。

2019年1月18日,中国供销电子商务有限公司在京举行了以"砥砺奋进、创变致远"为主题的"供销e家"三年回顾暨三年规划汇报会。中华全国供销合作总社党组成员、理事会副主任邹天敬,党组成员、理事会副主任,中国供销集团党委书记、董事长杨建平出席活动并讲话。中国供销电子商务有限公司总经理丁璐发布《"供销e家"创新发展三年规划(2019—2021)》。未来三年,"供销e家"将以创新发展理念为引领,以实施"八大工程"为抓手,在"农产品进城、日用品下乡、智慧仓储物流、农业农事服务、农村综合服务、产业电商、农村普惠金融、大数据服务"等八大领域集中发力,优化业务布局,健全为农服务体系,进一步提高发展的整体性和协调性,实现经济效益和社会效益双提升。

②"供销e家"功能

农产品商城。它是"农产品进城"的零售平台,由各级供销合作社组织当地有机、绿色、无公害的特色农产品和民俗手工艺品等面向全社会进行销售。商城内的上架产品依托供销合作社组织体系和经营网络,逐级落实质量控制责任,完善质量认证、抽检,实现全生产流程可追溯。

农资商城。它是化肥、农药、种子、农膜、农机的零售平台,与广大农民生产生活紧密相关。农资商城打造两大特色:一是销售正规渠道优质产品,绝不坑农害农,筑牢广大农民对供销合作社的信任根基;二是将农资在线销售与农技、农化在线服务(如庄稼医院、测土配肥)结合起来,以服务带动销售,为农民的日常生产插上科学的翅膀。

日用品商城。它是"工业品下乡"的零售平台,组织质优价廉的生产厂商或一级代理商入场交易,销售家电、服装、生活日用品等商品,主要面向的消费群体是广大农民,打造农村市场的"在线货郎"。日用品依托县级电子商务服务平台和村级综合服务中心(社),实现县到村的商品经营和物流配送网络,有效破解制约农村电子商务发展的"最后一公里"问题。

批发商城。立足于供销合作社传统业务,充分发挥大型骨干流通企业、商品交易市场、农产品批发市场的作用,开展农资、农副产品、再生资源等商品的批发交易,实现减少流通环节、降低流通成本、提高供销合作社企业行业地位的目的。

再生资源在线回收。在条件成熟的地区开通"智能在线回收"平台,支持再生资源企业由简单回收向综合加工利用转型,促进资源循环和农村环境保护,为美丽乡村建设作出贡献。

大宗交易中心。在全国开设七个区域农产品交易中心,依托当地供销合作社资源,通过发售交易、竞买竞卖交易、电子招标等形式开展大宗农产品交易。

创新电子商务模式。一是在有条件的地区将大田托管、代耕代种业务搬到线上,开设"格子菜田""格子海田"频道,让城市居民认购土地海田,享受农耕成果。二是在一些地区开展农业旅游观光,线上交易,线下体验,享受O2O的乐趣。三是发挥国际合作社联盟经贸优势,积极支持和参与"一带一路"建设,发展跨境电子商务。四是启动电商扶贫项目,开设扶贫专区,以最优服务和最低成本组织贫困地区优质特色产品上线销售。

③电商扶贫"供销 e 家"在行动

农村电商在推动农业供给侧结构性改革,促进农村一、二、三产业融合发展,帮助农民脱贫实现全面小康等方面的优势非常明显,是实施乡村振兴战略的重要突破口。"供销 e 家"担负着"农村电商国家队"的重大使命,有责任有义务成为全国供销合作总社推进乡村振兴战略的重要载体。

据"供销 e 家"相关负责人介绍,早在 2016 年 10 月 14 日,由中华全国供销合作总社作为主要牵头单位,中国供销电子商务有限公司具体承办的国家贫困县名优特产品网络博览会就正式上线。这个网博会是集贫困地区特色产品展示、交易功能为主,同时连接政府、企业、社会组织、新闻媒体扶贫工作为一体的服务平台与综合窗口。它旨在充分发挥互联网在助推脱贫攻坚中的作用,搭建一个连接贫困县、商企、政府部门、相关组织、媒体、社会项目的综合性窗口平台,支持贫困县乡镇、企业、农牧民通过平台展示和交易当地特色产品,带动贫困地区特色产业发展,吸引社会各界广泛参与,融合社会资源,发挥各自优势,共同推动国家脱贫攻坚目标顺利实现。

"供销 e 家"始终不忘自己的社会责任,时刻将贫困群众脱贫放在心上、扛在肩上,用心谋划、用情交流、用力扶持,运用电商、冷链等现代流通手段助力贫困县脱贫摘帽,通过拓宽农产品销路以帮助贫困群众脱贫致富,运用培训孵化等方式向贫困地区"扶志扶智"。

在中央网信办和全国供销合作总社的指导下,依托借助"供销 e 家"平台,"国家贫困县名优特产品网络博览会"已为 20 多个省 100 多个贫困县的店铺开设绿色通道,销售各种商品约 2.5 万种,涉及 20 多个省份的 68 个国家级贫困县,投资总金额 2.9 亿,占"供销 e 家"县域运营中心投建总量的 21%。2019 年 9 月,"扶贫 832"团队已在内蒙古太仆寺旗、四川越西县、甘肃成县、云南大理等地区组织开展了多场线下培训活动,进行平台上线前的辅导。培训主要围绕"扶贫 832"的建设背景、目标、功能、平台规则、上线流程以及商品要求等方面进行详细解读。同时,"扶贫 832"已开展"微课"线上培训,以短视频的形式进行精彩分享。后续,"供销 e 家"将持续在线上线下同步开展培训活动,全力做好贫困地区农副产品网络销售平台的建设运营工作,助力打赢脱贫攻坚战。

2.供销合作社电子商务发展面临的形势

(1)农村消费潜力大,消费扶贫关注多

近年来,推进农村流通现代化是深化供销合作社改革的一项重要内容。以电子商务为主要方式的现代流通业发展迅猛,对供销合作社的发展也带来巨大机遇和挑战。

快速增长的农村市场正在成为电商"最后的盛宴"。除了一些原本就依托农村市场起家的电商公司,比如聚超网;还有一些电商巨头,像淘宝、京东、苏宁等都已经相继将触角延伸到农村市场。阿里巴巴的"千县万村"计划、京东下乡进村的"星火试点"计划、苏宁农村电商的"三步走"战略等都在告示着农村市场竞争火热,引来各方关注。供销合作社应看清形势,把握机遇,推进农村电子商务的发展。

为解决贫困地区农副产品滞销问题,2020 年 1 月 1 日"贫困地区农副产品网络销售平台"("扶贫 832"平台)正式运营。截至 8 月底,"扶贫 832"平台注册采购预算单位 37.8 万家,入驻供应商近 5800 家,实现 832 个国家级贫困县全覆盖;上线农副产品 6.4 万个,平台交易额突破 19 亿元,有力带动了贫困地区农产品销售和农民增收。特别是新冠肺炎疫情发生后,累计帮助销售滞销农产品超过3亿元,在统筹疫情防控和脱贫攻坚中发挥了重要作用。

同时为广泛动员全国供销合作社系统深入消费扶贫,营造消费扶贫良好社会氛围,总社在全系统组织开展供销合作社消费扶贫专项活动,首次举办活动时间为2020年9月1日至9月30日,主题是"万企参与,亿人同行",活动内容涉及消费扶贫专柜专项推进活动、消费扶贫专馆专项推进活动、消费扶贫专区专项推进活动、"扶贫832"销售平台专项推进活动和中国农民丰收节金秋消费季活动共5个专项活动。

(2)系统组织优势大,建管营运模式多

供销合作社开展实体网点电子商务和信息化建设,有着众多的基础设施和经营实体,有着很多长期积累的业态优势。供销合作社在建设和发展过程中,从大中城市到县城,从县城到集镇,从集镇到乡村,留下无数供销合作社的产业和实体网点,而且供销合作社都是选择在交通便利、商品流量大的城市或地区设置公司和经营服务网点,在产销两旺的地方建立营销网络,这就为供销合作社发展电子商务提供得天独厚的便利条件。

供销合作社是我国最大的合作经济组织,经过70年的发展,取得相当大的成效。在农村,供销合作社相对其他经济组织而言,其组织体系、网络比较健全,在发展现代农业、促进农民致富、繁荣城乡经济中具有独特优势,是为农服务的主要载体,是服务"三农"的前沿阵地,是党和政府抓得住、用得上的为农服务骨干力量。根据《全国供销合作社系统2019年基本情况统计公报》数据显示,截至2019年年末,全系统有县及县以上供销合作社机关2762个,且逾63%以上的县及县以上供销合作社机关设立了理事会、监事会;全系统有基层社32465个,较上年增加673个,集体企业20503个,有限责任公司3753个,股份有限公司764个,农民合作社3317个,各类专业合作社179812个,入社农户1453.4万户;通过有机、绿色、无公害等认证的专业合作社35871个。此外,全系统开展电子商务活动的企业3437个。登记注册为电子商务企业1604个,其中,自建电子商务平台的企业1306个,入驻商户21万户。

近年来,各地围绕供销社创新了一大批建管营运电商模式。如产品直接从农庄到消费者手里的基地直营模式,通过去掉中间差价,降低了采购成本、仓储库存压力,提高了毛利润。针对小众需求的特色小众模式,如有机食品、美食爱好者,其优势在于为特殊购物偏好的人群构建稳定的网购渠道,避免了跟同类产品恶性竞争,客户黏度相对较高。专精特定生鲜产品的专业品类模式,通过细化专业品类模式,凸显单一产品优势,具有较强议价能力。

二、全国供销合作社电子商务典型做法及案例

1.典型做法

今年以来,在疫情倒逼下,更多的流通企业开始纷纷试水线上平台,并衍生出直播带货等新型销售方式。紧跟电商发展新趋势,本部分将继续梳理总结各省供销合作社系统在电商平台建设、电商扶贫、电商服务网络完善等方面的新探索、新实践和新成效。

(1)浙江省社:坚强贯彻六大举措,力促为农服务同电子商务融合发展

一是实施网上"供销百馆万店"工程,打造"浙江农产品网上大市场";二是建设电子商务服务站,打通农村电子商务最后一公里;三是围绕"智慧农资"服务平台建设,促进传统经营服务转型升级;四是拓新电子商务发展方式,助推社有企业经济创新发展;五是打造农产品电商服务平台与农旅一体化电商服务平台;六是依托"两个平台",提升合作兴农服务能力。依据六大举措充分挖掘"小特产"、开发"小村落"、带动"小农户",目前已实现服务区域从6个旅游重点

村扩大至8个乡镇街道,服务内容平台由单一的农产品销售转变为农旅结合,由部门主办升级为市委副书记牵头的市级平台三大转变,为山区农民脱贫致富、促进全省绿色可持续发展打造鲜活样板。

(2)江苏省社:打造"网上供销社",畅通民生保供链条

目前,江苏省供销合作社投资1亿元,自建"地平线"综合服务电子商务平台,整合全省50个县(市、区)供销合作社电商平台,打造电商综合服务的"省级队"。门店推出"不见面消费、无接触配送"购物方式。依据江苏供销合作网省社要情,截至2020年6月,"网上供销"电商平台实现电商销售109亿元,其中农副产品销售54亿元。收集各地滞销农产品信息726条,225家农批市场和农贸市场先后帮助解决省内滞销农产品5300多吨。同时,帮助销售湖北地区鸡蛋、茶叶、香菇、木耳、小龙虾等各类农产品5234吨,价值2亿元。

作为政府主导、供销合作社运营的公益性与经营性相结合的电商平台,供销合作社对入驻平台有严格的要求。江苏省供销合作社严格审核入驻商户的经营资质,名特优农品馆的经营须持有当地供销合作社的授权证明;要求商户缴纳质量保证金,并严格执行商户及产品管理规定;同时,打造先农农产品质量追溯体系,通过"一馆一标、一品一码"的形式赋予产品唯一的身份码,让消费者辨别产品真伪的同时了解产品生产全过程。

(3)陕西省社:打造电商全域"新样本"

今年以来,在疫情倒逼下,供销合作社系统电商企业也纷纷上线电商直播带货业务,陕西省社在直播带货之余进行了全域电商再部署。一是构建一体化现代化销售渠道。全力推动电商企业发展壮大,扶贫专柜摆在电商门店的最显眼位置,优先收购贫困户的农产品,将甄选的扶贫农产品贴牌加工。二是建设农产品进城下乡双流通。构建"四大体系"的既定战略规划,补短板,强弱项,通过推动重点项目建设、开展农产品特色基地建设、加快合作资源共享等方式着力推进陕西省县乡村三级物流体系建设。三是以"供销e家"西北仓储物流中心建设运营为抓手,持续推动陕西供销电商仓储物流体系建设。四是加强合作与资源共享。围绕破解农村电商物流"最后一公里"难题,鼓励县级社通过股份合作、股权投入等方式有效整合物流快递资源,开展共同配送。经过几年努力,目前,陕西供销电商集团已拥有全资、参控股子公司38家,包括县域电子商务子公司29家,其中24家为国家级贫困县区电子商务公司。

(4)河南省社:与品牌同行,全方位打造电商服务体系

近年来,河南省供销电商以为农服务为宗旨,以电子商务为手段,以省会城市和县市为重点,以品牌为依托,利用县级运营中心的仓储配送系统,全方位打造电商服务体系。一是融合发展打造城乡服务体系。2019年大力发展"城乡·邻里"便民连锁服务中心,通过城市社区终端承接农产品进城,实现从田间地头到居民餐桌,既能助农增收又便利居民生活。二是综合服务搭建便民服务体系。省电商公司充分发挥基层网点便利条件,广泛联合社会化力量共铸为农服务体系。如与中原农业保险公司携手在汤阴县开展农业保险服务落地试点,提供优质便捷的农业和社会保险增值服务。三创新经营建设品牌服务体系。依据"省级统筹、县级协同"的原则,因地制宜建设"一县一品"项目。积极打响了农产品的"豫百味"、农资农服的"御谷丰"、跨境电商的"丝路话豫"等区域特色品牌知名度,拓宽了特色农产品销路。

(5)山东淄博市社:打造供销电商"本地生活"

今年以来,山东省淄博市供销合作社进一步发挥在区域市场的实体网络优势,推动线下资源与线上网络融合对接,加快开展网上交易、仓储物流、终端配送一体化经营,促进系统区域电

商持续发展,更好地服务乡村振兴。一方面,做强区域电商,打造供销电商"本地生活"。对接居民个性化消费需求,创新商业服务模式,利用社区公共服务综合信息平台和微信 App,向居民提供果蔬配送服务,目前电商配送业务服务对象达 1 万余户,深受广大居民欢迎,成为智慧社区建设的新亮点。另一方面,把质量管理作为电商发展的重要内容,加强农产品电商品牌建设。积极运用物联网、二维码等新技术,强化检测检验措施,建立农产品质量安全可追溯体系。桓台联华超市有限公司、淄博合家福超市建立了肉菜流通追溯体系,实现了肉菜的来源可追溯、去向可查找、责任可追究的全程化追溯管理。

目前,全市供销合作社系统电商企业发展到 7 家,今年 1—4 月实现电子商务销售额 2 亿元,同比同口径增长 90.48%,全市云农场模式农资运营中心已发展 70 个,基本实现了乡镇和大村全覆盖,年销售各类农资 2000 吨以上,实现电商销售额 500 余万元。全市系统已依托农民专业合作社注册农产品商标 77 个,发展"三品一标"认证农产品 55 个,培育了"众得利"蔬菜、"惜珍"橘梗、"天马"金丝鸭蛋和"长青"果蔬等 30 多个知名农产品品牌。

(6)贵州遵义社:三级联动直播助农

2020 年 6 月 22 日,遵义市供销合作社采取三级联动的"电商+直播"模式,与湄潭县供销合作社、余庆县构皮滩供销合作社、贵州省贵三红食品有限公司共同推介遵义优质农产品,助力农民增收致富。"贵州,一个美丽的地方,遵义农产品实在香;贵州,一个多情的地方,遵义农产品永难忘,只要吃上一口,就记在心上。"一曲改编后的《贵州恋歌》,从贵州省遵义市供销合作社直播间向全国各地飘扬开去,既拉近了合作社与网友的距离,增进了亲近感,也为直播荐货增添了说服力。为了吸引更多消费者,遵义市社不仅为网友准备了价值 200 元的"供销助农大礼包",还设置了"一元秒杀""买三送一""领取优惠券下单""刷屏抽奖"等活动环节,直播过程互动热烈,网友不停点赞并打出直播口号"供销扶贫 666"。数据显示,2 个小时直播,浏览量共计 58.6 万人次,围观人数 21.33 万人次,订单量 8240 单,累计带动农产品销售额达 38.6 万元。

通过创新运用新销售模式,贵州遵义社以"网上供销"为依托,把遵义市优质农副土特产品销往全国各地;首次采用"电商+直播"新型方式销售农产品,同时也是遵义市供销合作社领导首次直播带货。下一步,遵义市社将继续整合农产品资源,挖掘好的农产品,持续开展相关领导、网红主播等直播带货活动。同时,加强与京东、阿里等平台合作,争取用更多的官方资源带动当地的农产品销售。

2.典型案例

(1)山东日照市东港区社:搭建自营平台,对接电商巨头

依据委市政府印发的《关于推进农业转型升级加快农业现代化 实现全面小康目标的实施意见》(日发〔2016〕1 号),山东日照市东港区社不断深化供销社综合改革,加快为农服务中心建设,成立日照优粮城电子商务有限公司,其中供销社控股 51%。通过建设"优粮我卖网"自营平台并与知名电商平台合作对接,按照线上线下相互带动、互为补充的发展模式,启动东港区社电子商务平台的发展,力推"四轮驱动"发展模式。一是双平台运行,开发优粮我卖网线上综合电商平台,打造线下淘宝网特色中国日照馆体验平台。二是双引擎推进,强化优粮城电子商务有限公司市场主体,强化东港区电子商务协会合作主体。三是双中心运作,产品开发营销中心,创业辅导孵化中心。四是双网络支撑,培育基层供销社电商网络体系,强化供销社物流配送网络体系。

(2) 湖北红安"红虹"电商:美了乡村,富了农民

农村不缺高品质特色农产品,缺的是销售渠道和品牌认知度。2020年4月,一条由红安县人民政府副县长汪莽抖音带货短视频蹿红网络,被推介产品正是由县供销合作社引进并落户城关镇小丰山村的红虹电商公司的红薯刀削面。红虹电商公司也迅速以网络直播形式适时跟进,一时间,以红薯为主要原材料制作的刀削面人气暴增,店铺日成交量由日常的几千单暴增至2万余单,由爆款带动店铺其余产品销量激增20%—30%。

发展新型业态,助力企业增效。为了大力推介红安地标优品,红虹电商公司在县供销合作社的大力支持下,组建了15人的网络直播团队,通过网红带货,将红安的红薯刀削面、红福花生、红薯酸辣粉推向全国。这一新型业态一经推出,极大刺激了消费,通过策划营销,疫情期间日销万单,位列黄冈市直播榜首,红薯刀削面供不应求。为促进企业健康发展,经县供销合作社领导多次实地调研协调,该公司新的直播运营中心地址选定在县社土产公司的二楼大厅。与此同时,为缓解电商扶贫车间仅有一条酸辣粉生产线的情况,县供销合作社持续加大帮扶力度,助企再扩充两条生产线,用于生产热干面和拌面,适应市场需求,吸纳更多的农户在家门口实现就业。

实行利益联结,助力产业扶贫。为了创新体制机制,建立与农户的利益联结,助推精准脱贫,2019年1月,在县供销合作社支持下,红虹电商公司组建了惠侬子莲种植专业合作社。通过调研,该合作社瞄准市场需求,利用小丰山村资源优势,发展绿色产业,以土地入股的形式,吸纳65名建档立卡贫困户加入合作社,兴建子莲种植基地、大棚蔬菜基地。入社贫困户月人均分红及务工收入3000元,全部实现脱贫。此外,自从供销合作社将该公司引进村庄后,村集体经济不断壮大,村里道路明显拓宽,基础卫生、健身设施更加完善,生态环境更加宜居。

(3) 江苏兴化市社:推进大闸蟹全产业链建设

泰州兴化市拥有80万亩河蟹养殖面积,有"全国河蟹养殖第一县"美称,河蟹成为兴化乡村振兴的主导产业。兴化市供销合作总社大力推进兴化大闸蟹全产业链建设,密切供销社与农民的利益连接,促进农民增收致富,助力乡村振兴。

一是龙头引领带动。兴化市社以"社有龙头企业+基地+客商+农民"模式,通过强龙头、建基地、深加工、创品牌,推进兴化大闸蟹全产业链建设。该社成立江苏中科电子商务有限公司,建成全国最大的大闸蟹B2B电子交易平台——中国蟹库网。目前,蟹库网业务范围已经覆盖全国,入驻商户6000多家,2019年撮合交易额23亿元。中国蟹库网成为农民依赖、客户依赖的平台,被中国渔业协会河蟹分会授予"中国河蟹电商交易第一网"。

二是建立高端基地。通过对全市蟹塘进行了拉网式调查,建立10万亩蟹塘档案,建设优质河蟹生产基地5000亩,自建10万斤河蟹中转暂养池,实现从养殖到销售全程可追溯。开展养殖指导,实行标准化投放和养殖。提供融资担保,解决大闸蟹产业资金需求。实行订单收购,明确保护价收购。推进河蟹保险,积极为广大蟹农提供河蟹养殖保险服务。

三是打造地域品牌。中国蟹库网承担实施国家标准委"国家农产品电子商务标准化示范区"试点,努力将兴化打造成农产品(河蟹)标准化示范区。参与发起产业联盟组织,成立中国河蟹互联网产业联盟,推动兴化大闸蟹产加销行业规范运行。组织大型推介活动,提升兴化大闸蟹影响力。2018年中国蟹库网受邀参加全国"互联网+"现代农业新技术和新农民创业创新博览会(简称首届"双新双创"博览会),跻身初创组全国20强。

四是加强产销对接。做好线上交易,利用大数据引导大闸蟹消费,实行免费入驻及一站式

保姆服务,结合推进"一村一品一店"建设。寻求线下销售,对全国35个大中城市、80多家农产品水产品批发市场、400多家经营户进行对接,建立网络化供需关系。联合兴化市中堡镇"中庄醉蟹"加工企业100家和全市从事加工香辣蟹的正规厂30家,开展大闸蟹加工增值,打造品牌销售。

(4)辽宁供销e通:打造市民10分钟社区经济商圈

辽宁供销e通网是辽宁省供销社控股企业,其"供销菜市场"是供销终端市场建设中的重点项目,以"省部共建"方式投资建设的现代流通体系建设方案中的核心终端建设项目。

"供销菜市场"以社区经济为核心,致力于打造市民10分钟社区经济商圈,以"互联网+现代农产品综合服务平台+仓储式闭环实物交割+创新产业"为核心,构建以终端市场和电商体验便民服务为核心的智慧社区最后100米的经济服务圈,实现供应链、价值链、服务链及社会化协同一体的服务系统,同时,根据公司先有市场再有项目的建设布局,把分散的农产品物流资源,消费服务关联产业整合成具有竞争力优势的供应链(渠道链)和实体终端体系。

项目计划以沈阳为试点,投资建设运营供销菜市场连锁经营模式,把民生消费服务、进口商品连锁零售服务、图书文化服务三个业态作为一个整合业态,通过整合供销品牌及农产品基地资源,逐步实现农超对接,实现农产品追根溯源,实现供销菜篮子米袋子直配到户,把社区经济坐实,占据社区终端市场。目前,已在沈阳开设10家供销菜市场示范店,示范效果显著,受到广大市民热烈欢迎。

作为辽宁供销e通网平台实物交割对接消费者"最后一公里"的节点出口,"供销菜市场",集合多方企业资源强强联手,通过"互联网+终端平台+商品流通+文化产业"的运作模式,打造"货流、资金流、商流、信息流、服务流"于一体的综合性服务平台,集聚融合实体产业等资源及产业服务,实现生产、商品流通、消费的畅通便利和溯源安全,以多赢的合作方式,提升现代流通体系效率和服务水平,同时构筑农产品安全标准化、信息服务网络化、销售规模体系化的协同发展,利用供销超市(菜市场)的布局优势,打造农产品现代流通龙头连锁企业。

(5)山东曹县"淘宝村":青年返乡做起电商"赶潮人"

山东省曹县是传统农业大县,也是山东人口第一大县,产业不强、经济不发达、贫困人口众多成了其代名词,电子商务在这片古老的土地上绽放萌芽之后引起曹县县委县政府高度重视。在2017年成立了县政府直属正科级事业单位曹县电子商务服务中心,针对农村电子商务发展过程中突出的缺乏资金、管理混乱、品牌商标意识薄弱、价格战等问题,通过政策扶持、环境营造、平台搭建、投资培训、完善基础设施和商贸物流体系等方面进行针对性解决。

曹县电商发展模式实际上是一种"自下而上"的全民草根创业模式,它起源草根农民借助淘宝等电商平台创业,并在发展过程中探索出了"以农民大规模电商创业就业为核心,以电商平台和服务型政府双向赋能为两翼"的"一核两翼"式电商发展模式。在建设之初,曹县政府高度重视,并在组织保障、资金扶持、人才培养等方面给予政策倾斜和引导。一是县政府主要负责挂牌成立电商工作领导小组,负责协调推进全县电商工作。二是县政府每年列支300万元电商发展专项资金,同时协调各商业银行和蚂蚁金服集团,开发新型信贷服务10余种,累计电发放贷款10余亿元。三是建立完善农村电商人才培训和孵化机制,培养了一批运营、管理、营销等方面人才,每年平均培训1万人次以上。

通过不断优化电商发展环境、科学引导电商发展方向、建设良好电商生态,实现了电商产业健康快速发展,电子商务已成为曹县县域经济高质量发展的新引擎。截至2020年7月,曹县有电商企业4000余家,网店5.5万余家,"淘宝镇"达到13个,"淘宝村"达到124个,被阿里巴巴评为全国第二个超大型淘宝村集群,带动30余万人就业创业。2019年曹县电商销售额突破198亿元,同比增长25%,2.5万人通过"电商+产业+贫困户"实现脱贫,占全部脱贫人口的1/5。在2020全国县域电商零售额排第63位,网络零售额和物流交易单量位列全省第一,入选"落实重大政策措施真抓实干成效明显地方名单",成为"全国十大电商发展典型县"之一,被评为"国家级电子商务进农村综合示范县"。

三、全国供销合作社电子商务相关法律法规进展

电子商务是基于信息技术和互联网的现代流通方式,更是国民经济和社会信息化的重要组成部分。自2005年国务院办公厅印发《关于加快电子商务发展的若干意见》以来,国务院及相关部门围绕发挥电子商务企业的集聚辐射效应、培育经济新动力、支撑区域现代市场体系建设等重要作用,密集部署了一系列政策规划,并取得电子商务应用水平不断提高、市场规模快速扩大、经营创新层出不穷等显著成效。本部分重点梳理近3年电子商务领域重要政策,并具体详述近两年新出政策,以帮助读者理解国家政策,更好的指导企业开展相关实践活动。主要政策概况参见近10年电子商务领域重要政策一览表。

1.2018年发布农产品电商标准指导意见

2018年3月,国家质检总局、工信部、农业部、商务部、林业局、邮政局、供销合作总社等七部委联合印发《关于开展农产品电商标准体系建设工作的指导意见》(以下简称《指导意见》),要求农产品电商标准体系建设工作要围绕积极实施乡村战略,根据"系统规划,持续优化;因地制宜,协同推进;问题导向,突出重点"的原则构建农产品电商体系。

文件提出,到2020年,在农产品电商标准化工作机制、体系建设、标准实施等方面的发展目标,并明确了三个方面重点任务:一是建立农产品电商标准体系,重点围绕农产品质量分级、采后处理、包装配送等内容,提出农产品电商标准体系框架;二是加强农产品电商标准制修订,主要是围绕农产品质量提升和发展需要,根据农产品电商标准体系表,部署和安排标准制修订工作,按照需求在国家标准、行业标准、地方标准、团体标准和企业标准几个层级全方位开展标准制修订工作;三是推动农产品电商标准的实施推广,主要通过加大农产品电商标准宣贯培训力度,加强农产品电商标准服务,开展农产品电商标准化试点示范,总结推广示范成功经验,强化农产品电商标准的推广应用。

2.2019年正式施行《电子商务法》

2013年电子商务法第一次起草会议正式启动,2016年该法进入一审,2018年结束二审,同年8月,经第十三届全国人民代表大会常务委员会第五次会议审议后通过了《中华人民共和国电子商务法》,并于2019年1月1日正式施行。

新法实施将带来新变化。一是电子商务服务更加规范。该法首次明确了电子商务不仅监管通过互联网等信息网络销售商品的行为,将网约车、外卖、旅游、家政等各种网络平台提供服务纳入管辖范围。二是提升电子商务经营透明度。该法要求电子商务经营者应当依法办理市场主体登记和履行纳税义务,要求电子商务经营者应当在其首页显著位置持续公示营业执照信息以及与其经营业务有关的行政许可信息。三是不诚信经营行为将得到有效遏制。该法从多个方面对电子商务经营者诚信经营提出了相应要求,如电子商务经营者不得以虚构交易、编

造用户评价等方式进行虚假或者引人误解的商业宣传,欺骗、误导消费者等。四是电商平台对数据利用更加规范。该法要求电子商务经营者收集、使用其用户的个人信息应当遵守法律、行政法规有关个人信息保护的规定之外,还提出了额外特殊要求。

新法实施将带来新影响。一是海量工商登记注册和税务征收问题。大量电子商务C2C平台上卖家都属于个体销售者,此类群体具有数量庞大、经营规模小、执业范围广、变化频繁、流动性强等特点,短期来内市场监管和税务部门一时间将无法应对海量个人销售者登记需求。二是企业竞价排名等部分商业模式受阻。电子商务法要求电子商务平台经营者对于竞价排名的商品或者服务应当显著标明"广告",使得先前竞价排名方式从背后诱导消费者的行为将会严重受挫。三是监管机构监管模式跟不上法律监管新要求。相对于目前政府的监管执法手段,按照电子商务法要求对电子商务经营者进行执法,要实现事中有效监管,以目前政府执法手段和技术支撑能力来看,显然是难以跟上的。

3.2020年做好电子商务进农村综合示范工作

为贯彻落实中央一号文件部署,推进电子商务进农村,建立农村现代市场体系,助力脱贫攻坚和乡村振兴,财政部、商务部、国务院扶贫办决定,2020年继续开展电子商务进农村综合示范。

根据通知,财政资金重点支持农产品进城,兼顾工业品下乡,对承担疫情防控相关重要物资保供任务,且工作突出的电商、物流、商贸流通企业在同等条件下予以适当倾斜。中央财政资金实行"鼓励发展+负面清单"管理模式,重点支持县乡村三级物流配送体系、农村电商公共服务体系、农村现代流通服务体系、农村电子商务培训体系。

针对县乡村三级物流配送体系,支持完善县乡村三级物流配送体系,鼓励有条件地区合理规划,在区域节点建设仓储物流配送中心,发展智慧物流;农村电商公共服务体系,支持县级电商公共服务中心建设和升级;农村现代流通服务体系,支持农村传统商贸流通企业、连锁商超、零售网点的信息化、数字化转型升级;农村电子商务培训体系,支持对返乡农民工、大学生、退伍军人、贫困户等开展农村电商普及和技能培训。各地可从本地实际出发,因地制宜细化建设内容和支持标准。

四、全国供销合作社电子商务发展存在的问题

自中华全国供销合作总社(以下简称总社)印发《关于加快推进电子商务发展的意见》(供销经字〔2015〕1号)以来,各级供销合作社迅速行动,电子商务呈现良好发展态势。特别是全国供销合作社电子商务工作会议后,各地狠抓落实,加快开展网上交易、仓储物流、终端配送一体化经营,电子商务成为供销合作社发展速度最快的新兴业务板块。与此同时,电子商务发展还存在以下几方面问题。

1.政绩冲动强烈

在电商气氛的鼓舞下,部分供销合作社在既不具备产业背景,又不具备基础条件的情况下,盲目跟随别人的脚步,形成了"为了电商而电商"的局面。以农村电商中最常见的两种形式为例,日用品电商需要老百姓对网络购物有一定程度的了解,农产品电商需要当地拥有特色农产品和适宜的物流条件。如果相关条件不具备,那么盲目上马就有可能会导致水土不服,甚至半途而废。

2. 缺乏人才和资金

虽然经过了多年的改革发展,但供销合作社的自身积累资金极其有限,加之仍有不少历史遗留问题亟须解决,比如职工社保缴纳、社员股金清退等。在面对汹涌而来的电商大潮时,基层供销合作社往往心有余而力不足,缺乏资金投入。另外一个制约因素就是人才。供销合作社系统的干部职工普遍年龄偏大、学历偏低,在学习和实践电商时面临较大的思想困难。在农村,本来懂业务的电商人才就缺乏,供销合作社的情况更不容乐观。

3. 资源尚未充分利用

作为一个拥有67年历史的合作经济组织,供销合作社在农村地区拥有其他企业所无法比拟的资源。尤其是在乡镇这一级,基层社的土地和房屋都是开展电商业务时可以倚重的实体资源。即使是在某些改制比较彻底的地区,供销合作社的声誉仍是农民比较看重的无形资产。但是现实中,受限于思维定势和缺乏改造资金,部分基层资源并没有物尽其用,没有担当起电子商务进农村的重要节点和服务末端的作用。

4. 电商业务单一,"千网一面"

一般来说,农村电商包含日用品下行、农产品上行、农资电商、综合服务等几种形式。从全国范围来看,供销合作社开展比较多的业务是日用品下行,这主要依赖于淘宝代购,也就是始于浙江遂昌的"赶街"模式。其他几块业务中,农产品上行由于需要农产品标准化、品牌化等环节,取得成效的地区并不多。县市级农资公司受限于资金和认知,很难建起云农场、农商一号那样专业的农资电商平台。在综合服务中,做得比较多的只是手机费、水电费代缴和快递收发等业务,满足不了在城镇化加速的背景下农民对更多社会化服务的需求。

截至2018年年底,全国农产品电商平台接近5000家,还在不断增长,趋同投资、重复建设非常普遍,同质化非常严重,导致竞争无序,亏损经营,建站与关站并存的现象。大多数农产品商品价值较低,运输成本较高,超过商品成本的100%甚至更多,这是导致其价格上涨的一个重要因素。

5. 盈利模式待寻

当前,发展农村电商盈利的供销合作社乏善可陈(不包括淘宝开店形式)。以最成型的日用品代购来说,现在的状态普遍是不温不火,利润也就是能基本覆盖电商服务点的佣金。各地供销合作社都在积极摸索,总体上还处于前期投入阶段。由于分级所有体制,县市供销合作社的经济体量偏小,不大可能获得风险投资。故此,供销合作社在度过了初期投入之后,比如门店信息化改造、物流车辆配套、运营人员招聘等支出,往往就陷入了宣传乏力、销量有限、利润微薄的惨淡境地,只能依靠政府补贴勉强度日。

另一种比较常见的是自建平台销售农产品。2015年年初以来,各地特产网上商城犹如雨后春笋,数量显著增长。平台虽然建好了,但流量是不会自动来的,"守株待兔"的概率太低。如果不从线上和线下两方面积极宣传推广,外界根本无人知晓。销量没有起色,利润就更如空中楼阁无从谈起。于是,一个个网站就只能深藏闺中、鲜为人知了。

6. 农产品仍处于粗加工阶段

农产品品牌化是必然的发展方向。如南宁农产品以生鲜类为主,在网络销售上缺乏先天优势,在发展电子商务的过程中,由于农产品生产组织化、规模化、标准化程度低,导致了农副产品深加工明显不足、产品附加值明显偏低等问题,供销社还仅仅停留在低价销售初级农产品的"搬运工"角色上,在产品包装培育推广和质量保障体系建设方面重视不够,品牌意识不强,对农产品上行形成重大制约,农民在农村电商中得到的收益较少。此外,农产品受自然条件影响巨大,生产和供给具有不可预知性,再加上品类繁多,很难有具体的标准来管控,而标准化滞后也是制约农产品上行的关键因素之一。

五、全国供销合作社电子商务发展对策

1. 转变固化思维,避免盲目跟风

电子商务对传统商业模式做出了全新构建,所以有志于开拓电商事业的供销人,尤其是各地一把手,必须转变发展思路,掌握电商运营理念。同时,也需要全新认识电商,对其保持清醒态度。电子商务能让传统产业加上互联网的翅膀,但绝非一加就灵。现实中,披着电子商务的外衣,做起所谓的网络平台,要么实际经营与其毫无关系,要么根本就没有关注流量,最后只是留下一个"僵尸"网站。这样的失败例子也不少。

2. 开放办社,积极与民营企业合作

供销合作社的资金、管理、人才、市场意识等短板不可能一日补齐。在"大众创业、万众创新"的精神鼓舞下,社会上涌现出了众多的电商企业。供销合作社应该基于自身资源和政策优势,秉承开放办社的宗旨,积极与民营企业合作,引入他们的资金、人才和开拓精神,实现优势互补和协同发展。笔者在十几个省份调研时就发现了这一现象:凡是电子商务做得比较好的供销合作社,几乎都有民营企业参与的身影。

3. 积极承接电商巨头的县域代理职能,借船出海

县级运营中心是成就农村电商的基础平台。各大电商巨头在进军农村市场时,不缺资金、技术和产品,唯独缺少基层网络。长期深耕农村商品流通领域的供销合作社具有其他企业无法比拟的优势。故此,县市级供销合作社应积极顺应市场趋势,主动与电商大鳄合作,充当起它们的县域代理者角色,并通过借船出海来壮大自身实力,最终达到造船出海的目标。例如,许多供销合作社承办了农村淘宝县级运营中心、淘宝和京东地方特产馆、云农场农资县级工作站等。

4. 探索多种形式的农村电商业务

电商市场瞬息万变,其本身并没有一定之规,也无固定模式,所以供销合作社必须抛弃对模式的盲目崇拜,结合自身资源禀赋和地区特点,探索多种业务。许多知名的生活服务类电商,比如58同城、大众点评、美团网,它们的触角尚未完全深入县城和农村市场。县级供销合作社完全可以找准切入点,搭建县域综合服务平台,满足农民的多样化需求。

5. 破解盈利难题,寻求可持续发展

由于没有强大的资本做支撑,供销合作社亟须快速找到盈利突破口,培养起自身造血功能,确保可持续发展。否则,羸弱的社有经济根本经不起再三的尝试和长时间的市场培养。所以,许多常见的电商推广方式并不适用于供销合作社,比如补贴消费者、低于进价的爆款营销等。在此,建议供销合作社充分利用线下资源,比如网点、渠道等,并借助政府号召力,做好地推工作,把消费者从线下向线上引流,尽快实现资金回流。

供销合作社还应该多借助新型手段。比如,作为一种新兴的推广方式,微信营销具有操作简单、社群效应和裂变传播等优点,非常适合特色农产品销售,也适合在县域内实施。举两个例子:河北邯郸市涉县供销合作社的"悯农供销特产"微店,在朋友圈和培训微信群中销售以老核桃为主的太行山特产,销量可观;山东日照市供销合作社利用微信公众号"社区家园"开展农产品微信下单和城市社区即时配送业务,打造了地方版的"京东到家"。

6.提升农产品加工全产业链发展质量

要顺应城乡居民由吃得饱、吃得好向吃得安全、营养、健康迈进的趋势,重点解决好各县农副产品加工程度和加工品质不足的问题,加大对绿色食品生产的投入。要围绕原料、加工制造、配套产业等3个环节,引导初级加工向精深加工升级,提高各板块的发展质量与协作水平,带动农产品加工产业链整体竞争力提升。其中,重点提高原料品质,实现绿色食品原料标准化生产;提高产品档次与多样化水平,实现农产品初加工向深加工转变;提高冷链、包装、电商等产业发展水平,完善配套能力。要提升产业发展配套,完善冷链物流、电子商务、包装等相关产业。

第八部分　学习习近平总书记对供销合作社工作作出的重要指示精神

汲取科学智慧　把牢正确方向
持续推动学习贯彻习近平总书记重要指示走深走实

——中华全国供销合作总社理事会主任、党组副书记　喻红秋

在我国即将夺取全面建成小康社会伟大胜利、踏上实现第二个百年奋斗目标新征程的历史时刻，在供销合作社进入新的发展阶段的关键时期，习近平总书记对供销合作社工作作出重要指示，在供销合作社发展史上具有标志性、里程碑的重大意义，为新时代供销合作事业确立了前进航标、擘画了发展蓝图、提供了根本遵循，全系统广大干部职工倍感振奋、备受鼓舞、倍增信心。

一、深入学习，深刻领会，全面准确把握习近平总书记重要指示的科学内涵

习近平总书记的重要指示，高屋建瓴，思想深邃，内涵丰富，深刻阐述了事关供销合作事业长远发展的重大理论和实践问题，是统领新时代供销合作社工作的总纲领总遵循，为我们走出一条中国特色供销合作社发展之路指明了前进方向。

一是政治定位高。习近平总书记明确指出，供销合作社是党领导下的为农服务的综合性合作经济组织，是推动我国农业农村发展的一支重要力量，要求供销合作社成为"综合平台"和"桥梁纽带"，强调各级党委和政府要围绕加快推进农业农村现代化、巩固党在农村执政基础，继续办好供销合作社。这从根本上明确了供销合作社的性质定位，指出了坚持党的领导是中国供销合作社的最本质特征，将供销合作社工作提高到事关党的执政基础和执政地位、事关党和国家长治久安的战略高度。这些重大论断，凝结着习近平总书记对中国特色供销合作事业发展规律的深刻把握，具有深厚历史逻辑、实践逻辑。回顾历史，供销合作社从来就不是单纯的经济组织，而是兼具多重社会和政治功能，我们的工作，始终同党在不同阶段的历史使命和中心任务联系在一起，这是中国供销合作社与西方国家合作社的本质区别。在这个问题上，我们一定要头脑清醒、立场坚定，确保供销合作社始终沿着正确方向前进。

二是内容涵盖全。习近平总书记的重要指示，全面系统、涵盖面广，既明确了供销合作社的性质定位，又指出了供销合作社的目标方向；既对供销合作社工作给予充分肯定，又对下一步发展寄予殷切期望；既对供销合作社提出使命任务，又对党委政府提出明确要求，深刻回答了供销合作社"是什么""干什么""怎么干"的问题，深刻揭示了中国特色供销合作社发展之路"怎么走"的问题，为我们做好工作指明了出发点和落脚点。

三是工作要求实。习近平总书记强调指出，供销合作社要坚持从"三农"工作大局出发，牢记为农服务根本宗旨，持续深化综合改革，完善体制机制，拓展服务领域，加快成为服务农民生

产生活的综合平台,成为党和政府密切联系农民群众的桥梁纽带。这些要求,明确具体、重点突出、切中要害,直指供销合作社改革发展的重点领域和关键环节,完全符合供销合作社改革发展实际,完全符合当前农业农村实际。我们必须对标对表,拿出硬招实招,明确工作举措,扎实有序推进,确保各项重点任务落地见效。

四是目标蓝图新。习近平总书记明确强调,开创我国供销合作事业新局面。这个"新局面",具有丰富内涵和深刻含义,体现在我们工作的方方面面。比如,干部队伍要有新气象,谋划事业要有新格局,改革发展要有新进展,为农服务要有新成效,理论研究要有新成果,体制机制要有新变革,综合实力要有新提升,各地探索要有新经验,行业指导要有新手段,等等。我们必须积极探索、勇于实践、开拓创新,将这些不同方面的"新"汇聚起来,加快建设新时代综合性合作经济组织,努力开创"新局面"。

二、讲究方法,注重实效,持续兴起学习贯彻习近平总书记重要指示精神热潮

学习贯彻习近平总书记重要指示,是当前和今后一个时期全系统的首要政治任务。我们必须深学细研、融会贯通,掌握正确方法、提高学习实效。

一是近期发力和长期学习相结合。学习贯彻习近平总书记重要指示,必须抓紧部署推进,迅速在全系统掀起学习宣传贯彻的热潮。同时要深刻认识到,习近平总书记的重要指示思想深刻、内涵丰富,是管方向、管长远、管根本的,学习领会不是一阵子的事,而是一个持续推进、不断深化的过程,是一个从理论到实践再到理论再到实践的螺旋上升过程,必须坚持常学常新、常悟常进,不断汲取智慧、校准航向,确保中国特色供销合作社发展之路行稳致远。

二是全面把握和重点研读相结合。党的十八大以来,习近平总书记先后7次对供销合作社工作作出重要指示批示,并2次在考察调研期间视察供销合作社经营服务网点,体现了总书记对供销合作社一以贯之的高度重视,是我们做好工作的最强动力、最大优势、最佳机遇。我们必须全面系统学、突出重点学、融会贯通学,既要重点学习研讨习近平总书记最新重要指示,也要与之前的一系列重要指示批示结合起来、联系起来、贯通起来学习,准确把握贯穿其中的内在逻辑和思想脉络,切实将总书记的重要指示作为指导新时代供销合作社的精神旗帜和行动指南。

三是学习领会和贯彻落实相结合。理论是行动的先导。学习贯彻习近平总书记重要指示,首先要在深学细悟、学懂弄通上下功夫,深刻理解总书记重要指示的核心要义、精神实质、丰富内涵,找到做好供销合作社工作的"金钥匙"。学习的最终目的,是要落实到具体行动中、体现到工作成效上,做到知行合一、学以致用,真正将学习成效转化为做好本职工作、推动事业发展的生动实践,让党中央和广大农民群众看到供销合作社发展的丰硕成果。

四是理论成果和实践成果相结合。学习贯彻习近平总书记重要指示,必须要有收获、出成果,既要有理论成果,也要有实践成果。理论成果,就是通过学习提高理论素养、强化思想武装,通过交流研讨提升思想认识、巩固学习成效,不断深化对供销合作事业发展规律的认识,不断增强指导工作的政策理论水平。实践成果,就是通过学习找准努力方向、理清工作思路,推动供销合作事业发展壮大,在推进农业农村现代化和乡村振兴中展现新担当、体现新作为、作出新贡献。

五是立说立行和久久为功相结合。学习贯彻习近平总书记重要指示,不能坐而论道、夸夸其谈,必须立说立行、即知即行,让工作早见成效,让农民早得实惠。同时也要清醒看到,实现

"两个成为"的目标任务,不是一日之功,不能一蹴而就,必须一棒接着一棒跑,一任接着一任干,以"功成不必在我"的胸襟和"功成必定有我"的担当,持续用力、久久为功,一步一步将供销合作事业推向前进。

三、乘势而上,担当作为,推动习近平总书记重要指示不折不扣落实到位

我们要充分用好习近平总书记重要指示的巨大政策效应,凝心聚力谋发展,心无旁骛抓落实,深入推进改革强社、服务立社、夯基建社、以企兴社、从严治社,推动供销合作社工作再上一个大台阶。

一是认真研究部署,加快落地见效。紧紧围绕习近平总书记重要指示精神,紧扣"七代会"各项目标任务,分地区、分行业、分领域研究部署具体落实举措。要将习近平总书记关于持续深化综合改革、完善体制机制、拓展服务领域等重要指示要求,融入到改革发展重点工作中,落实到具体工程、行动、项目上,充实和丰富培育壮大工程的内涵,用实际行动和工作成效体现"两个维护"。

二是压紧压实责任,细化分解任务。贯彻落实习近平总书记重要指示,是全系统共同的政治责任,人人都有份,人人要尽责。总社、省级社、市县社都要依据职责定位,扛起工作责任,扎实有力推进。总社是贯彻落实的"第一棒",要对习近平总书记提出的目标任务进行细化分解,列出任务清单,建立工作台账,明确落实单位,确保责任不缺位、部署不空转、工作不落空。

三是突出表率作用,强化示范带动。各级供销合作社领导干部必须走在前、当示范、作表率。要带头加强学习,不断增强贯彻落实习近平总书记重要指示的政治担当和行动自觉;带头深入调研,掌握基层情况,优化工作思路,解决实际问题;带头开拓创新,形成具有供销合作社特色的为农服务新优势;带头狠抓落实,围绕重大工作部署、重点改革事项,层层压实责任、狠抓贯彻落实;带头增进团结,营造团结和谐、干事创业的浓厚氛围;带头廉洁自律,推动形成风清气正的良好政治生态。

四是加强督促检查,形成倒逼机制。总社要加强对各省贯彻落实情况的督促检查,定期通报、定期调度、定期公示,晒排名、晒清单,对落实有力、进展有效的要通报表扬,对进展缓慢、落实不力的要督促整改,充分发挥监督考核的"指挥棒"作用。要积极协调推动地方党委政府将学习贯彻习近平总书记重要指示纳入党委常委会或政府常务会议程,形成一级带一级、层层抓落实的良性机制。

全系统要切实将习近平总书记和党中央的高度重视和亲切关怀转化为强大工作动力、饱满精神状态、实际发展成效,抢抓机遇、勇于担当、真抓实干,奋力开拓中国特色供销合作社发展之路,不断开创我国供销合作事业新局面,为推进农业农村现代化和乡村振兴、实现中华民族伟大复兴的中国梦贡献更大力量!

(来源:中华合作时报 2020-10-20)

深入学习贯彻习近平总书记重要指示精神 努力开创供销合作事业新局面

——中华全国供销合作总社党组书记、理事会副主任 韩立平

以习近平同志为核心的党中央对供销合作社工作高度重视，党的十八大以来，习近平总书记曾先后6次对供销合作社工作作出重要指示批示。在中华全国供销合作社第七次代表大会召开之际，习近平总书记着眼党和国家事业全局和"三农"工作大局，再次对供销合作社工作作出重要指示，深刻阐述了事关供销合作事业长远发展的重大理论和实践问题，明确了供销合作社的性质定位，指明了供销合作社的功能作用，提出了继续办好供销合作社的使命要求，为新时代供销合作事业擘画了发展蓝图、指明了前进方向、提供了根本遵循，这在供销合作社发展历程中具有重要里程碑意义。深入学习贯彻习近平总书记关于供销合作社工作的最新重要指示，我们要深刻领会、准确把握5个"关键点"。

——深刻领会、准确把握习近平总书记首次指出供销合作社是党领导下的为农服务的综合性合作经济组织。习近平总书记指出，供销合作社是党领导下的为农服务的综合性合作经济组织。这是对供销合作社性质定位、功能作用的重大论断。这一重大论断，深刻揭示了党的领导是供销合作社最本质的特征，为农服务是供销合作社最根本的宗旨，综合性合作经济组织是供销合作社最鲜明的特质。供销合作社自诞生之日起，就是我们党组织群众、动员群众、服务群众的重要抓手，是我们党做好"三农"工作的重要载体，是我们党巩固工农联盟的重要力量。坚持党的领导，听从党的号召，是供销合作社始终如一的政治本色和红色基因，是做好供销合作社工作的生命线。进入中国特色社会主义新时代，坚持党对供销合作社工作的领导只能加强、不能削弱。这一点，我们要深刻认识、全面领会、牢牢把握，不能有丝毫含糊和动摇。我们要强化理论武装，深入学习贯彻习近平新时代中国特色社会主义思想和对供销合作社工作的系列重要指示批示精神，自觉做到学习跟进、认识跟进、思想跟进、行动跟进，不断增强政治认同、思想认同、情感认同。要旗帜鲜明讲政治，切实将"两个维护"作为最高政治原则和根本政治责任，进一步强化"四个意识"，增强"四个自信"，坚定不移地做到"两个维护"，始终在政治立场、政治方向、政治原则、政治道路上同以习近平同志为核心的党中央保持高度一致。要认真贯彻落实新时代党的建设总要求，坚持把党的政治建设摆在首位，全面加强党的各项建设，深入推进全面从严治党，为供销合作事业高质量发展提供坚强有力的政治保证。

——深刻领会、准确把握习近平总书记再次强调各级党委和政府要继续办好供销合作社。2014年7月，中华全国供销合作总社成立60周年之际，习近平总书记作出重要批示，要求在新的历史条件下继续办好供销合作社。这次，习近平总书记再次强调，各级党委和政府要围绕加快推进农业农村现代化、巩固党在农村执政基础，继续办好供销合作社。这充分表明在习近平总书记心中供销合作社工作事关农业农村发展大局，充分表明在习近平总书记心中供销合作社是有地位、有分量的，充分表明习近平总书记始终对供销合作社牵挂于心、寄予厚望。这既是以习近平同志为核心的党中央对供销合作社工作的高度重视，也是对近年来供销合作事业取得显著成效的充分肯定，更是对新时期供销合作社工作新的更高要求。我们要进一步增强事业自信，切实增强加快供销合作事业发展的使命感、责任感、紧迫感，坚定新时期建设好、

发展好供销合作社的信心和决心。要充分发挥供销合作社系统长期扎根农村、服务农民、经营服务和组织体系比较完整的独特优势，砥砺奋进、锐意进取，以永不懈怠的精神状态和一往无前的奋斗姿态，努力在推进农业农村现代化和乡村振兴中作出更多贡献、发挥更大作用，更好服务党和国家工作大局。

——深刻领会、准确把握习近平总书记指出要将供销合作社工作提升到巩固党在农村执政基础的高度。习近平总书记从战略和全局的高度来审视供销合作社的独特作用，将供销合作社工作提升到巩固党在农村执政基础的高度，既明确指出供销合作社的经营功能、服务功能，更明确指出供销合作社的政治功能、社会功能，将我们对供销合作社地位作用的认识提升到新的境界。供销合作社必须植根农村，以党的旗帜为旗帜，以农民的利益为利益。我们要心怀国之大者，进一步提高政治站位，强化政治担当，充分认识供销合作社在党和国家事业发展全局中的职能作用，善于从政治上、从大局中谋划工作、部署工作、推进工作。要与时俱进、开拓创新，加快建立联农、带农、富农机制，进一步深化"三位一体"综合合作，大力推进党建带社建、村社共建，主动参与新型农村集体经济发展，密切与农民群众的利益联结，努力为农民群众提供高质量生产生活综合服务，不断提升农民群众的获得感、认同感、幸福感。

——深刻领会、准确把握习近平总书记强调要牢记为农服务根本宗旨。习近平总书记多次强调，供销合作社要坚持为农、务农、姓农，供销合作社不管怎么改，都不能把为农服务的宗旨改丢了，不能把为农服务的方向改偏了。这次习近平总书记再次强调，供销合作社要牢记为农服务根本宗旨，这深刻指明了供销合作社存在的价值意义，充分彰显了习近平总书记以人民为中心的发展思想和情系人民的深厚情怀。供销合作社因农而生、为农而存，为农服务是我们的初心使命、也是我们的恒心担当。实践证明，什么时候我们的工作坚持了为农服务的根本宗旨，我们的工作就能找准正确方向、就能取得成效。在全面实施乡村振兴战略新的历史条件下，我们要始终坚守初心、勇担使命，坚持把为农服务成效作为衡量工作的首要标准，作为做好一切工作的出发点和落脚点，把新时期为农服务工作做得更好。要进一步增强深化改革的思想自觉和行动自觉，大力弘扬改革创新精神，大力实施供销合作社培育壮大工程，持续深化综合改革，加快补齐短板弱项，推动改革系统集成，巩固深化改革成果，增强内生动力活力，加快建设新时代综合性合作经济组织，全面提升供销合作社为农服务实力。

——深刻领会、准确把握习近平总书记明确提出供销合作社要成为服务农民生产生活的综合平台，成为党和政府密切联系农民群众的桥梁纽带。习近平总书记在2014年总社成立60周年时指出，供销合作社要全面深化改革，加快建成适应社会主义市场经济需要、适应城乡发展一体化需要、适应中国特色农业现代化需要的组织体系和服务机制；在2016年安徽小岗村农村改革座谈会上指出，要把供销合作社打造成为同农民利益联结更紧密、为农服务功能更完备、市场运作更有效的合作经营组织体系。从"三个适应""三个更"到"两个成为"，习近平总书记系列重要指示一脉相承、一以贯之，充分体现了对供销合作社改革发展规律的深刻把握，对供销合作社为农服务工作提出了新的更高要求。我们要主动适应新时代农业农村新形势和农民群众新需求，不断拓展服务阵地、创新服务方式、充实服务内容、增强服务能力，加快由流通服务向全程农业社会化服务延伸、向全方位城乡社区服务拓展，形成综合性、规模化、可持续的为农服务体系，成为党和政府抓得住、用得上的为农服务骨干力量。要进一步聚焦构建双线运行机制、创新联合社治理结构、密切与农民利益联结等重点问题，持续深化体制改革和机制创新，不断完善各项制度，强化制度执行，提升新时期供销合作社治理体系和治理能力现代化水平。

　　学习宣传贯彻习近平总书记重要指示,是当前和今后一个时期供销合作社系统的首要政治任务和工作主线。我们要加强组织领导,精心周密安排,深入交流研讨,加强宣传阐释,在全系统迅速兴起学习宣传贯彻的热潮,进一步统一思想、凝聚共识,主动担当、扎实工作,努力为推进乡村振兴贡献力量,开创我国供销合作事业新局面。

(来源:中华合作时报　2020-10-20)

附　录

附录一　中共中央　国务院关于抓好"三农"领域重点工作确保如期实现全面小康的意见(中发〔2020〕1号文件)
(2020年1月2日)

党的十九大以来,党中央围绕打赢脱贫攻坚战、实施乡村振兴战略作出一系列重大部署,出台一系列政策举措。农业农村改革发展的实践证明,党中央制定的方针政策是完全正确的,今后一个时期要继续贯彻执行。

2020年是全面建成小康社会目标实现之年,是全面打赢脱贫攻坚战收官之年。党中央认为,完成上述两大目标任务,脱贫攻坚最后堡垒必须攻克,全面小康"三农"领域突出短板必须补上。小康不小康,关键看老乡。脱贫攻坚质量怎么样、小康成色如何,很大程度上要看"三农"工作成效。全党务必深刻认识到做好2020年"三农"工作的特殊重要性,毫不松懈,持续加力,坚决夺取第一个百年奋斗目标的全面胜利。

做好2020年"三农"工作总的要求是,坚持以习近平新时代中国特色社会主义思想为指导,全面贯彻党的十九大和十九届二中、三中、四中全会精神,贯彻落实中央经济工作会议精神,对标对表全面建成小康社会目标,强化举措、狠抓落实,集中力量完成打赢脱贫攻坚战和补上全面小康"三农"领域突出短板两大重点任务,持续抓好农业稳产保供和农民增收,推进农业高质量发展,保持农村社会和谐稳定,提升农民群众获得感、幸福感、安全感,确保脱贫攻坚战圆满收官,确保农村同步全面建成小康社会。

一、坚决打赢脱贫攻坚战

(一)全面完成脱贫任务。脱贫攻坚已经取得决定性成就,绝大多数贫困人口已经脱贫,现在到了攻城拔寨、全面收官的阶段。要坚持精准扶贫,以更加有力的举措、更加精细的工作,在普遍实现"两不愁"基础上,全面解决"三保障"和饮水安全问题,确保剩余贫困人口如期脱贫。进一步聚焦"三区三州"等深度贫困地区,瞄准突出问题和薄弱环节集中发力,狠抓政策落实。对深度贫困地区贫困人口多、贫困发生率高、脱贫难度大的县和行政村,要组织精锐力量强力帮扶,挂牌督战。对特殊贫困群体,要落实落细低保、医保、养老保险、特困人员救助供养、临时救助等综合社会保障政策,实现应保尽保。各级财政要继续增加专项扶贫资金,中央财政新增部分主要用于"三区三州"等深度贫困地区。优化城乡建设用地增减挂钩、扶贫小额信贷等支持政策。深入推进抓党建促脱贫攻坚。

(二)巩固脱贫成果防止返贫。各地要对已脱贫人口开展全面排查,认真查找漏洞缺项,一项一项整改清零,一户一户对账销号。总结推广各地经验做法,健全监测预警机制,加强对不稳定脱贫户、边缘户的动态监测,将返贫人口和新发生贫困人口及时纳入帮扶对象范围,为巩固脱贫成果提供制度保障。强化产业扶贫、就业扶贫,深入开展消费扶贫,加大易地扶贫搬迁后续扶持力度,扩大贫困地区退耕还林还草规模。深化扶志扶智,激发贫困人口内生动力。

(三)做好考核验收和宣传工作。严把贫困退出关,严格执行贫困退出标准和程序,坚决杜绝数字脱贫、虚假脱贫,确保脱贫成果经得起历史检验。加强常态化督导,及时发现问题、督促整改。开展脱贫攻坚普查。扎实做好脱贫攻坚宣传工作,全面展现新时代扶贫脱贫壮阔实践,全面宣传扶贫事业历史性成就,深刻揭示脱贫攻坚伟大成就背后的制度优势,向世界讲好中国减贫生动故事。

(四)保持脱贫攻坚政策总体稳定。坚持贫困县摘帽不摘责任、不摘政策、不摘帮扶、不摘监管。强化脱贫攻坚责任落实,继续执行对贫困县的主要扶持政策,进一步加大东西部扶贫协作、对口支援、定点扶贫、社会扶贫力度,稳定扶贫工作队伍,强化基层帮扶力量。持续开展扶贫领域腐败和作风问题专项治理。对已实现稳定脱贫的县,各省(自治区、直辖市)可以根据实际情况统筹安排专项扶贫资金,支持非贫困县、非贫困村贫困人口脱贫。

(五)研究接续推进减贫工作。脱贫攻坚任务完成后,我国贫困状况将发生重大变化,扶贫工作重心转向解决相对贫困,扶贫工作方式由集中作战调整为常态推进。要研究建立解决相对贫困的长效机制,推动减贫战略和工作体系平稳转型。加强解决相对贫困问题顶层设计,纳入实施乡村振兴战略统筹安排。抓紧研究制定脱贫攻坚与实施乡村振兴战略有机衔接的意见。

二、对标全面建成小康社会加快补上农村基础设施和公共服务短板

(一)加大农村公共基础设施建设力度。推动"四好农村路"示范创建提质扩面,启动省域、市域范围内示范创建。在完成具备条件的建制村通硬化路和通客车任务基础上,有序推进较大人口规模自然村(组)等通硬化路建设。支持村内道路建设和改造。加大成品油税费改革转移支付对农村公路养护的支持力度。加快农村公路条例立法进程。加强农村道路交通安全管理。完成"三区三州"和抵边村寨电网升级改造攻坚计划。基本实现行政村光纤网络和第四代移动通信网络普遍覆盖。落实农村公共基础设施管护责任,应由政府承担的管护费用纳入政府预算。做好村庄规划工作。

(二)提高农村供水保障水平。全面完成农村饮水安全巩固提升工程任务。统筹布局农村饮水基础设施建设,在人口相对集中的地区推进规模化供水工程建设。有条件的地区将城市管网向农村延伸,推进城乡供水一体化。中央财政加大支持力度,补助中西部地区、原中央苏区农村饮水安全工程维修养护。加强农村饮用水水源保护,做好水质监测。

(三)扎实搞好农村人居环境整治。分类推进农村厕所革命,东部地区、中西部城市近郊区等有基础有条件的地区要基本完成农村户用厕所无害化改造,其他地区实事求是地确定目标任务。各地要选择适宜的技术和改厕模式,先搞试点,证明切实可行后再推开。全面推进农村生活垃圾治理,开展就地分类、源头减量试点。梯次推进农村生活污水治理,优先解决乡镇所在地和中心村生活污水问题。开展农村黑臭水体整治。支持农民群众开展村庄清洁和绿化行动,推进"美丽家园"建设。鼓励有条件的地方对农村人居环境公共设施维修养护进行补助。

(四)提高农村教育质量。加强乡镇寄宿制学校建设,统筹乡村小规模学校布局,改善办学条件,提高教学质量。加强乡村教师队伍建设,全面推行义务教育阶段教师"县管校聘",有计划地安排县城学校教师到乡村支教。落实中小学教师平均工资收入水平不低于或高于当地公务员平均工资收入水平政策,教师职称评聘向乡村学校教师倾斜,符合条件的乡村学校教师纳

入当地政府住房保障体系。持续推进农村义务教育控辍保学专项行动,巩固义务教育普及成果。增加学位供给,有效解决农民工随迁子女上学问题。重视农村学前教育,多渠道增加普惠性学前教育资源供给。加强农村特殊教育。大力提升中西部地区乡村教师国家通用语言文字能力,加强贫困地区学前儿童普通话教育。扩大职业教育学校在农村招生规模,提高职业教育质量。

（五）加强农村基层医疗卫生服务。办好县级医院,推进标准化乡镇卫生院建设,改造提升村卫生室,消除医疗服务空白点。稳步推进紧密型县城医疗卫生共同体建设。加强乡村医生队伍建设,适当简化本科及以上学历医学毕业生或经住院医师规范化培训合格的全科医生招聘程序。对应聘到中西部地区和艰苦边远地区乡村工作的应届高校医学毕业生,给予大学期间学费补偿、国家助学贷款代偿。允许各地盘活用好基层卫生机构现有编制资源,乡镇卫生院可优先聘用符合条件的村医。加强基层疾病预防控制队伍建设,做好重大疾病和传染病防控工作。将农村适龄妇女宫颈癌和乳腺癌检查纳入基本公共卫生服务范围。

（六）加强农村社会保障。适当提高城乡居民基本医疗保险财政补助和个人缴费标准。提高城乡居民基本医保、大病保险、医疗救助经办服务水平,地级市域范围内实现"一站式服务、一窗口办理、一单制结算"。加强农村低保对象动态精准管理,合理提高低保等社会救助水平。完善农村留守儿童和妇女、老年人关爱服务体系。发展农村互助式养老,多形式建设日间照料中心,改善失能老年人和重度残疾人护理服务。

（七）改善乡村公共文化服务。推动基本公共文化服务向乡村延伸,扩大乡村文化惠民工程覆盖面。鼓励城市文艺团体和文艺工作者定期送文化下乡。实施乡村文化人才培养工程,支持乡土文艺团组发展,扶持农村非遗传承人、民间艺人收徒传艺,发展优秀戏曲曲艺、少数民族文化、民间文化。保护好历史文化名镇（村）、传统村落、民族村寨、传统建筑、农业文化遗产、古树名木等。以"庆丰收、迎小康"为主题办好中国农民丰收节。

（八）治理农村生态环境突出问题。大力推进畜禽粪污资源化利用,基本完成大规模养殖场粪污治理设施建设。深入开展农药化肥减量行动,加强农膜污染治理,推进秸秆综合利用。在长江流域重点水域实行常年禁捕,做好渔民退捕工作。推广黑土地保护有效治理模式,推进侵蚀沟治理,启动实施东北黑土地保护性耕作行动计划。稳步推进农用地土壤污染管控和修复利用。继续实施华北地区地下水超采综合治理。启动农村水系综合整治试点。

三、保障重要农产品有效供给和促进农民持续增收

（一）稳定粮食生产。确保粮食安全始终是治国理政的头等大事。粮食生产要稳字当头,稳政策、稳面积、稳产量。强化粮食安全省长责任制考核,各省（自治区、直辖市）2020年粮食播种面积和产量要保持基本稳定。进一步完善农业补贴政策。调整完善稻谷、小麦最低收购价政策,稳定农民基本收益。推进稻谷、小麦、玉米完全成本保险和收入保险试点。加大对大豆高产品种和玉米、大豆间作新农艺推广的支持力度。抓好草地贪夜蛾等重大病虫害防控,推广统防统治、代耕代种、土地托管等服务模式。加大对产粮大县的奖励力度,优先安排农产品加工用地指标。支持产粮大县开展高标准农田建设新增耕地指标跨省域调剂使用,调剂收益按规定用于建设高标准农田。深入实施优质粮食工程。以北方农牧交错带为重点扩大粮改饲规模,推广种养结合模式。完善新疆棉花目标价格政策。拓展多元化进口渠道,增加适应国内需求的农产品进口。扩大优势农产品出口。深入开展农产品反走私综合治理专项行动。

（二）加快恢复生猪生产。生猪稳产保供是当前经济工作的一件大事，要采取综合性措施，确保2020年年底前生猪产能基本恢复到接近正常年份水平。落实"省负总责"，压实"菜篮子"市长负责制，强化县级抓落实责任，保障猪肉供给。坚持补栏增养和疫病防控相结合，推动生猪标准化规模养殖，加强对中小散养户的防疫服务，做好饲料生产保障工作。严格落实扶持生猪生产的各项政策举措，抓紧打通环评、用地、信贷等瓶颈。纠正随意扩大限养禁养区和搞"无猪市""无猪县"问题。严格执行非洲猪瘟疫情报告制度和防控措施，加快疫苗研发进程。加强动物防疫体系建设，落实防疫人员和经费保障，在生猪大县实施乡镇动物防疫特聘计划。引导生猪屠宰加工向养殖集中区转移，逐步减少活猪长距离调运，推进"运猪"向"运肉"转变。加强市场监测和调控，做好猪肉保供稳价工作，打击扰乱市场行为，及时启动社会救助和保障标准与物价上涨挂钩联动机制。支持奶业、禽类、牛羊等生产，引导优化肉类消费结构。推进水产绿色健康养殖，加强渔港建设和管理改革。

（三）加强现代农业设施建设。提早谋划实施一批现代农业投资重大项目，支持项目及早落地，有效增加农业投资。以粮食生产功能区和重要农产品生产保护区为重点加快推进高标准农田建设，修编建设规划，合理确定投资标准，完善工程建设、验收、监督检查机制，确保建一块成一块。如期完成大中型灌区续建配套与节水改造，提高防汛抗旱能力，加大农业节水力度。抓紧启动和开工一批重大水利工程和配套设施建设，加快开展南水北调后续工程前期工作，适时推进工程建设。启动农产品仓储保鲜冷链物流设施建设工程。加强农产品冷链物流统筹规划、分级布局和标准制定。安排中央预算内投资，支持建设一批骨干冷链物流基地。国家支持家庭农场、农民合作社、供销合作社、邮政快递企业、产业化龙头企业建设产地分拣包装、冷藏保鲜、仓储运输、初加工等设施，对其在农村建设的保鲜仓储设施用电实行农业生产用电价格。依托现有资源建设农业农村大数据中心，加快物联网、大数据、区块链、人工智能、第五代移动通信网络、智慧气象等现代信息技术在农业领域的应用。开展国家数字乡村试点。

（四）发展富民乡村产业。支持各地立足资源优势打造各具特色的农业全产业链，建立健全农民分享产业链增值收益机制，形成有竞争力的产业集群，推动农村一、二、三产业融合发展。加快建设国家、省、市、县现代农业产业园，支持农村产业融合发展示范园建设，办好农村"双创"基地。重点培育家庭农场、农民合作社等新型农业经营主体，培育农业产业化联合体，通过订单农业、入股分红、托管服务等方式，将小农户融入农业产业链。继续调整优化农业结构，加强绿色食品、有机农产品、地理标志农产品认证和管理，打造地方知名农产品品牌，增加优质绿色农产品供给。有效开发农村市场，扩大电子商务进农村覆盖面，支持供销合作社、邮政快递企业等延伸乡村物流服务网络，加强村级电商服务站点建设，推动农产品进城、工业品下乡双向流通。强化全过程农产品质量安全和食品安全监管，建立健全追溯体系，确保人民群众"舌尖上的安全"。引导和鼓励工商资本下乡，切实保护好企业家合法权益。制定农业及相关产业统计分类并加强统计核算，全面准确地反映农业生产、加工、物流、营销、服务等全产业链价值。

（五）稳定农民工就业。落实涉企减税降费等支持政策，加大援企稳岗工作力度，放宽失业保险稳岗返还申领条件，提高农民工技能提升补贴标准。农民工失业后，可在常住地进行失业登记，享受均等化公共就业服务。出台并落实保障农民工工资支付条例。以政府投资项目和工程建设领域为重点，开展农民工工资支付情况排查整顿，执行拖欠农民工工资"黑名单"制度，落实根治欠薪各项举措。实施家政服务、养老护理、医院看护、餐饮烹饪、电子商务等技能培训,打造区域性劳务品牌。鼓励地方设立乡村保洁员、水管员、护路员、生态护林员等公益性岗位。开展新业态从业人员职业伤害保障试点。深入实施农村创新创业带头人培育行动,将符合条件的返乡创业农民工纳入一次性创业补贴范围。

四、加强农村基层治理

(一)充分发挥党组织领导作用。农村基层党组织是党在农村全部工作和战斗力的基础。要认真落实《中国共产党农村基层组织工作条例》,组织群众发展乡村产业,增强集体经济实力,带领群众共同致富;动员群众参与乡村治理,增强主人翁意识,维护农村和谐稳定;教育引导群众革除陈规陋习,弘扬公序良俗,培育文明乡风;密切联系群众,提高服务群众能力,把群众紧密团结在党的周围,筑牢党在农村的执政基础。全面落实村党组织书记县级党委备案管理制度,建立村"两委"成员县级联审常态化机制,持续整顿软弱涣散村党组织,发挥党组织在农村各种组织中的领导作用。严格村党组织书记监督管理,建立健全党委组织部门牵头协调,民政、农业农村等部门共同参与、加强指导的村务监督机制,全面落实"四议两公开"。加大农村基层巡察工作力度。强化基层纪检监察组织与村务监督委员会的沟通协作、有效衔接,形成监督合力。加大在青年农民中发展党员力度。持续向贫困村、软弱涣散村、集体经济薄弱村派驻第一书记。加强村级组织运转经费保障。健全激励村干部干事创业机制。选优配强乡镇领导班子特别是乡镇党委书记。在乡村开展"听党话、感党恩、跟党走"宣讲活动。

(二)健全乡村治理工作体系。坚持县乡村联动,推动社会治理和服务重心向基层下移,把更多资源下沉到乡镇和村,提高乡村治理效能。县级是"一线指挥部",要加强统筹谋划,落实领导责任,强化大抓基层的工作导向,增强群众工作本领。建立县级领导干部和县直部门主要负责人包村制度。乡镇是为农服务中心,要加强管理服务,整合审批、服务、执法等方面的力量,建立健全统一管理服务平台,实现一站式办理。充实农村人居环境整治、宅基地管理、集体资产管理、民生保障、社会服务等工作力量。行政村是基本治理单元,要强化自我管理、自我服务、自我教育、自我监督,健全基层民主制度,完善村规民约,推进村民自治制度化、规范化、程序化。扎实开展自治、法治、德治相结合的乡村治理体系建设试点示范,推广乡村治理创新性典型案例经验。注重发挥家庭家教家风在乡村治理中的重要作用。

(三)调处化解乡村矛盾纠纷。坚持和发展新时代"枫桥经验",进一步加强人民调解工作,做到小事不出村、大事不出乡、矛盾不上交。畅通农民群众诉求表达渠道,及时妥善处理农民群众合理诉求。持续整治侵害农民利益行为,妥善化解土地承包、征地拆迁、农民工工资、环境污染等方面的矛盾。推行领导干部特别是市县领导干部定期下基层接访制度,积极化解信访积案。组织开展"一村一法律顾问"等形式多样的法律服务。对直接关系农民切身利益、容易引发社会稳定风险的重大决策事项,要先进行风险评估。

(四)深入推进平安乡村建设。推动扫黑除恶专项斗争向纵深推进,严厉打击非法侵占农村集体资产、扶贫惠农资金和侵犯农村妇女儿童人身权利等违法犯罪行为,推进反腐败斗争和基层"拍蝇",建立防范和整治"村霸"长效机制。依法管理农村宗教事务,制止非法宗教活动,防范邪教向农村渗透,防止封建迷信蔓延。加强农村社会治安工作,推行网格化管理和服务。开展农村假冒伪劣食品治理行动。打击制售假劣农资违法违规行为。加强农村防灾减灾能力建设。全面排查整治农村各类安全隐患。

五、强化农村补短板保障措施

（一）优先保障"三农"投入。加大中央和地方财政"三农"投入力度，中央预算内投资继续向农业农村倾斜，确保财政投入与补上全面小康"三农"领域突出短板相适应。地方政府要在一般债券支出中安排一定规模支持符合条件的易地扶贫搬迁和乡村振兴项目建设。各地应有序扩大用于支持乡村振兴的专项债券发行规模。中央和省级各部门要根据补短板的需要优化涉农资金使用结构。按照"取之于农、主要用之于农"要求，抓紧出台调整完善土地出让收入使用范围进一步提高农业农村投入比例的意见。调整完善农机购置补贴范围，赋予省级更大自主权。研究本轮草原生态保护补奖政策到期后的政策。强化对"三农"信贷的货币、财税、监管政策正向激励，给予低成本资金支持，提高风险容忍度，优化精准奖补措施。对机构法人在县域、业务在县域的金融机构，适度增加支农支小再贷款额度。深化农村信用社改革，坚持县域法人地位。加强考核引导，合理提升资金外流严重县的存贷比。鼓励商业银行发行"三农"、小微企业等专项金融债券。落实农户小额贷款税收优惠政策。符合条件的家庭农场等新型农业经营主体可按规定享受现行小微企业相关贷款税收减免政策。合理设置农业贷款期限，使其与农业生产周期相匹配。发挥全国农业信贷担保体系作用，做大面向新型农业经营主体的担保业务。推动温室大棚、养殖圈舍、大型农机、土地经营权依法合规抵押融资。稳妥扩大农村普惠金融改革试点，鼓励地方政府开展县域农户、中小企业信用等级评价，加快构建线上线下相结合、"银保担"风险共担的普惠金融服务体系，推出更多免抵押、免担保、低利率、可持续的普惠金融产品。抓好农业保险保费补贴政策落实，督促保险机构及时足额理赔。优化"保险＋期货"试点模式，继续推进农产品期货期权品种上市。

（二）破解乡村发展用地难题。坚守耕地和永久基本农田保护红线。完善乡村产业发展用地政策体系，明确用地类型和供地方式，实行分类管理。将农业种植养殖配建的保鲜冷藏、晾晒存贮、农机库房、分拣包装、废弃物处理、管理看护房等辅助设施用地纳入农用地管理，根据生产实际合理确定辅助设施用地规模上限。农业设施用地可以使用耕地。强化农业设施用地监管，严禁以农业设施用地为名从事非农建设。开展乡村全域土地综合整治试点，优化农村生产、生活、生态空间布局。在符合国土空间规划前提下，通过村庄整治、土地整理等方式节余的农村集体建设用地优先用于发展乡村产业项目。新编县乡级国土空间规划应安排不少于10%的建设用地指标，重点保障乡村产业发展用地。省级制订土地利用年度计划时，应安排至少5%新增建设用地指标保障乡村重点产业和项目用地。农村集体建设用地可以通过入股、租用等方式直接用于发展乡村产业。按照"放管服"改革要求，对农村集体建设用地审批进行全面梳理，简化审批审核程序，下放审批权限。推进乡村建设审批"多审合一、多证合一"改革。抓紧出台支持农村一、二、三产业融合发展用地的政策意见。

（三）推动人才下乡。培养更多知农爱农、扎根乡村的人才，推动更多科技成果应用到田间地头。畅通各类人才下乡渠道，支持大学生、退役军人、企业家等到农村干事创业。整合利用农业广播学校、农业科研院所、涉农院校、农业龙头企业等各类资源，加快构建高素质农民教育培训体系。落实县域内人才统筹培养使用制度。有组织地动员城市科研人员、工程师、规划师、建筑师、教师、医生下乡服务。城市中小学教师、医生晋升高级职称前，原则上要有1年以上农村基层工作服务经历。优化涉农学科专业设置，探索对急需紧缺涉农专业实行"提前批次"录取。抓紧出台推进乡村人才振兴的意见。

（四）强化科技支撑作用。加强农业关键核心技术攻关，部署一批重大科技项目，抢占科技制高点。加强农业生物技术研发，大力实施种业自主创新工程，实施国家农业种质资源保护利用工程，推进南繁科研育种基地建设。加快大中型、智能化、复合型农业机械研发和应用，支持丘陵山区农田宜机化改造。深入实施科技特派员制度，进一步发展壮大科技特派员队伍。采取长期稳定的支持方式，加强现代农业产业技术体系建设，扩大对特色优势农产品覆盖范围，面向农业全产业链配置科技资源。加强农业产业科技创新中心建设。加强国家农业高新技术产业示范区、国家农业科技园区等创新平台基地建设。加快现代气象为农服务体系建设。

（五）抓好农村重点改革任务。完善农村基本经营制度，开展第二轮土地承包到期后再延长30年试点，在试点基础上研究制定延包的具体办法。鼓励发展多种形式适度规模经营，健全面向小农户的农业社会化服务体系。制定农村集体经营性建设用地入市配套制度。严格农村宅基地管理，加强对乡镇审批宅基地监管，防止土地占用失控。扎实推进宅基地使用权确权登记颁证。以探索宅基地所有权、资格权、使用权"三权分置"为重点，进一步深化农村宅基地制度改革试点。全面推开农村集体产权制度改革试点，有序开展集体成员身份确认、集体资产折股量化、股份合作制改革、集体经济组织登记赋码等工作。探索拓宽农村集体经济发展路径，强化集体资产管理。继续深化供销合作社综合改革，提高为农服务能力。加快推进农垦、国有林区林场、集体林权制度、草原承包经营制度、农业水价等改革。深化农业综合行政执法改革，完善执法体系，提高执法能力。

做好"三农"工作，关键在党。各级党委和政府要深入学习贯彻习近平总书记关于"三农"工作的重要论述，全面贯彻党的十九届四中全会精神，把制度建设和治理能力建设摆在"三农"工作更加突出的位置，稳定农村基本政策，完善新时代"三农"工作制度框架和政策体系。认真落实《中国共产党农村工作条例》，加强党对"三农"工作的全面领导，坚持农业农村优先发展，强化五级书记抓乡村振兴责任，落实县委书记主要精力抓"三农"工作要求，加强党委农村工作机构建设，大力培养懂农业、爱农村、爱农民的"三农"工作队伍，提高农村干部待遇。坚持从农村实际出发，因地制宜，尊重农民意愿，尽力而为、量力而行，把当务之急的事一件一件解决好，力戒形式主义、官僚主义，防止政策执行简单化和"一刀切"。把党的十九大以来"三农"政策贯彻落实情况作为中央巡视重要内容。

让我们更加紧密地团结在以习近平同志为核心的党中央周围，坚定信心、锐意进取，埋头苦干、扎实工作，坚决打赢脱贫攻坚战，加快补上全面小康"三农"领域突出短板，为决胜全面建成小康社会、实现第一个百年奋斗目标作出应有的贡献！

附录二　中华全国供销合作总社关于印发
《供销合作社培育壮大工程实施意见》的通知
(供销合字〔2020〕12号)

各省、自治区、直辖市及新疆生产建设兵团供销合作社，中华全国供销合作总社各部局、中国供销集团有限公司及其成员企业、各直属事业单位、各主管社团：

《供销合作社培育壮大工程实施意见》已经中华全国供销合作总社六届理事会第92次主任办公会议审议通过，现印发你们，请认真抓好贯彻落实。

中华全国供销合作总社
2020年4月2日

供销合作社培育壮大工程实施意见

为深入贯彻落实习近平总书记对供销合作社工作重要指示批示精神，落实中共中央、国务院《关于深化供销合作社综合改革的决定》和《乡村振兴战略规划(2018—2022年)》关于实施供销合作社培育壮大工程的战略部署，深入推进供销合作社综合改革，充分发挥供销合作社在服务乡村振兴战略中的独特优势和重要作用，按照中华全国供销合作总社（以下简称总社）六届十一次理事会议要求，现就全面实施供销合作社培育壮大工程提出以下意见。

一、总体要求

（一）指导思想。以习近平新时代中国特色社会主义思想为指导，全面贯彻落实党的十九大和十九届二中、三中、四中全会精神，深入学习贯彻习近平总书记关于供销合作社工作的重要指示批示精神，按照中共中央、国务院《关于深化供销合作社综合改革的决定》和《乡村振兴战略规划(2018—2022年)》要求，坚持改革强社、服务立社、夯基建社、以企兴社、从严治社，紧紧围绕"三农"工作大局和乡村振兴战略的总要求，以密切与农民利益联结为核心，以提升为农服务能力为根本，以发展壮大基层社、健全基层组织体系、完善联合社指导服务体系和发挥社有企业支撑带动作用为重点，着力夯实基层基础、创新体制机制、推进联合合作，推动供销合作社高质量发展，切实在实施乡村振兴战略中更好地发挥作用。

（二）目标任务。到2022年，供销合作社基层基础全面夯实，基层社数量质量和社有企业的市场竞争能力、为农服务实力明显提升，双线运行机制更加健全，成为服务乡村振兴的重要力量，成为党和政府"三农"工作的国家队。

——与农民利益联结更紧密。全系统基层社发展质量、数量、服务能力全面提升，基层社发展到3.9万个，基本实现乡镇全覆盖，农民社员超过800万人（户）；领办创办农民合作社22万个，建成农民合作社联合社1万个；农村综合服务社发展到45万个，行政村覆盖率达到85%以上。

——为农服务功能更完备。综合性、规模化、可持续的为农服务体系基本形成，农业生产托管等社会化服务面积达到2.6亿亩以上,建成农业生产服务中心1.5万个、庄稼医院7.3万个,辐射带动小农户5000万户;连锁经营网点发展到95万个,规模服务优势进一步发挥;供销合作社为农服务品牌广泛推广,社会形象和影响力不断提升。

——市场运作更有效。各级联合社治理效能更加高效,初步形成内容科学、程序严密、配套完备、有效管用的全面从严治社制度体系,基本建成社企分开、上下贯通、整体协调运转的双线运行机制;社有企业改革发展取得实质性进展,社有资本配置和运行效率明显提升,培育打造一批营业收入千亿级社有龙头企业和百亿级行业骨干企业。

二、聚焦与农民利益联结更紧密,大力实施"基层社组织建设工程"和"千县千社"振兴计划,夯实为农服务组织基础

(一)大力推动基层社提质扩面。采取切实有效措施,努力消除无资产、无业务、无人员的"三无"基层社,亮出供销合作社招牌,重建综合经营设施,筑牢为农服务阵地。采取县社投资、财政扶持、社企共建等多种方式,改造升级薄弱基层社5000家,拓展经营服务功能,密切与农民的利益联结。按照"农民社员主体、自主经营实体、合作经济组织联合体和经济实力强、服务能力强"的要求,创建2000家标杆基层社,示范引导基层社提质增效。服务乡村振兴大局,创新基层社发展方式,着力在乡镇基层社服务薄弱的中心村和农村社区,探索组建县社入股领办、村社共建、农民出资、农民主办、"三会"制度规范的村级基层社,密切与农民组织和利益联结,实现村级党组织强基、村集体经济壮大、农民收入增加和供销合作社发展的多赢。

(二)积极领办创办农民合作社。通过共同出资、共创品牌、共享利益等方式,每年领办、创办和培育一批管理民主、制度健全、产权清晰、带动力强的农民合作社示范社,引导农民合作社规范发展,增强市场竞争和服务带动能力,带动小农户融入农业产业链。省、市、县级社要积极领办创办产业集中度高、带动农民范围广的产业型农民合作社联合社和服务能力强、社会影响力大的区域型农民合作社联合社,推进供销合作社与农民合作社深度融合、协同发展。鼓励基层社和社有企业按照《供销合作社领办农民专业合作社工作规范(试行)》要求,直接出资入股创办多种类型的农民合作社,延伸服务链条,拓展服务领域,加强规范管理,有针对性地为农民合作社提供代理记账、档案管理、政务代办、项目申报、资金互助、业务培训等服务。

(三)着力提高农村综合服务社为农服务能力水平。按照《农村综合服务社规范》和《农村综合服务社星级划分与评定》标准,由省、市、县级供销合作社分别打造五星级、四星级、三星级农村综合服务社星级社,带动农村综合服务社改造升级硬件设施,扩大经营业务范围,统一品牌标识,统一服务标准,提升服务质量和群众满意度。以村庄规划调整为契机,优化农村综合服务社布局,采取盘活资产改造和整合利用村居设施等方式新建一批农村综合服务社,筑牢服务乡村振兴的前沿阵地。积极融入乡村便民服务体系建设,发展新型服务业态,建设村级电商服务站点,为农民提供"一门式办理""一站式服务"。积极拓展城乡综合服务功能,加快建设城乡社区综合服务中心和经营服务综合体,推进经营服务网点向城乡社区延伸。

三、聚焦为农服务功能更完备,全面实施农业社会化服务惠农工程,壮大提升为农服务实力

(一)积极发展"三位一体"综合合作。因地制宜探索生产、供销、信用"三位一体"综合合作的不同实现方式和有效途径,提炼总结成熟经验,加快在全系统复制推广。推动各级供销合作

社发挥流通优势,与农民合作社及其联合社、农村信用社等金融机构加强资源整合、深化业务协同,共同打造为农服务综合平台。推动有条件的供销合作社通过领办农民合作社联合社,整合成员农民合作社、金融机构等服务资源,为成员合作社及农民社员提供综合服务。在有条件的地方争取党委政府支持,构建由供销合作社牵头、农民合作社和农村信用社等金融机构共同参与的综合合作新机制,汇聚各方服务资源,创新农业生产组织和服务方式,为农民合作社等新型经营主体和小农户提供综合服务。

（二）深入实施惠农服务平台创建行动。强化市、县联合社资源统筹力度,创建县有运营中心、乡镇有服务平台、村有服务站点的县域惠农服务网络。依托市、县社有龙头企业,联合各类新型经营主体,做实县级运营中心服务功能,为惠农综合服务网络提供服务支撑。依托基层社打造农业生产服务中心、新型庄稼医院、智能配肥站、产地收集市场等专业化服务设施,强化乡镇惠农服务平台服务功能,提升农业生产、农产品流通、城乡社区等服务能力。与村"两委"合作,充分利用农村综合服务社、农民合作社、村集体的设施,新建改造一批设施功能全、信息化水平高的服务站点。全面助力打赢脱贫攻坚战,着重在832个国家级贫困县特别是"三区三州"深度贫困地区和52个脱贫攻坚重点县打造惠农服务平台,帮助农民增产增收。

（三）大力实施农业生产托管服务拓展行动。培育多元化托管服务主体,创建一批生产服务型基层社和农民合作社,推动社有企业开展托管服务,发展区域性农业社会化服务联盟,打造现代农业服务骨干力量。大力推广多种托管服务方式,发展土地托管、代耕代种、联耕联种、统防统治等,在有条件的村探索发展"土地股份合作社＋托管服务"。加大绿色生产技术集成推广,开展多种形式的产销对接,带动小农户获得更多流通环节的增值收益。延伸托管服务链条,加强农产品加工、仓储物流、电子商务、产业链金融等配套环节,形成规模服务优势。

（四）着力培育供销合作社服务品牌。加强"中国供销合作社"标识宣传推广和使用管理,加大普及力度,防范非法冒用,提高供销合作社品牌知名度和社会公信力。引导社有企业和农民合作社开展有机、绿色、无公害等产品质量认证与管理,规范产品和服务商标注册,做好品牌运营和维护。深入实施"绿色农资"行动,加大农资直供力度,提升绿色农资产品供应比例,在农民合作社等新型经营主体中筑牢"绿色供销"农资服务品牌。积极开展"质量兴棉"行动,推进社有棉花企业提升产品和服务质量,加快向现代综合服务商转型升级。大力推进"扶贫832平台"和"供销e家"电商平台建设,积极开展产销对接活动,健全农产品质量追溯体系,在城市居民中打响"放心供销"服务品牌。积极参与农村人居环境整治,统筹推进再生资源回收利用体系建设,在乡村生态振兴中创建"美丽供销"环保服务品牌。

四、聚焦市场运作更有效,进一步构建双线运行机制,提升供销合作社发展质量

（一）切实完善联合社主导的行业指导体系。各级联合社要加强党的全面领导,切实加强党的政治建设,充分发挥各级党组织的重要作用,以党建促社建,推进全面从严治社。坚持联合社为成员社服务、为基层社服务的工作导向,确保全系统目标同向、工作同步。督促各级联合社定期召开社员代表大会,加快推进市、县联合社理事会、监事会建设。强化联合社层级间联系,履行好行业管理、政策协调、资产监管、教育培训职责,每年创建100家经济实力强、为农服务水平高、运转高效的县级社。加强统筹协调,发挥组织体系和生产流通优势,构建上下联动的应急响应机制,形成整体合力,承担社会责任。优化联合社对成员社的综合业绩考核指标体系,推行成员社对联合社的工作评价制度,更好地推动上级联合社改进工作。发挥社有资产管理委员会职责作用,建立健全重大事项决策、投融资、全面预算、财务监督、风险防控等制度,确保社有资产保值增值。规范运行各级供销合作社合作发展基金,统筹用于基层社建设和为农服务。

(二)进一步打造社有企业支撑的经营服务体系。理顺社企关系,实行社企分开,保障供销合作社的出资人权益和社有企业的法人财产权与经营自主权。推进社有企业联合合作在跨区域横向联合和跨层级纵向整合上取得实质性进展,促进各类要素资源向为农服务优势领域和骨干企业集中。加快社有企业业态创新,开展项目共建,加大信息互联,增强应对市场的灵敏性和抗风险能力。推进中国供销集团、省级社有龙头企业与市、县级社有企业和基层社的股权联结,在农产品销售、日用消费品、农业生产服务、冷链物流、电子商务、再生资源等行业实现资金与项目的合作。进一步完善现代企业制度和公司法人治理结构,建立健全权责对等、运转协调、有效制衡的经营监督机制,加强企业内部管理,压缩管理层级,提高管理效率。

(三)积极推进涉农协同服务机制建设。各级供销合作社要主动争取党委、政府的支持,积极承担相关服务职责或政府购买服务,努力成为党和政府做好农业农村农民工作的重要载体和抓手。加强与其他涉农部门及企事业单位的合作,依托自身服务网络整合各类服务资源,提升综合服务能力。着力推进与农民合作社、家庭农场等新型农业经营主体的服务对接,组织带动小农户发展适度规模经营,努力使小农户成为发展现代农业的积极参与者和直接受益者。城市供销合作社要发挥区位优势,加强农产品批发市场和经营网点建设,打通农产品从生产基地到市民餐桌的"最后一公里",实现城乡供销合作社优势互补,推进城乡一体化和融合发展。

五、切实加强组织领导

(一)落实领导责任。各级供销合作社要从巩固党在农村执政基础、更好地服务乡村振兴大局的高度,重视抓好培育壮大工程的组织实施。要成立专门工作班子,制订工作方案,细化工作任务和具体措施,狠抓工作落实。建立各级联合社领导班子成员定点联系下级联合社和基层社制度,做到精准指导、精准服务、精准支持。省级社要落实本地区工程实施的领导责任,加强整体谋划,层层压实责任,统筹推进组织、经营和服务体系建设;市级社要落实本地区工程实施的指导服务职责,加强资源整合;县级社要落实培育壮大基层组织体系第一责任,用好基层社"一社一卡"信息化管理平台,与基层社共建项目、共享网络、共谋发展。

(二)分步推进实施。2020年6月底前,各省级社组织动员、全面部署,制定本地区培育壮大工程实施方案,细化本级和各市、县承担的三年任务目标,明确时序进度,推动培育壮大工程及时启动、全面展开。2021年下半年,总社将通过交流检查等方式总结各地经验做法,推动培育壮大工程深入实施。2022年年底前,各地区开展自查评估,对工作中存在的短板弱项及时整改,对有关工作经验进行梳理总结;总社对各地培育壮大工程实施情况进行全面评估总结,宣传先进典型,推广成熟经验做法。

(三)加大政策支持。各地供销合作社要积极争取党委、政府重视支持,将供销合作社培育壮大工程纳入实施乡村振兴战略和深化农业农村改革重点工作予以推进。各级联合社建立合作发展基金,提取社有资本收益,争取财政资金扶持,寻求社会支持,统筹用于基层社建设和为农服务。加强与有关部门和金融机构的沟通协作,积极争取国家职能部门和金融机构对供销合作社实施乡村振兴战略的项目、资金和信贷支持,承接面向农村的公共服务。

(四)加强人才支撑。推动联合社机关工作人员到基层社开展定点帮扶,帮助协调解决实际问题。创造条件鼓励村"两委"负责人依照法定程序担任基层社主任,加强对基层社负责人培训,吸纳有志投身供销合作事业的农业职业经理人、农村青年、返乡农民工、农技推广人员、农产品经纪人、大中专毕业生和退役军人等进入基层组织工作,用好"三支一扶"政策。在实施培育壮大工程中,及时发现、培养和使用人才。

(五)强化督导宣传。总社和省级社要把培育壮大工程列入"十四五"总体规划。各省级社要制定年度实施计划,每季度向总社报告一次工程进展情况。总社将省级社年度工作任务完成情况列入综合业绩考核,开展专项督导,及时发现和解决工作中存在的问题。深入总结各地典型经验和做法,运用多种方式加强宣传和推广;发挥好示范带动作用。

附录三　喻红秋同志在中华全国供销合作总社第六届理事会第十一次全体会议上的工作报告：
提高政治站位　落实新发展理念　着力深化综合改革
（2020年1月17日）

一、主动服务大局，积极担当作为，供销合作社改革发展取得新成效

2019年，是新中国成立70周年，是决胜全面建成小康社会第一个百年奋斗目标的关键之年，也是供销合作社改革发展历程中的重要一年。一年来，在党中央、国务院的坚强领导下，在胡春华副总理的直接关心指导下，全国供销合作社系统坚持以习近平新时代中国特色社会主义思想为指导，全面贯彻落实党的十九大和十九届二中、三中、四中全会精神，认真贯彻中央经济工作会议和中央农村工作会议精神，深入学习贯彻习近平总书记关于供销合作社工作的重要指示批示精神，认真落实中发〔2015〕11号文件，紧紧围绕打赢脱贫攻坚战和实施乡村振兴战略，坚持为农服务宗旨，持续深化综合改革，推动供销合作社各项工作取得新进展。

（一）积极参与脱贫攻坚。2019年是打赢脱贫攻坚战的关键一年，全系统深入学习贯彻习近平总书记关于扶贫工作的重要论述，坚持把参与打赢脱贫攻坚战作为重大政治任务，充分发挥自身优势，持续做好定点扶贫和对口支援工作，大力推进产业扶贫、电商扶贫、科教扶贫、消费扶贫，多渠道带动贫困户脱贫增收。总社切实履行国务院扶贫开发领导小组成员单位职责，积极参与脱贫攻坚督查，全面加强对系统参与脱贫攻坚工作的领导。研究制定《供销合作社深入推进消费扶贫工作实施方案》，组织"助力西藏脱贫攻坚产销对接会""贫困地区优质特色农产品展示"等活动；组织召开全系统行业扶贫培训班，交流推广系统行业扶贫典型经验；联合财政部、国务院扶贫办建设"扶贫832平台"，截至2019年年底，平台注册预算单位超过10万家，国家级贫困县供应商入驻654家；扎实做好定点帮扶工作，全年累计向安徽潜山和江西寻乌、安远投入5288万元。各地供销合作社通过产业带动、项目扶持、资金投入、选派干部等多种方式，累计定点帮扶535个贫困县，驻村帮扶7705个贫困村。2019年，全系统组织贫困地区参加各类产销对接会3111次，购进贫困地区农产品2325.8亿元。中央深改办第26期《改革情况交流》肯定了供销合作社电商在甘肃陇南等地脱贫攻坚中的独特优势和作用。

（二）主动服务乡村振兴。全系统认真贯彻落实党中央、国务院关于实施乡村振兴战略决策部署，把服务乡村振兴与深化综合改革统筹谋划、协同推进。总社制定出台推动全系统参与乡村振兴的实施意见和实施方案，细化任务分工，明确工作责任，强化督导落实。制定《促进小农户和现代农业发展有机衔接工作实施方案》和《供销合作社参与农村人居环境整治的行动方案》，召开全国供销合作社服务乡村振兴暨综合改革专项试点现场会，部署进一步参与乡村振兴的工作举措。各地党委政府高度重视发挥供销合作社作用，31个省区市将供销合作社纳入当地乡村振兴工作全局，明确工作职责，赋予具体任务，给予政策支持。各地供销合作社因地制宜、立足实际、发挥优势，在助力产业兴旺、改善人居环境、参与乡村治理等方面发挥了积极作用。目前，全国有74个地级市、334个县区依托供销合作社承担当地农村生活垃圾回收管

理职能,为促进美丽乡村建设进行了积极的实践探索。

(三)持续深化供销合作社综合改革。总社深入贯彻落实中发〔2015〕11号文件精神,坚持抓重点、抓关键,聚焦7个方面的体制机制难题,认真开展综合改革专项试点,推动综合改革不断深化。总社建立领导班子对口联系工作机制,加强统筹指导,各省级社认真履行牵头责任,定期督导推进,试点单位认真履行主体责任,狠抓任务落实。总社领导班子成员牵头组成7个验收组,对28个省份的32家试点单位进行评估验收,总结提炼了7个方面的典型经验,指导全系统因地制宜复制推广。召开省级社主任培训班和座谈会,围绕供销合作社改革发展面临的重大问题进行交流研讨,梳理了6个方面23条建议。主动加强与中央改革办、司法部等有关部门的沟通协调,制定出台《供销合作社条例》工作取得实质性进展,完成向社会公开征求意见,日前已向国务院呈报送审稿。推动中发〔2015〕11号文件在市、县层面加快落地,目前全国所有省份和地市以及99%的县区出台了实施意见,改革成效逐步显现。

(四)不断提升为农服务水平。全系统坚持为农服务宗旨,优化和创新服务供给,不断拓展为农服务领域。生产、供销、信用"三位一体"综合合作逐步从浙江推广到多个省份,为农服务综合平台的作用初步显现。组织实施"农业社会化服务惠农工程",积极开展土地托管和测土配方、代耕代种、统防统治等农业社会化服务,2019年服务面积达2亿亩。加强农产品流通网络建设,开展多种形式产销对接,农产品购销保持快速增长,农产品销售总额1.86万亿元,同比增长17.7%。2019年,全系统面对国内外风险挑战明显上升的复杂局面,坚持以改革促发展,坚持稳中求进,提升质量效益,实现了经济平稳运行,全年实现销售总额4.6万亿元,实现利润466.6亿元。

(五)全面加强党的领导。深入贯彻新时代党的建设总要求,认真落实中央和国家机关党的建设工作会议精神,坚持把加强党的政治建设摆在首位,进一步树牢"四个意识"、坚定"四个自信"、做到"两个维护"。全系统扎实开展"不忘初心、牢记使命"主题教育,认真检视问题、制订整治方案、明确整改举措,进一步增强党员干部守初心担使命、找差距抓落实的思想自觉和行动自觉,进一步激发党员干部投身综合改革、参与脱贫攻坚、服务乡村振兴的工作热情。总社深入贯彻十九届中央纪委三次全会精神,全面落实"两个责任",认真履行"一岗双责",严格落实中央八项规定及其实施细则精神,坚决反对"四风"特别是形式主义、官僚主义,坚定不移推进全面从严治党、党风廉政建设和反腐败工作,扎实开展第八轮内部巡视工作。顺利完成派驻机构改革,支持驻总社纪检监察组聚焦主责主业,用好监督执纪"四种形态",加大监督执纪问责力度,严肃查办违纪违规案件,从而有力推动了总社党风廉政建设不断深入。一年来,我们统筹推进各项工作,形成促进事业发展的合力。主动服务国家"一带一路"建设,举办首届"一带一路"农产品农资(电商)交易会,设立"一带一路"国家合作社馆,保加利亚、韩国等17个国家的合作社参展。积极推进与商务部、国家开发银行、农业银行等部门单位战略合作协议的落实,持续优化政策环境。坚持好干部标准,加强总社干部、人才队伍建设。规范财务和社资委运行机制,强化社有资本的动态监管和运行监测。加强内部审计,充分发挥审计监督作用。围绕防范化解金融风险,指导系统规范发展农村合作金融业务。深入推进科研院所改革,稳步推进主管协会脱钩,促进院所和主管社团健康发展。认真做好离退休干部工作,为老同志搞好服务、办好实事。大力推动系统监事会机构建设,发挥监事会调查研究、建言献策、监督检查等作用。加强综合协调、舆论宣传和机关信息化建设,搭建高效协同的工作平台。

同志们,过去的一年,全国供销合作社系统之所以能够取得这些成效,根本在于习近平新时代中国特色社会主义思想的科学指引,根本在于以习近平同志为核心的党中央坚强领导。同时,也归功于全系统广大干部职工的团结奋斗、努力拼搏。在此,我代表总社常务理事会向大家表示崇高敬意和衷心感谢!

在肯定成绩的同时,我们也要清醒地认识到,工作中还存在一些问题和不足:一是对供销合作社合作经济组织属性的认识还不到位,行政化的思维理念和工作方式没有得到根本转变,还不善于运用改革的思路、市场的办法和现代科技手段等推动事业发展。二是长期以来制约供销合作社发展的体制机制难题还没有得到根本解决,一些重点领域和关键环节的改革还没有取得实质性突破。三是基层社发展质量不高,总体经济实力不强,服务功能偏弱,相当一部分基层社还没有开展自营业务,承包和租赁经营占比还比较高。四是部分社有企业小散弱,存在风险隐患,管理方式比较粗放,经济效益偏低,系统内低水平、同质化竞争问题比较突出。五是人才短缺,特别是基层队伍比较老化,适应社会主义市场经济和供销合作事业发展的人才选育机制还没有完全形成,一些干部担当作为不够,干事创业的精气神不足,等等。对这些问题,我们要高度重视,采取有力措施,切实加以解决。

二、提升政治站位,凝聚思想共识,紧紧把握供销合作事业改革发展的关键

2020年是全面建成小康社会和"十三五"规划收官之年,是脱贫攻坚决战决胜之年,要实现第一个百年奋斗目标,为"十四五"发展和实现第二个百年奋斗目标打好基础,这既是决胜期,也是攻坚期,在党和国家发展进程中具有重要的里程碑意义。对供销合作社来说,2020年也是非常重要的一年。我们要如期实现中发〔2015〕11号文件提出的阶段性目标任务,完成供销合作社"十三五"规划目标,制定"十四五"规划,召开全国供销合作社第七次代表大会。做好今年工作,具有承前启后、继往开来的重要意义。

供销合作社是党领导下的最大的为农服务合作经济组织,推进供销合作事业发展,必须站位党和国家全局,服务党和国家全局。习近平总书记和党中央已经明确了当前和今后一个时期党和国家工作的大政方针任务。党的十九届四中全会专题研究坚持和完善中国特色社会主义制度、推进国家治理体系和治理能力现代化问题并作出决定,明确提出,要突出坚持和完善支撑中国特色社会主义制度的根本制度、基本制度、重要制度,构建系统完备、科学规范、运行有效的制度体系,把我国的制度优势更好地转化为国家治理效能,为实现"两个一百年"奋斗目标、实现中华民族伟大复兴的中国梦提供有力保证。中央经济工作会议紧扣全面建成小康社会目标任务,科学分析国际国内经济形势,明确提出今年经济工作的总体要求、政策取向、重点任务,强调我国经济稳中向好、长期向好的基本趋势没有改变,要求全党全国坚定信心,坚定不移贯彻新发展理念,坚决打好三大攻坚战,统筹推进稳增长、促改革、调结构、惠民生、防风险、保稳定,确保全面建成小康社会和"十三五"规划圆满收官。中央农村工作会议围绕全面建成小康社会和打赢脱贫攻坚战,突出补短板、强弱项,研究部署今年"三农"工作,明确提出5个方面27项重点任务。党中央的决策部署是我们做好各项工作的根本遵循,全系统要自觉深入学习、深刻领会、准确把握,把思想和行动统一到中央精神上来,切实把中央的决策部署领会好、贯彻好、落实好。供销合作社作为党和政府做好"三农"工作的重要载体,联系农民群众的桥梁纽带,要树立强烈的责任意识,充分发挥好独特的功能作用:进一步提高政治站位,主动嵌入国家重大战略,找准服务大局的结合点和突破口,努力形成党委政府重视、农民群众受益、供销合作事业发展的良性局面;进一步落实新发展理念,打破封闭僵化的传统思维,跳出

粗放发展的旧有模式,更加注重改革的实效和成果,更加注重发展的质量和效益,更加注重内生的动力和活力,真正将创新、协调、绿色、开放、共享的新发展理念落到实处;进一步聚焦"三农"主业,坚持为农、务农、姓农,始终把为农服务摆在首位,把服务成效作为衡量工作的首要标准,把工作业绩交给农民群众去评判,不断提升农民群众的获得感、认同感、满意度;进一步增强责任感、紧迫感,今年全系统要完成中发〔2015〕11号文件提出的阶段性改革目标,时间紧迫、任务艰巨,必须以决战决胜、全面冲刺的姿态,圆满完成各项目标任务,确保如期向党中央交账。

供销合作社组织体系庞大,从业人员众多,点多、面广、战线长,要在"三农"工作中担当作为、发展壮大,根本在于统一思想、凝聚共识、聚焦关键,持续深化综合改革,全面加强自身建设,提高综合服务能力,按照习近平总书记指引的方向稳步前进。

——必须深入学习贯彻习近平新时代中国特色社会主义思想,坚定供销合作事业发展的正确方向。习近平新时代中国特色社会主义思想是当代中国马克思主义、21世纪马克思主义,是党和国家必须长期坚持的指导思想。习近平总书记对"三农"工作高度重视,党的十八大以来,习近平总书记发表了一系列关于"三农"工作的重要论述,尤其多次对供销合作社工作作出重要指示批示,这些为我们做好工作指明了前进方向,提供了根本遵循。实践充分证明,习近平新时代中国特色社会主义思想既蕴含了极具前瞻性的战略思维,又具有力拔千钧的科学论断,更体现了辩证的、唯物的世界观、方法论。全系统要深入学习习近平新时代中国特色社会主义思想,深入贯彻习近平总书记关于"三农"工作的重要论述,深入落实习近平总书记关于供销合作社工作的重要指示批示精神,不断往深里走、往心里走、往实里走,做到学思用贯通、知信行统一,进一步增强"四个意识"、坚定"四个自信"、做到"两个维护"。要发扬理论联系实际的马克思主义学风,坚持以习近平新时代中国特色社会主义思想为指导,将这一重要思想贯穿到供销合作社工作各领域各环节各方面,在性质定位上,坚持作为党和政府主导的、以合作经济组织形式推动"三农"工作的重要阵地;在根本宗旨上,坚持为农、务农、姓农,把服务"三农"作为立身之本、生存之基;在目标方向上,坚持打造成为与农民联结更紧密、为农服务功能更完备、市场化运行更高效的合作经济组织体系;在改革原则上,坚持因地制宜、分类指导、一把钥匙开一把锁,确保供销合作事业发展的正确政治方向。

——必须持续深化综合改革,加快推进供销合作社治理体系和治理能力现代化。从党和国家层面看,全面深化改革的总目标是,坚持和完善中国特色社会主义制度,推进国家治理体系和治理能力现代化。这个总目标,必须具体落实到各个地区、各个领域、各个行业。推进供销合作社治理体系和治理能力现代化,是"三农"领域治理体系和治理能力现代化的重要内容,也是自身发展的迫切需要。供销合作社过去长期运行在计划经济体制下,管理体制不顺、运行机制不活、内生动力不足的问题比较突出,治理体系和治理能力还不适应供销合作事业发展的需要,供销合作社系统整体优势没有充分发挥,在经济社会发展全局中的作用没有充分体现。全系统必须始终将深化综合改革作为中心任务,按照政事分开、社企分开的方向,坚定不移推进体制改革和机制创新,不断丰富和完善适应社会主义市场经济需要、适应城乡融合发展需要、适应农业农村现代化需要的组织结构、管理体制、运行机制,加快形成上下贯通、运转高效、管理民主、协同互助的新时代供销合作社治理体系,切实将供销合作社自身独具特色的制度优势转化为治理效能。

——必须加强基层社建设,夯实供销合作事业发展的基层基础。党中央提出,要把供销合作社打造成为服务农民生产生活的生力军和综合平台,成为党和政府密切联系农民群众的桥梁纽带。这个使命任务,谋篇在系统,落子在基层。基层社是供销合作社服务"三农"的主要载体,是直接面向农民开展经营服务的前沿阵地。过去,供销合作社在农村家喻户晓、举足轻重,主要是基层社网点密布,基本覆盖全部乡镇和多数行政村,农民生产生活方方面面都离不开基层社。现在,社会上一些人认为供销合作社没有了,主要就是农民见不到供销合作社的经营服务网点,感受不到供销合作社的服务。这些年,通过综合改革,基层社总数恢复到3.2万家,但相当一部分只是挂起了牌子,还没有开展实质性经营服务业务,基层社问题仍然是全系统的突出短板和弱项。各级联合社要进一步树牢大抓基层的鲜明导向,着力发展建设基层社,将夯实打牢基层社作为全部工作的重中之重,推动"人往基层走、钱往基层用"。要强化基层社合作经济组织属性,以密切与农民利益联结为核心,分类推进基层社改革改造,切实做到农民出资、农民参与、农民受益,不断增强基层社为农服务能力,真正实现固本强基、固本培元。

——必须办好社有企业,提升供销合作社服务"三农"的能力。社有企业是供销合作社为农服务的重要支撑。供销合作社能不能在市场竞争中站稳脚跟、做大做强,关键在社有企业。社有企业办好了,为农服务就有了抓手,贯彻落实中央"三农"决策部署就有了依托;社有企业办不好、办砸了,就会成为负担,甚至葬送整个供销合作事业。与国有企业相比,社有企业改革发展明显滞后。近年来,国有企业聚焦主业、剥离辅业、瘦身健体、提质增效,加快结构调整,压缩管理层级,加强成本管控,改革成效逐步显现。我们要学习借鉴这些重要经验,加快改革社有资产监管体制和运营机制,促进社有资产保值增值,促进社有企业做强做优做大。社有企业必须坚持聚焦主业,将经营服务主阵地牢牢扎在农业农村;坚持市场化改革方向,遵循企业发展规律,加快建立产权清晰、权责明确、社企分开、管理科学的现代企业制度;坚持强化管理,堵塞漏洞,严格防范和管控风险;坚持联合合作,密切层级联系,推进上下贯通,打造一批主业突出、活力充沛、市场竞争力强、行业影响力大的大型龙头企业,增强服务"三农"的综合实力。

——必须从严治社,为供销合作事业长期健康发展提供坚强保障。事业越发展,越要重视和加强供销合作社自身建设。全面从严治社,是贯彻全面从严治党要求的具体举措。供销合作社是合作经济组织,组织成分多元,资产构成多样,投资经营活动多,管理着大量资金、资产、项目,但是也存在制度不完善、自我约束不强、监管不到位、廉政风险易发多发的问题。这些年,不少地方出现廉政问题,事业遭受严重损失,相关责任人也受到党纪国法的严厉惩处,令人警醒、教训深刻,这些违纪违法案件警示我们,供销合作社不是清水衙门,更不是"保险箱",必须全面推进从严治社。全面从严治社,一方面,要依规依纪依法依章程治社,切实增强法纪意识,加快建立健全各项规章制度和议事决策规则,坚持以防范风险、惩治和预防腐败为重点,以制约和监督权力为核心,以提高制度执行力为抓手,形成内容科学、程序严密、配套完备、有效管用的全面从严治社制度体系。另一方面,严格落实党风廉政建设责任制各项要求,加强供销合作社系统全面从严治党各项工作,加强纪检监察工作,保证供销合作社干部职工清正廉洁。

> **2020年工作的总体要求**
>
> 以习近平新时代中国特色社会主义思想为指导,全面贯彻党的十九大和十九届二中、三中、四中全会精神,贯彻落实中央经济工作会议和中央农村工作会议精神,深入落实中发〔2015〕11号文件精神,坚持稳中求进工作总基调,坚持新发展理念,推进改革强社、服务立社、夯基建社、以企兴社、从严治社,加快把供销合作社建设成为服务农民生产生活的生力军和综合平台,为打赢脱贫攻坚战、实施乡村振兴战略、全面建成小康社会作出新的更大贡献。

三、坚持稳中求进,勇于攻坚克难,扎实推进2020年各项重点工作

做好今年工作的总体要求是:以习近平新时代中国特色社会主义思想为指导,全面贯彻党的十九大和十九届二中、三中、四中全会精神,贯彻落实中央经济工作会议和中央农村工作会议精神,深入落实中发〔2015〕11号文件精神,坚持稳中求进工作总基调,坚持新发展理念,推进改革强社、服务立社、夯基建社、以企兴社、从严治社,加快把供销合作社建设成为服务农民生产生活的生力军和综合平台,为打赢脱贫攻坚战、实施乡村振兴战略、全面建成小康社会作出新的更大贡献。

> **2020年主要工作**
>
> - 持续推动全系统党员干部不忘初心、牢记使命。
> - 全面助力打赢脱贫攻坚战。
> - 着力深化供销合作社综合改革。
> - 创新联合社治理机制。
> - 实施"供销合作社培育壮大工程"。
> - 加快推进社有企业提质增效。
> - 持续提升综合服务能力。
> - 以党的建设为统领推进从严治社。

(一)持续推动全系统党员干部不忘初心、牢记使命。习近平总书记在"不忘初心、牢记使命"主题教育总结大会上强调,全党要以这次主题教育为新的起点,不断深化党的自我革命,持续推动全党不忘初心、牢记使命。全系统必须把不忘初心、牢记使命作为加强党的建设的永恒课题和全体党员干部的终身课题常抓不懈,切实把初心和使命变成锐意进取、开拓创新的精气神和埋头苦干、真抓实干的原动力。一是深学笃信笃行习近平新时代中国特色社会主义思想。各级联合社理论学习中心组要把学习贯彻习近平新时代中国特色社会主义思想作为核心内容,坚持全面系统学、及时跟进学、深入思考学、联系实际学,深刻理解核心要义、精神实质、丰富内涵、实践要求,不断提高理论素养、政治素养,不断坚定信念、砥砺初心,不断推进自我改造、自我净化。要通过举办读书班、集中交流研讨等多种形式,组织全系统党员干部认真读原著、学原文、悟原理,用马克思主义中国化最新成果统一思想、统一意志、统一行动。二是深入学习贯彻习近平总书记关于供销合作社工作的重要指示批示精神。要全面梳理习近平总书记关于供销合作社工作的重要讲话、指示批示,组织全系统深入学习研讨,进一步深化认识、优化

思路、坚定信心。总社要组织开展省级社主任专题研讨班,各省级社要分层实施、分步推进,加强对市、县社主任培训,实现全系统学习培训全覆盖。要结合本地区本单位工作实际,认真对照习近平总书记重要讲话、指示批示精神,查找落实短板,明确努力方向,强化工作举措,确保不折不扣落实到位。三是持续抓好主题教育检视问题整改落实。去年,全系统按照中央要求都开展了主题教育,取得明显成效,但也检视出一些突出问题,并制定了整改方案。要按照中央要求部署,对已经整改的要巩固成果,对正在整改的要加大力度,强化督导落实,确保全部问题逐条逐项整改到位。对一些重要问题和长期整改任务,要健全规章制度,举一反三、标本兼治,切实形成防范化解的机制,不断巩固拓展深化主题教育成果。

(二)全面助力打赢脱贫攻坚战。习近平总书记指出,脱贫攻坚进入决战决胜的关键阶段,务必一鼓作气、顽强作战,不获全胜决不收兵。全系统必须坚持把助力脱贫攻坚作为重大政治责任,强化使命担当,狠抓贯彻落实。一是运营好"扶贫832平台"。这是全系统的一项重要政治任务,必须高度重视。中国供销集团要围绕平台运营、仓储物流、质量保障等供应链体系建设,优化平台功能,今年要力争实现22万个预算单位和80%以上贫困县的农副产品入驻平台。各级供销合作社要加强与有关部门的沟通,扎实做好宣传推广、货源组织、供需对接等服务,推动消费扶贫进机关、进企业、进学校。二是继续抓好定点帮扶。要认真贯彻落实中央关于脱贫攻坚"四个不摘"的要求,履行好定点帮扶责任,进一步整合优势资源,加大帮扶力度。继续运营好前期扶贫投资项目,持续发挥效益,助力帮扶地区形成稳定脱贫长效机制。三是抓好行业扶贫。要立足供销合作社行业特点,发挥全系统优势,采取产业扶贫、消费扶贫、电商扶贫等多种形式,帮助贫困农户增收致富。要组织办好"供销合作社系统对口援疆协作交流对接会",继续在海南冬交会期间开展"贫困地区优质特色农副产品展示推介"活动,把贫困地区的特色农产品更好地卖出去。要发挥好行业协会在脱贫攻坚中的作用,总社茶叶协会要办好中国茶叶营销年系列活动,食用菌协会要开展好"千企万村"品牌提升行动,果品协会要启动"扶贫攻坚果业百县行动计划"等,带动贫困地区特色产业发展。鼓励有条件的社有企业对接深度贫困地区,帮助贫困户发展致富产业。适时召开供销合作社扶贫工作座谈会,总结宣传好全系统参与脱贫攻坚的先进典型和经验成效。

(三)着力深化供销合作社综合改革。深化供销合作社综合改革,是习近平总书记主持中央政治局常委会会议审议通过的重大改革事项。今年的中央一号文件再次强调,要继续深化供销合作社综合改革,提高为农服务能力。对此,全系统要形成明确的共识:综合改革是供销合作社发展的根本出路、根本动力,更是重大的政治任务,是发展的巨大机遇。今年是中发〔2015〕11号文件下发5周年,也是文件规定的改革阶段性目标完成之年,我们要把确保完成改革任务,作为今年全系统工作的重中之重。要强化责任担当,对标对表中发〔2015〕11号文件和各地出台的实施意见,对文件提出的各项硬任务开展全面评估,瞄准突出问题和薄弱环节集中发力,狠抓改革任务落实。对还没有完成的,要列出清单、建立台账,明确责任、对账销号。各省级社要认真履行统筹指导责任,加强督导检查,今年上半年对本地区综合改革情况开展一次全面自查。总社将联合中央农办开展调研督查,适时召开深化供销合作社综合改革推进会,进一步推动重点改革任务落实。

要加快发展生产、供销、信用"三位一体"综合合作。"三位一体"综合合作,是习近平总书记在浙江工作期间亲自部署和推动的重大改革举措,是供销合作社深化改革、深入发展的方向。实践证明,"三位一体"综合合作,有利于完善农村生产关系和农业经营体制,有利于推动现代生产要素与传统农业对接,是推进中国特色农业现代化建设的重大探索。要鼓励各地因地制宜、大胆创新,积极探索"三位一体"综合合作的实现方式和有效路径。要深入总结提炼"三位一体"综合合作改革实践经验,加快在系统复制推广,有效整合各类服务资源,加快形成流通主导、金融支撑、产业融合、协同服务新机制,提升供销合作社综合服务能力。

（四）创新联合社治理机制。贯彻落实党的十九届四中全会精神,我们要深入研究推进供销合作社治理体系和治理能力现代化的总体思路,明确目标任务和工作举措。一是健全组织机构。各级联合社都要加快健全社员代表大会、理事会、监事会,近5年没有召开社代会的省级社,要积极创造条件,力争上半年召开。加快推动市、县层面理、监事会建设,争取年底前覆盖面分别提升到80%和65%。二是健全考核评价机制。这是中发〔2015〕11号文件提出的明确要求,也是加强联合社层级间联合合作的重要举措。要优化联合社对成员社的考核指标体系,研究制定成员社对联合社的工作评价办法,强化上下层级联系,彰显合作经济组织特色。三是完善社有资产管理体制。建立联合社出资人监管权力责任清单,强化社资委对防止社有资产流失、提高监督效能、实现社有企业和资产不断发展壮大的监管责任。制定社有资产监督管理办法、社有资本经营预算管理办法、社有企业投资监管办法等,完善社有资产监管制度。改进社有资产监管方式和手段,不断提高监管的规范化、科学化水平。

（五）实施"供销合作社培育壮大工程"。中共中央、国务院印发的《乡村振兴战略规划（2018—2022年）》明确提出,实施"供销合作社培育壮大工程"。这充分体现了党中央、国务院对供销合作社工作的关心支持,也是我们必须完成的硬任务。今年,要重点在基层社建设上实现突破、取得成效。一是加快推动实施。总社和各省级社要出台"供销合作社培育壮大工程"实施意见,明确建设目标、工作任务、推进步骤、保障措施等。组织实施"基层社组织建设工程"和"千县千社"振兴计划,深入推进基层社改革改造,采取盘活社有资产、联合社帮扶、社有企业带动、与农民合作社联合发展等多种方式,力争用3年时间,实现5000家薄弱基层社的升级改造,建设2000家综合实力强、服务功能全、与农民联结紧的基层社标杆社。二是健全工作机制。县以上各级联合社领导班子成员都要定点联系基层社,鼓励县以上社有企业对口联系薄弱基层社,切实做到精准指导、精准服务、精准支持。三是加大扶持力度。总社要做大基层组织发展专项资金规模,省、市、县供销合作社都要逐步建立基层组织发展专项资金,完善扶持资金稳定增长机制,确保投入力度不断增强、总量持续增加。强化对资金使用的监管,确保合规使用、用出效益。完善面向基层组织发展的业绩考核机制,加大考核权重,优化考核指标,切实树立起基层优先发展的鲜明导向。

（六）加快推进社有企业提质增效。今年,总社要研究制定推动社有企业改革发展的指导意见,召开全系统企业工作会议,对社有企业改革发展作出专门部署,要上下一心,举全力做强做优做大社有企业。一是调整优化社有资本布局。要聚焦为农服务主业,立足流通优势,创新商业模式,推进社有企业战略性重组和专业化整合,加快剥离偏离为农服务主业的业务,推动优质资源向为农服务骨干企业集中,优化社有资产配置。二是推进联合合作。今年要用好"新网工程"专项资金这个重要抓手,在推进系统企业联合合作上有新的重大突破。要着力推进同一行业、不同层级社有企业的纵向整合,促进上下贯通、利益共享、共同发展。要发挥供销合作社品牌、信誉、资源、业务等协同效应,有效放大社有资本功能。对为农服务的骨干龙头企业,要全力支持、全程监控。要加快系统信息化建设,推动全系统互联互通互融和数据资源共建共享。三是加快建立健全现代企业制度。进一步完善法人治理结构,规范董事会组成结构和议事规则,建立健全权责对等、运转协调、有效制衡的决策执行监督机制。不断优化社有企业总部机构设置,压缩管理层级,提高管理效率。对不同类型的社有企业实行差异化考核,加快建立有效管用的激励约束机制,激发企业内生动力和活力。四是强化企业内部管理。完善"三重一大"、投资项目、财务资金、风险防控等管理制度和内控体系,强化制度执行刚性约束。扎实推进降杠杆、减负债,多措并举降本增效,提高资产质量,切实防范各类风险。

(七)持续提升综合服务能力。要不断创新服务方式,优化服务供给,加快打造综合性、规模化、可持续的为农服务体系,为保障重要农产品有效供给提供有力支撑。一是着力提高农业生产服务能力。要深入实施农业社会化服务惠农工程,加快推广土地托管、统防统治、代耕代种等服务模式,为小规模农户和各类新型农业经营主体提供系列化、专业化服务。2020年全系统农业社会化服务面积力争突破2.2亿亩。要深入推进"绿色农资"行动,推动农资销售与技术服务有机结合。继续开展"质量兴棉"行动,推动棉花产业高质量发展。二是加快提升流通服务水平。今年中央一号文件对供销合作社建设冷链物流设施、延伸乡村物流服务网络、发展电子商务等提出明确要求。全系统要抢抓国家启动"农产品仓储保鲜冷链物流设施建设工程"的政策机遇,把冷链物流建设作为全系统的重点项目切实加以推进。中国供销集团要加强与全系统的有效对接,推进冷链业务合作、设施共享和产业整合,提高冷链物流服务的发展速度和规模化水平。今年要适时召开农产品冷链物流现场会。要加快建设产地分拣包装、冷藏保鲜、仓储运输、初加工等设施,加快农产品批发市场升级改造,确保完成"十三五"规划提出的改造220家的任务。要依托实体经营网点,充实完善乡村电商服务站点功能,不断延伸乡村物流服务网络,推动农产品进城、工业品下乡双向流通。三是稳妥开展农村合作金融服务。总结各地依法依规发展农村合作金融服务的经验。加强与商业银行等金融机构合作,积极落实总社与有关银行的"总对总"战略合作协议。发展农村合作金融,必须始终紧绷防控风险这根弦,严格遵循社员制、封闭性原则,不对外吸储放贷,不支付固定回报,加强风险预警,坚守不发生行业性金融风险的底线。

(八)以党的建设为统领推进从严治社。严格落实全面从严治党各项要求部署,坚持把党的政治建设摆在首位,坚定政治立场,严明政治纪律,坚持问题导向,推进依规依纪依法依章程治社。一是压实全面从严治党政治责任。认真贯彻落实十九届中央纪委四次全会和国务院廉政工作会议精神,严格落实"两个责任",认真履行"一岗双责",层层传导压力。严肃查处违纪违法案件,坚持无禁区、全覆盖、零容忍,坚持重遏制、强高压、长震慑。定期开展警示教育、纪律教育,深入剖析系统干部违纪违法典型案例,用身边人、身边事教育警醒广大党员干部知敬畏、存戒惧、守底线。二是严格监督管理。要把"严"的主基调长期坚持下去,建立健全覆盖重点领域和关键环节的制度体系,特别是聚焦短板弱项,重点加强重大投融资和资产处置的审批和监管,严格社有资产损失责任追究,强化制度执行,层层落实保值增值责任。促进监事会和社资监管、人事、审计等监督资源共享,形成监督合力。清理违规挂靠的企业和各类经营网点,清除风险隐患,依法维护供销合作社权益和声誉。规范供销合作社标识推广使用,坚决杜绝借用、滥用、冒用标识的行为。三是加强作风建设。要严格执行中央八项规定及其实施细则精神,持之以恒纠治"四风",坚决反对形式主义、官僚主义,坚决整治表态多调门高、行动少落实差等问题,营造求真务实、清正廉洁的新风正气。发扬"扁担精神""背篓精神",传承艰苦奋斗、勤俭办社、敬业奉献的工作作风,弘扬为农、务农、姓农价值理念。四是激励干部职工担当作为。认真落实习近平总书记关于"三个区分开来"的重要指示要求,做到严管和厚爱结合、激励和约束并重,建立健全容错纠错机制,为担当者担当,为负责者负责,进一步激励干部新时代新担当新作为。要加强日常监督,坚持抓在日常、严在经常,对苗头性问题早发现、早提醒、早纠正,使各级干部自觉养成在严格监督约束下工作和生活的习惯。加大干部教育培训力度,用好北京商业管理干部学院等系统内教育培训资源,提高干部担当作为的能力水平。

这里再强调3项具体工作:一是做好"十四五"规划编制工作。今年是"十三五"收官之年,要完成好"十三五"规划各项目标任务。同时,抓紧启动供销合作社"十四五"规划编制工作,深入调查研究,强化科学论证,确保规划的前瞻性、针对性、可操作性。二是着力防范各类风险。今年我国经济发展的内外部环境依然复杂严峻,国内经济下行压力加大,供销合作社经营活动面临多重风险挑战,必须密切关注宏观经济形势变化,加强对市场环境的分析研判,强化投融资业务活动的管控,时刻绷紧防风险这根弦。要坚持稳字当头,坚持稳中求进,处理好企业发展与风险防控的关系,处理好投资规模和自身实力的关系,确保企业资金链安全。对已经出现的问题和潜在的隐患,要果断采取措施有效化解,坚决防止风险扩散蔓延,确保事业平稳健康发展。三是加强舆论宣传工作。要创新宣传理念,加大宣传力度,树立大宣传格局,加强与主流媒体的沟通交流,用好中华合作时报等系统媒体资源,讲好供销合作社故事,打好供销合作社品牌,让社会更多了解供销合作社综合改革成果和为农服务成效。同志们,新时代要有新担当新作为。让我们更加紧密地团结在以习近平同志为核心的党中央周围,以习近平新时代中国特色社会主义思想为指导,锐意进取,真抓实干,全面深化综合改革,积极服务乡村振兴,推动供销合作事业不断迈上新台阶,为全面建成小康社会、实现"两个一百年"奋斗目标作出新的更大贡献!

附录四 喻红秋在中华全国供销合作社第七次代表大会上的工作报告(摘要)
(2020年9月24日)

奋力开拓中国特色供销合作社发展之路
为推进农业农村现代化和乡村振兴贡献力量

大会主题：

以习近平新时代中国特色社会主义思想为指导，全面贯彻党的十九大和十九届二中、三中、四中全会精神，乘势而上、勇担使命，奋力开拓中国特色供销合作社发展之路，不断开创我国供销合作事业新局面，为推进农业农村现代化和乡村振兴贡献力量。

锐意进取 继往开来
供销合作社阔步迈进新时代

五年来，全系统认真学习贯彻习近平新时代中国特色社会主义思想，贯彻落实习近平总书记关于"三农"工作重要论述和对供销合作社工作的重要指示批示，深入落实中发〔2015〕11号文件精神，以高度的政治责任感和历史使命感，凝心聚力深化改革，奋楫争先担当使命，在促进现代农业建设、农民增收致富、城乡融合发展等方面做了大量工作，展现了当代供销合作社人昂扬向上的精神风貌，书写了供销合作社改革发展的生动篇章。

今年以来，面对突如其来的新冠肺炎疫情，全系统坚决听从习近平总书记号令，认真落实党中央、国务院决策部署，迅速行动、尽锐出战，全力投入战疫情、备春耕、保供给、防滞销、促增收、惠民生等工作。全力保障春耕和"三夏"农资供应，1—8月，全系统销售化肥9784.7万吨，占全社会的70%以上，发挥了主渠道作用。全力保证市场供应，全系统各类经营服务网点克服疫情影响，坚决做到不停业、不断货、不涨价，努力保障防护物资和粮油果蔬、肉禽蛋奶等生活必需品供应。全力做好对口支援湖北抗疫工作，总社组织指导19个省级社对口支援湖北省各地市供销合作社，全系统采购湖北省农产品累计33.7亿元，向湖北省累计捐款1764.3万元，捐赠防护物资、粮油蔬菜等1414.5吨，总社主管行业协会会员单位累计捐款3.4亿元。在战疫保供的关键时刻，供销合作社以实际行动展现了为农服务国家队的担当与作用，彰显了新时代供销合作社人的责任与奉献。

（一）综合改革全面推进。五年来，全系统始终把深化综合改革作为中心工作，持续大力推进，层层贯彻落实。加强统筹指导，总社成立深化综合改革领导小组，先后召开28次领导小组会议，审议推进重要改革事项。建立领导班子对口联系省级社工作机制，及时加强工作指导和调度。坚持试点先行，河北、浙江、山东、广东4省市完成国务院批复的综合改革试点任务，形成了"三位一体"综合合作、土地托管等11个方面的经验做法。聚焦构建双线运行机制、强化基层社合作经济组织属性、创新社有资产管理方式等体制机制难题，开展专项改革试点，形成7个方面改革成果。狠抓任务落实，逐项推动改革任务落地见效。启动供销合作社培育壮大工程,制定下发综合改革重点工作任务书,建立工作台账,实施清单管理,逐级压实责任。强化协同推进,各地党委、政府把供销合作社综合改革纳入全面深化改革大局,成立领导机构,出台实施意见,给予政策支持。各地供销合作社形成了上下联动、因地制宜、扎实有序推进改革的良好格局。制定《供销合作社条例》取得重要进展,目前已进入司法部审查程序。

(二)脱贫攻坚富有成效。全系统坚持把脱贫攻坚作为重大政治任务来抓,坚决落实精准扶贫、精准脱贫基本方略。总社成立扶贫工作领导小组,制定出台指导意见、行动计划、实施方案,召开扶贫工作电视电话会议,发出全力投入决战决胜脱贫攻坚的倡议,实施"1+2+N"脱贫攻坚工作举措,组织全系统投身脱贫攻坚战。发挥职能优势,积极开展产业扶贫、消费扶贫、电商扶贫、科教扶贫。总社联合财政部、国务院扶贫办建立"扶贫832平台",平台今年1月1日上线运行以来,已实现832个国家级贫困县全覆盖,注册采购预算单位近40万家,上线农产品超过6.8万个,交易额突破31亿元。做好定点帮扶,各级供销合作社认真履行职责任务,加大资金投入,培育特色产业,选派优秀干部,发挥科研院所和行业协会优势,助力帮扶地区如期脱贫。五年来,总社累计向安徽潜山和江西寻乌、安远投入各类帮扶资金5.3亿元;各地各级供销合作社累计定点帮扶583个国家级贫困县,驻村帮扶7708个贫困村。加大深度贫困地区帮扶力度,建立东西部供销合作社扶贫协作机制,开展产销对接,在贫困地区恢复建立基层社,多种形式帮扶"三区三州"等深度贫困县111个,为攻克最后贫困堡垒作出了积极贡献。

(三)为农服务能力明显提升。坚持把为农服务摆在首位,主动服务乡村振兴战略,积极创新服务方式,加快拓展服务领域,不断充实服务内容,服务农民生产生活的生力军和综合平台作用日益显现。"三位一体"综合合作稳步推进,各地因地制宜探索发展多种形式的综合合作,供销合作社正在成为整合涉农资源、凝聚为农服务合力的重要载体。农业社会化服务持续拓展,供销合作社探索的土地托管服务模式快速推开,连续5年写入中央一号文件,成为供销合作社为农服务的一张新名片。目前,全系统土地托管面积超过1亿亩,配方施肥、农机作业、统防统治等农业社会化服务规模超过2亿亩次。农产品流通业务加速成长,农产品市场布局更加优化、功能更加完善,联结产地到消费终端的农产品市场网络初步形成,2019年全系统农产品销售额超过1.8万亿元,成为增速最快、体量最大的业务板块。电子商务加快发展,形成了一批具有供销合作社特色的电商品牌。稳妥有序开展农村合作金融服务,下发指导意见,加强风险警示,指导各地坚守"社员制、封闭性"原则,规范开展资金互助,切实防范金融风险。

(四)基层基础不断夯实。持续抓基层、强基础,制定加强基层工作的指导意见,定期召开基层工作会议,扎实推进"基层组织建设工程"和"千县千社"振兴计划,基层长期薄弱的局面得到扭转。基层社建设取得明显成效,五年来,全系统累计改造新建基层社7515家,总数达3.2万家,基本实现涉农乡镇全覆盖。农民合作社发展质量明显提高,大力开展农民合作社规范提升行动,领办创办各类农民合作社近18万家,创建农民合作社示范社3572家,入社农户1453万户,农民合作社规模化、规范化水平明显高于社会平均水平。综合服务社惠农功能不断完善,五年来,新发展农村综合服务社8.8万家,总数达到42.5万家,服务内容涵盖商品供应、电子商务、代理代办、文体娱乐等多个领域,越来越多的农民群众享受到供销合作社带来的便利实惠、安全优质服务。

(五)联合社治理能力进一步增强。各级供销合作社联合社积极深化体制改革,创新运行机制,理顺社企关系,行业指导能力不断提升。持续加强"三会"制度建设,31个省(区、市)联合社全部建立理事会、监事会,市、县级联合社理、监事会的设置比例分别比2015年提高了12

个和23个百分点。支持监事会发挥作用,监事会在调查研究、建言献策、内部监督等方面的职能更加突出。进一步健全联合社机构,四川甘孜、攀枝花,青海玉树、果洛,西藏山南、阿里等边远地区和上海浦东、松江等城市地区新建或重组了供销合作社机构,组织体系日益完善。不断提升社有资产监管水平,总社和26个省级社成立了社资委、25个省级社设立合作发展基金,29个省级社建立社有资本投资运营平台,进一步强化了社有资产监管。完善联合社职能作用,总社及部分地区联合社对机关内设机构和职能配置进行调整优化,强化了行业管理、政策协调、金融服务等职能。探索创新行业指导载体和方式方法,建立完善工作指导机制,加强对重点工作的督导调度,推动形成系统工作"全国一盘棋"。

（六）社有企业发展稳中有进。积极应对复杂多变的国内外形势和经济下行压力,认真贯彻落实新发展理念,推动社有企业深化改革、转型升级,实现高质量发展。规模实力明显增强,全国20个省级社成立了供销集团,营业收入50亿元以上的企业达到28家。2019年,全系统企业实现营业收入1.8万亿元、利润总额466.6亿元,比5年前分别增加了6.4%、31.7%,企业资产达1.6万亿元,比5年前增加4041亿元。发展质量进一步提升,各级社有企业加快传统业务转型,大力培育新兴业务,企业发展动能不断增强。强化企业内部管理和风险防控,持续推进企业降杠杆减负债,加大长期亏损企业和低效无效资产处置力度,社有企业平均资产负债率降到71%,企业降本增效取得明显进展。联合合作不断深化,总社发起成立新供销产业发展基金,北京、天津等13个省级社参与入股,共同搭建市场化投资平台。京津冀、长三角、东西部社有企业之间联合发展扎实推进,在市场对接、产业开发、扶贫协作等方面迈出重要步伐。

（七）落实全面从严治党成效显著。坚决落实新时代党的建设总要求,坚持把党的政治建设摆在首位,扎实做好全面从严治党各项工作,切实增强"四个意识"、坚定"四个自信"、做到"两个维护"。持续深化学习习近平新时代中国特色社会主义思想,扎实开展"三严三实"专题教育、"两学一做"学习教育和"不忘初心、牢记使命"主题教育,全体党员干部思想政治受到洗礼和锤炼,干事创业担当作为的精气神得到提振,进一步坚定了拥护核心、跟随核心、捍卫核心的思想自觉和行动自觉。严格落实"两个责任",认真履行"一岗双责",一体推进不敢腐、不能腐、不想腐。贯彻落实新时代党的组织路线,坚持新时期好干部标准,锻造忠诚干净担当的高素质干部队伍。严格落实中央八项规定及其实施细则精神,持之以恒改进作风,力戒形式主义、官僚主义。持续抓好中央巡视和审计发现问题的整改落实,加强长效机制建设,努力补齐制度短板。积极支持纪检监察机构加大监督执纪问责力度,持续开展内部巡视,推动全面从严治党不断向纵深发展。

五年来,我们主动服务国家总体外交大局,举办"一带一路"合作社主题峰会等国际活动,不断扩大合作社朋友圈。有序推进总社行业协会脱钩改革,加强对系统协会发展的指导,协会发展质量和功能作用不断提升。大力推进农业科技创新,总社组织济南果品研究院开展改革试点,系统科研院所科研成果获得省部级科技奖励30余项,创建6个国家级研发平台。

在五年来供销合作社改革发展的实践过程中,我们深切体会到:必须始终坚持党对供销合作事业的领导,以习近平新时代中国特色社会主义思想为指导,把党的领导贯穿到供销合作社改革发展各领域各环节全过程,坚决贯彻落实党中央决策部署,切实发挥好党和政府密切联系农民群众的桥梁纽带作用;必须始终坚持围绕中心服务大局,不断提高政治站位,自觉把供销合作社工作放在党和国家事业全局、放在"三农"工作大局中思考谋划,以全局统领一域、以一域服务全局;必须始终坚持为农服务根本宗旨,把为农服务成效作为衡量工作的首要标准,建立联农带农富农机制,密切与农民利益联结,努力提升农民群众的获得感、认同感;必须始终坚持深化改革,突出目标引领,坚持问题导向,注重效果检验,不断推进体制改革机制创新,激发内生动力和发展活力;必须始终坚持合作经济基本属性,强化互助合作、开放共享的理念,推动多种形式的联合与合作,在联合中发展壮大,在合作中实现互惠共赢。

在充分肯定成绩的同时,也要清醒看到工作中存在的问题和不足:综合改革进展不平衡,一些领域特别是体制机制方面的改革成效还不明显,改革任务依然艰巨;为农服务水平有待提升,服务供给还不适应农业农村发展的需要;基层社发展质量还不高,服务农民和新型农业经营主体的作用还不突出;社有企业改革滞后,发展活力和规模实力还不强;一些干部职工的能力本领还不适应事业发展的需要,人才队伍建设亟待加强;供销合作社内部管理不够规范,监督约束机制有待健全。

高举习近平新时代中国特色社会主义思想伟大旗帜
奋力开拓中国特色供销合作社发展之路

未来五年,是我国全面建成小康社会、实现第一个百年奋斗目标之后,乘势而上开启全面建设社会主义现代化国家新征程、向第二个百年奋斗目标进军的第一个五年,我国将进入新发展阶段。站在新的历史起点上,供销合作社要实现新跨越、开创新局面、谱写新篇章,必须坚持正确方向,必须彰显政治优势,必须明确历史使命,必须勇担职责任务,必须加强自身建设,努力走出一条中国特色供销合作社发展之路。

第一,坚持以习近平新时代中国特色社会主义思想为指导,确保供销合作社发展的正确方向

习近平新时代中国特色社会主义思想,是当代中国马克思主义、二十一世纪马克思主义,是全党全国人民为实现中华民族伟大复兴而奋斗的行动指南,是引领党和国家各项事业发展的根本指针。供销合作社是党和政府做好"三农"工作的重要载体,是促进农村经济社会发展的重要力量。确保供销合作社发展的正确方向,必须学懂弄通做实习近平新时代中国特色社会主义思想,深刻理解和把握其核心要义、精神实质、丰富内涵、实践要求,做到学思用贯通、知信行统一,自觉用习近平新时代中国特色社会主义思想统领供销合作社改革发展,切实将这一重要思想贯穿供销合作社全部工作始终。确保供销合作社发展的正确方向,必须深学细悟笃行习近平总书记关于"三农"工作重要论述,深刻认识蕴含其中的新理念新思想新战略,深刻把握贯穿其中的理论创新、实践创新、制度创新,不断增强做好"三农"工作的思想觉悟和能力水平,践行为农服务初心使命,坚守为农服务主责主业,充分发挥供销合作社在实现中国特色农业农村现代化进程中的独特优势和重要作用。确保供销合作社发展的正确方向,必须不折不扣落实习近平总书记关于供销合作社工作重要指示批示。党的十八大以来,习近平总书记对做好供销合作社工作多次作出重要指示批示,特别是这次会前作出的重要指示,深刻阐述了事关供销合作事业长远发展的重大理论和实践问题,明确了供销合作社的性质定位,肯定了供销合作社的地位作用,指明了供销合作社的发展方向,提出了继续办好供销合作社的使命要求,为做好新时代供销合作社工作提供了根本遵循。我们必须深入学习、准确领会、全面把握,坚持把贯彻落实习近平总书记关于供销合作社工作重要指示批示作为全系统增强"四个意识"、坚定"四个自信"、做到"两个维护"的具体行动,确保供销合作社始终沿着正确方向前进。

第二，坚持党的领导，充分彰显供销合作社的政治优势

习近平总书记明确指出，供销合作社是党领导下的为农服务的综合性合作经济组织。坚持党的领导，是供销合作社最本质的特征。回顾中国革命、建设、改革波澜壮阔的历史进程，重视和加强供销合作事业，始终是我们党做好"三农"工作的传统和优势。坚持党的领导，是供销合作社始终如一的红色基因。坚持党的领导，听从党的号召，奉献党的事业，是供销合作社融入血脉的精神标识、永不褪色的红色烙印。坚持党的领导，是供销合作社独具特色的政治优势。坚持党的领导，是供销合作事业持续健康发展的根本保证。面向未来，供销合作社只有坚定不移听党话、跟党走，全面加强党对供销合作事业的领导，才能有效发挥制度优势、应对重大挑战、抵御重大风险，不断开创我国供销合作事业新局面。

第三，立足"三农"大局，把推进农业农村现代化和乡村振兴作为供销合作社的职责任务

实施乡村振兴战略，是以习近平同志为核心的党中央着眼党和国家事业全局作出的重大决策部署，是新时代做好"三农"工作的总抓手。全系统必须着眼于加快推进农业农村现代化这个"总目标"，牢固树立"总抓手"意识，立足全局增强使命感，把握职能增强责任感，聚焦任务增强紧迫感，积极投身新时代乡村振兴伟大实践。推进农业农村现代化和乡村振兴，必须在农村现代流通中发挥骨干作用。供销合作社必须充分发挥流通主业优势，勇于担当、勇挑大梁，把握流通变革新规律，顺应流通发展新趋势，坚持以规模化为基础、信息化为支撑、品牌化为导向，畅通农产品进城、工业品下乡双向通道，加快形成城乡网点广泛覆盖、线上线下融合发展的流通新格局，努力成为新时代农村现代流通的主导力量。推进农业农村现代化和乡村振兴，必须在农业社会化服务中发挥中坚作用。供销合作社必须深入总结土地托管服务等经验，探索更多适合不同地域、不同作物的农业生产服务模式，为小农户和各类新型农业经营主体提供规模化、系列化、便利化服务，促进农业适度规模经营，促进小农户与现代农业发展有机衔接。推进农业农村现代化和乡村振兴，必须在发展壮大农村集体经济中发挥枢纽作用。当前，农村集体产权制度改革深入推进，以资源变资产、资金变股金、农民变股东为主要内容的农村"三变"改革广泛开展，各种形式的农村股份合作经济蓬勃发展。供销合作社必须顺应农村改革大势，融入新型农村集体经济发展，积极推广"村社共建"，发展富民乡村产业，成为引领带动农村各类经济组织发展的重要枢纽，实现村集体经济壮大、农民共同富裕、供销合作社发展的多赢。推进农业农村现代化和乡村振兴，必须在改善农村人居环境中发挥独特作用。供销合作社要充分发挥再生资源回收利用网络和农资经营服务网络优势，主动参与农村生活垃圾治理和农业面源污染防治，以实际行动推动农业更绿、农村更美、农民更富，助力打造现代版乡村《富春山居图》。

第四，建功"十四五"，把为建设社会主义现代化国家作贡献作为供销合作社的历史使命

全系统必须深刻认识和把握发展大势，胸怀"两个大局"，紧紧围绕建功"十四五"时期经济社会发展主战场，高质量制定和实施供销合作社"十四五"规划，为全面建设社会主义现代化国家作出贡献。建功"十四五"，必须在建设现代化经济体系中积极作为。当前，我国已进入高质量发展阶段，但发展不平衡不充分问题仍然突出，必须坚定不移贯彻新发展理念，深入推进供给侧结构性改革，加快建设现代化经济体系，实现更高质量、更有效率、更加公平、更可持续、更为安全的发展。这就要求供销合作社加快转变传统发展理念和发展方式，加快推进质量变革、效率变革、动力变革，加快推动经济结构优化升级，打造现代化经济体系的供销板块。建功"十四五"，必须在构建新发展格局中积极作为。在当前全球市场萎缩的外部环境下，党中央明确提出,必须牢牢把握扩大内需这个战略基点,发挥国内超大规模市场优势,加快形成新发展格局。这就要求供销合作社充分发挥覆盖城乡的经营服务网络优势,努力营造安全、优质、便利的消费环境,开拓城乡市场,扩大最终消费,在畅通生产、流通、分配、消费国民经济循环中发挥更大作用。建功"十四五",必须在加快完善社会主义市场经济体制中积极作为。全面深化经济体制改革,构建更加系统完备、更加成熟定型的高水平社会主义市场经济体制,是党中央作出的重大战略部署,是新时代坚持和完善社会主义基本经济制度的迫切需要。这就要求供销合作社充分发挥经营性和公益性功能相结合的独特优势,积极参与农村各项改革,激发农村市场活力,促进商品和要素在城乡之间自由流动、高效配置;同时积极承担政府委托的公益性服务,在服务政府宏观调控、弥补市场失灵中发挥应有作用。

第五,推进改革强社、服务立社、夯基建社、以企兴社、从严治社,建设新时代综合性合作经济组织

全系统要凝聚共识、协同行动,在坚持合作经济基本属性前提下,把合作制原则同我国供销合作事业发展实际相结合,坚持"改革强社、服务立社、夯基建社、以企兴社、从严治社",加快建设新时代综合性合作经济组织。

——深入推进改革强社。全系统必须以永远在路上的执着将改革进行到底,巩固深化改革成果,加快理顺体制机制,增强内生动力活力,实现创新发展、转型发展,加快打造体现新发展理念和高质量发展要求的新时代综合性合作经济组织。

——深入推进服务立社。全系统必须把为农服务作为立身之本、生存之基,不断拓展服务阵地,创新服务方式,增强服务能力,加快形成综合性、规模化、可持续的为农服务体系,成为党和政府抓得住、用得上的为农服务中坚力量。

——深入推进夯基建社。全系统必须切实在思想上高度重视,在工作上优先安排,在投入上重点保障,真正把基层社办成规范的、以农民社员为主体的合作社,切实提高农民群众获得感。

——深入推进以企兴社。全系统必须加大社有企业改革力度,完善治理结构、强化激励约束,突出主业、提高效率,培育一批具有较强市场竞争力和行业影响力的龙头企业,筑牢新时代综合性合作经济组织的产业基础,更好服务国家宏观调控、履行社会责任。

——深入推进从严治社。全系统必须坚决贯彻党中央关于全面从严治党战略部署,深入推进党风廉政建设,把党规党纪、法律法规、章程制度全面落实到供销合作社工作各领域,加快完善内容科学、程序严密、配套完备、有效管用的全面从严治社制度体系和管理机制,为建设新时代综合性合作经济组织提供坚强保障。

凝心聚力 加压奋进
开启供销合作事业发展新征程

今后五年,做好供销合作社工作的总要求是:坚持以习近平新时代中国特色社会主义思想为指导,全面贯彻党的十九大和十九届二中、三中、四中全会精神,深入学习贯彻习近平总书记关于"三农"工作重要论述和对供销合作社工作的重要指示批示,坚持稳中求进工作总基调,坚持新发展理念和高质量发展要求,坚持从"三农"工作大局出发,牢记为农服务根本宗旨,持续深化综合改革,完善体制机制,拓展服务领域,深入推进改革强社、服务立社、夯基建社、以企兴社、从严治社,加快成为服务农民生产生活的综合平台,成为党和政府密切联系农民群众的桥梁纽带,努力走出一条中国特色供销合作社发展之路,不断开创我国供销合作事业新局面,为

推进农业农村现代化和乡村振兴贡献力量。

到 2025 年,生产、供销、信用"三位一体"综合合作广泛开展,综合性、规模化、可持续的为农服务体系基本形成;基层社服务功能更加完备,与农民建立紧密利益联结,实现农民得实惠、基层社得发展的双赢;联合社机关管理严格,治理效能显著提升,双线运行机制健全完善,全系统整体优势充分发挥;社有企业改革扎实推进,综合经济实力和服务能力明显增强,切实建立适应社会主义市场经济要求的现代企业制度。经过五年的改革发展,供销合作社在"三农"领域作用更加凸显、贡献更加突出。

(一)深入学习贯彻习近平新时代中国特色社会主义思想,不断筑牢供销合作事业发展的思想根基。全系统要坚持把深入学习贯彻习近平新时代中国特色社会主义思想作为首要政治任务,持续在深学笃信笃行上下功夫,进一步增强"四个意识"、坚定"四个自信"、做到"两个维护"。

在深学细悟中把握思想体系。坚持常学常新、常悟常进,自觉做到学习跟进、认识跟进、思想跟进、行动跟进,不断增强政治认同、思想认同、情感认同。

在联系实际中理清工作思路。要强化各级联合社领导干部的理论武装,分层实施、分步推进理论培训,实现全覆盖,切实把全系统的思想认识统一到习近平总书记一系列重要指示批示精神上来。

在知行合一中积极担当作为。全面对标对表习近平总书记重要指示批示,明确努力方向和重点任务,明确责任主体和工作要求,推动落地见效。

全系统必须提高政治站位,切实用党的创新理论武装头脑、指导实践、推动工作,进一步筑牢思想根基、坚定事业自信,不断推进中国特色供销合作社理论创新、实践创新,汇聚起开创供销合作事业发展新局面的磅礴力量。

(二)立足服务党和国家工作全局,积极建功"十四五"经济社会发展。全系统要胸怀"两个大局",立足职能职责,发挥自身优势,努力在全局中找准工作切入点、着力点、出彩点,积极服务国家重大战略。

着力在落实"六稳""六保"工作任务中体现担当。供销合作社系统做好"六稳"工作、落实"六保"任务,关键是要稳定经济运行、开拓国内市场、扩大有效投资、培育新兴动能,为加快形成以国内大循环为主体、国内国际双循环相互促进的新发展格局作贡献。确保系统经济平稳健康运行,加强分析研判,提升指导系统做好经济工作的基本功。密切关注宏观经济形势变化对供销合作社主营业务的影响,及时采取有针对性的应对措施,千方百计保市场主体,多措并举稳住主营业务和县及县以下两个基本盘。积极参与开拓国内大市场,抓住国家扩大内需的重大机遇,发挥供销合作社联结城乡、衔接产销的优势,在巩固提升传统业务的基础上,规划布局建设现代物流体系,加快发展农村电商,充分挖掘农村市场潜力,在促进形成强大国内市场中发挥供销作用。加快重大投资项目建设,用好国家扩大有效投资政策,围绕冷链物流、农产品市场等领域,抓紧启动建设一批稳增长、补短板的项目,谋划实施一批打基础、利长远的项目,发挥有效投资拉动作用。抢抓国家建立应急物流体系的政策机遇,积极争取党委政府依托供销合作社建设应急物资储备中心。大力培育发展新动能,适应新型城镇化、数字乡村建设等新形势新要求,加快服务创新、产品创新、商业模式创新,努力在农业全产业链服务、现代物流、农村环保等领域形成新的竞争优势。

着力在建立稳定脱贫长效机制中贡献力量。充分发挥"扶贫832平台"作用,进一步在供给、需求、平台三方发力,消除瓶颈制约,建立稳定销售机制,拓展产业服务功能,巩固提升脱贫成果。扎实推进消费扶贫,强化对口帮扶机制。继续开展贫困地区农产品展示推介活动,拓宽农产品销售渠道。持续做强产业扶贫。统筹做好科教扶贫。

着力在推进乡村振兴中展现作为。加快培育富民乡村产业,立足地方资源禀赋,发挥供销合作社产业主体众多的优势,服务带动现代高效农业和农产品加工流通业,推进产业交叉融合,延长产业链,把更多的产业增值收益留在乡村,促进乡村产业振兴。主动参与农村集体经济发展。积极投身农村人居环境整治,拉长再生资源行业产业链,形成供销合作社为农服务新优势。服务农民群众生活,顺应农村消费升级趋势,改造建设一批功能完备、便民实用的农村综合服务社,推动生活性服务向高品质和多样化升级。

(三)大力实施供销合作社培育壮大工程,开启综合改革新篇章。实施供销合作社培育壮大工程是综合改革的延续和深化,是巩固和拓展综合改革成果的内在要求,要统筹部署、一体推进,不断把供销合作社综合改革推向深入。

深化"三位一体"综合合作。鼓励探索多种形式的"三位一体"综合合作,不断丰富创新"三位一体"综合合作实现途径,加快扩大"三位一体"综合合作覆盖面。积极拓展综合合作功能,密切与农民和各类新型农业经营主体的合作联合,提高综合服务效能。着力提升综合合作水平,形成以流通为主导、生产为基础、金融为支撑的综合协同服务新机制。深入总结各地经验,制定出台推进"三位一体"工作指导意见。开展"三位一体"综合合作百县推进行动。

推动改革系统集成。不断强化改革思维,由夯基垒台、立柱架梁向全面推进、协同高效转变,发挥综合改革的整体效应。扩大改革制度化成果,以制度规范推进综合改革。处理好改革与发展的关系,做到改革与发展相互促进、齐头并进。

加快补齐改革短板弱项。加快完善"三会"制度。加快健全双线运行机制,创新纵向层级联系方式,优化横向社企关系,构建高效协调运转的双线运行机制。加快提升联合社治理能力,推动全系统不断完善适应社会主义市场经济需要、适应城乡融合发展需要、适应农业农村现代化需要的组织结构、管理体制、运行机制。

(四)着力打造综合性合作经济组织,加快形成全产业链为农服务新格局。坚持把为农服务摆在首位,放大服务功能,拓展服务领域,创新服务方式,做好"供销合作社+"这篇大文章,加快形成全产业链服务体系。

完善农业社会化服务体系。做实服务网络,建设县有运营中心、乡镇有惠农服务中心、村有惠农服务站的县域农业社会化服务网络。做强服务主体,构建以社有企业为骨干、基层社为基础、产业服务联盟为支撑的服务体系。提升服务能力,为农民合作社、家庭农场和小农户提供精准化服务。提高服务科技含量,推动服务精准到户。力争到2025年,全系统通过从上到下建设农业社会化服务体系,土地托管面积达到1.5亿亩,各环节农业社会化服务规模达到3亿亩次,服务带动小农户5000万户以上。

健全农产品现代流通体系。启动实施"供销合作社农产品冷链物流和市场建设工程"。加快冷链物流基础设施建设,培育一批骨干冷链物流企业,建设产地预冷、仓储保鲜、冷藏运输等设施,建设一批冷链物流中心(物流园区)和示范基地。优化农产品市场布局,形成产地市场、集散地市场和销地市场有机联结、分布合理、高效流通的骨干农产品市场网络。畅通农产品销售渠道,促进小农户与大市场精准有效对接。健全农产品滞销信息快速响应机制,探索建立滞销农产品集中采购仓储、网点错峰销售机制。创新农产品流通方式,大力发展农产品电商,推动商贸流通企业数字化转型。到 2025 年,力争全系统冷链物流库容占全社会的比重超过 10%;亿元以上农产品批发市场占全社会的 20%,交易额占全社会比重超过 15%;全系统农产品电商交易额超过 2800 亿元。

实施"供销品牌创建行动"。加大"中国供销合作社"标识普及和推广力度。强化品牌建设。加强品牌宣传。

(五)做强县及县以下供销合作社,全力打通为农服务"最后一公里"。坚持大抓基层的鲜明导向,着力增强县级社综合实力,持续推进基层社提质扩面,完善基层经营服务功能,全面巩固为农服务前沿阵地。

着力加强县级社建设。提高县级社统筹服务能力,加快推进县基服务一体化。加强县级社对基层社资产的监督管理,提升统一运营的水平。推进县级社民主办社、开放办社。加强对县级社的指导和扶持,逐步消灭县级供销合作社建设"空白点"。

全面提升基层社发展质量。分类改造薄弱基层社,每年按照基层社总量 5% 的比例改造提升薄弱社和相对薄弱社。逐步消除"三无"基层社,努力实现全国所有乡镇基层社全覆盖。建设标杆基层社,未来 5 年建设 3000 家标杆社,打造乡镇为农服务综合体。强化基层社合作经济组织属性,切实做到农民出资、农民参与、农民受益。可以因地制宜发展村供销合作社。继续做实供销合作社合作发展基金,统筹用于基层社建设和为农服务。

办好办强农民合作社。扩大数量,力争 2025 年在全社会的占比达到 10% 以上。提高质量,强化对农民合作社的指导、扶持和服务,培育一批管理民主、制度健全、与供销合作社联结紧密的农民合作社。强化联合,增强吸引力、公信力,引领推动农民合作社之间的联合与合作。

(六)大力推进社有企业高质量发展,加快构建特色鲜明、优势突出的产业支撑体系。坚持市场化改革方向,持续推进社有企业深化改革、转型升级,加强社有资本整合重组和优化布局,提升为农服务产业支撑能力。

推进社有企业市场化改革。加快现代企业制度建设,深入推进社有企业公司制改造。稳慎推进混合所有制改革,放大社有资本功能。切实转换经营机制,以企业三项制度改革为突破口,激发企业发展活力。着力完善企业法人治理结构,坚持把企业党组织内嵌到公司治理结构之中,推动形成各司其职、各负其责、协调运转、有效制衡的公司治理机制。进一步健全决策、执行、监督机制,压缩管理层级,完善管控体系,堵塞管理漏洞。出台关于全系统社有企业改革发展的指导意见。

提高社有企业综合实力。培育壮大龙头企业,分行业推进社有企业战略性重组和专业化整合,培育一批示范带动作用强的行业龙头企业。加快实施"社有企业上市倍增计划",打造资本市场的供销合作社概念股。积极培育新增长点,主动对接区域发展战略,加大投资力度,发展互助合作保险,加强产业链上下游协同,持续增强产业支撑能力。创新发展联合合作,加快打造一批具有较强影响力的大棉商、大茶商、大粮商。推动形成大中小企业各有侧重、各层级供销合作社分工协调、各类经营主体利益共享的合作经营格局。总社"新网工程"专项资金继续加大对联合合作项目支持。

加强社有企业监督和管理。理顺社企关系,健全完善"三重一大"决策制度,把牢社有企业为农服务方向,尊重和保障企业经营自主权。健全监管机制,加快构建完整工作链条,不断提高监管效能和水平,切实防范重大经营风险。全面摸清社有资产家底,建立资产数据库。强化监督问责,发挥监事会职能,统筹监督力量,建立监督联动和会商机制,对发现的违规经营投资等问题加大责任追究力度。

(七)坚持全面从严治社,着力营造供销合作事业持续健康发展的良好环境。在新的历史起点上推进供销合作事业,必须坚持党的领导,贯彻新时代党的建设总要求,坚定不移推进全面从严治党、从严治社,为供销合作事业行稳致远提供坚强保证。

切实把党的政治建设摆在首位。要把"两个维护"作为最根本的政治责任和最高政治原则,以党的政治建设为统领,全面加强供销合作社党的各项建设,始终在政治立场、政治方向、政治原则、政治道路上同以习近平同志为核心的党中央保持高度一致。严明政治纪律和政治规矩,坚决贯彻落实习近平总书记重要指示批示和党中央重大决策部署,严格落实请示报告制度。巩固深化"不忘初心、牢记使命"主题教育成果。加快建立从严治社长效机制,推动党风廉政建设不断深入,形成风清气正的良好政治生态。

着力加强干部人才队伍建设。落实新时代党的组织路线,突出政治标准,加快建立健全具有供销合作社特色的干部人事制度,培养造就政治强、业务精、结构优、作风好的干部队伍。着力培养一批爱供销、懂经营、会管理、勇创新的企业家队伍。加强基层人才队伍建设,充实优化基层人才队伍。创新基层用人机制和薪酬机制。实施"供销合作社教育培训工程",为供销合作社改革发展提供人才支撑。开展省、市、县三级联合社主任轮训。积极开展农村实用人才培训。大力弘扬供销合作社文化,为新时代供销合作事业发展凝聚强大力量。

坚定不移推进党风廉政建设。严格落实"两个责任",把全面从严治党各项要求落到实处。持之以恒深化作风建设,力戒形式主义、官僚主义。深入开展纪律教育、警示教育。加大监督执纪问责力度,把"严"的主基调长期坚持下去。

统筹推进供销合作社各项事业。加强国际合作交流,深化与"一带一路"国家合作社务实合作,积极支持和参与推动国际合作社联盟工作。大力支持社团发展,进一步发挥社团在服务宏观调控、助力产业发展、巩固脱贫成果等方面的积极作用。深化科研院所改革,加强规范管理,提高科研成果质量,增强为农服务的科技支撑。加强宣传工作,构建大宣传格局,营造供销合作事业发展的良好舆论环境。

附录五 中华全国供销合作总社关于印发
《2020年深化供销合作社综合改革重点工作任务书》的通知
(供销合字〔2020〕9号)

各省、自治区、直辖市及新疆生产建设兵团供销合作社,中华全国供销合作总社各部局：

　　为深入贯彻习近平总书记对中华全国供销合作总社成立60周年的重要批示,加快落实中共中央、国务院《关于深化供销合作社综合改革的决定》(中发〔2015〕11号)的部署要求,确保完成综合改革阶段性目标任务,加快把供销合作社系统打造成为服务农民生产生活的生力军和综合平台,在打赢脱贫攻坚战、实施乡村振兴战略、全面建成小康社会中作出新的更大贡献,中华全国供销合作总社制定了《2020年深化供销合作社综合改革重点工作任务书》。现印发给你们,请结合实际认真抓好落实。

中华全国供销合作总社
2020年3月5日

2020年深化供销合作社综合改革重点工作任务书

　　中共中央、国务院《关于深化供销合作社综合改革的决定》(中发〔2015〕11号)印发以来,全国供销合作社系统以密切与农民利益联结为核心,以提升为农服务能力为根本,以强化基层社和创新联合社治理机制为重点,积极稳妥推进综合改革,拓展经营服务领域,强化基层社恢复重建,创新联合社治理机制,得到各级党委、政府的重视支持,取得了阶段性成效。但总体来看,综合改革的任务仍然繁重和艰巨。为抓紧解决当前综合改革中存在的突出问题,确保完成中发〔2015〕11号文件规定的阶段性改革目标任务,中华全国供销合作总社(以下简称总社)特制定2020年深化供销合作社综合改革重点工作任务书如下：

一、指导思想和总体要求

　　深入贯彻落实和对标对表习近平总书记重要指示批示和中发〔2015〕11号文件精神,进一步聚焦把供销合作社系统建成与农民联结更紧密、为农服务功能更完备、市场化运行更高效的合作经济组织体系,按照"改革强社、服务立社、夯基建社、以企兴社、从严治社"的要求,将综合改革与实施供销合作社培育壮大工程、推进供销合作社治理体系和治理能力现代化建设统筹推进,鼓励各地大胆实践探索,加快复制推广成熟经验做法,加快形成更多制度成果,更好地发挥服务农民生产生活的生力军和综合平台作用。

二、重点工作

　　2020年深化供销合作社综合改革要紧紧围绕中发〔2015〕11号文件提出的目标任务,集中力量,重点推进。

一是大力加强基层组织建设,进一步密切与农民利益联结。提高基层社发展质量,改造薄弱基层社,创建标杆基层社,打造面向农民的综合服务平台,提高和增强农民群众的参与度和获得感。增加基层社数量,创新发展村级基层社,积极吸纳农民入社,办成规范的、以农民社员为主体的综合性合作社。推进生产、供销、信用"三位一体"综合合作,加大领办创办农民合作社工作力度,推动农民合作社加快发展、加强规范、加大联合。

二是不断拓展为农服务功能,努力提升服务农民生产生活能力水平。创新农业生产服务方式和手段,大力开展土地托管、代耕代种、统防统治、测土配方施肥等经营服务项目。提升农产品流通服务水平,加快推进农批市场、分拣包装、冷链物流等设施建设,构建从产地到餐桌的农产品现代流通服务体系。推动农村综合服务社提档升级,开展日用消费品、电子商务、代理代办、养老幼教等多样化服务。

三是积极创新联合社治理机制,持续激发内生动力和发展活力。加快健全联合社"三会"制度,优化治理结构,提高治理能力,更多地用改革的思路和市场的办法开展经营服务。密切层级间联合合作,强化为成员社服务、为基层社服务的工作导向,构建联合社机关主导的行业指导体系。理顺社企关系,强化社有资产监管,发展壮大社有企业,规范推进开放办社,构建社有企业支撑的经营服务体系。

四是培育供销合作社服务品牌,努力营造改革发展良好氛围。创新宣传理念,加大宣传力度,让社会更多了解供销合作社综合改革成果和为农服务成效。争取党委政府和社会各界支持,加强与有关部门共建共享,推动改革政策落地见效。加强"中国供销合作社"标识普及推广和使用管理,提高供销合作社品牌知名度和社会公信力,扩大供销合作事业社会影响。

按照重点工作项目化原则,共分四大类14项工作。每项工作都列出了具体目标和对应的总社责任部门,以便各地做好任务分解落实。

(一)密切与农民利益联结,提高和增强农民的参与度和获得感。

1.推进基层社改造提升。深入实施基层社组织建设工程和"千县千社"振兴计划,改造升级2000个薄弱基层社,创建1000个标杆基层社,新建2500个村级基层社,基层社数量增长到3.5万个。(责任部门:合作指导部)

2.强化基层社合作制属性。基层社健全"三会"制度(社员代表大会、理事会、监事会)、建立按股分红和按交易额返利相结合分配机制的比例均达到20%以上,社员数达到700万人(户)。(责任部门:合作指导部)

3.加快发展生产、供销、信用"三位一体"综合合作。因地制宜积极探索"三位一体"综合合作的不同实现方式和有效途径,提炼总结成熟经验,加大力度复制推广,推动供销合作社与农民合作社深度融合、协同发展。(责任部门:金融服务部、合作指导部)

(二)创新农业社会化服务,提升现代农业流通体系,完善为农服务功能。

1.全面实施农业社会化服务惠农工程。各类农业生产服务中心达到1.4万家,庄稼医院达到7.2万家,土地托管等农业社会化服务面积达到2.2亿亩。(责任部门:合作指导部、农业生产资料与棉麻局、科教社团部)

2.提升农产品流通服务水平。总社召开农产品冷链物流现场会,重点推进农批市场、冷链物流、产地收集市场及仓储设施建设,完成"十三五"规划提出的改造220家农批市场的任务。建设运营好"扶贫832"平台,力争实现22万个预算单位和80%以上贫困县的农副产品入驻平台。(责任部门:经济发展与改革部)

3.推进农村综合服务社升级改造。进一步优化农村综合服务社(中心)布局,农村综合服务社(中心)发展到43.5万家。广泛开展农村综合服务社星级社创建,拓展社区综合服务功能,为农村居民提供便利化服务。(责任部门:合作指导部)

(三)创新联合社治理机制,完善"三会"制度,构建双线运行机制。

1.健全联合社"三会"制度。推动未按期召开社员代表大会的省级和地市级联合社召开社员代表大会,省级社全部建立理事会、监事会。加快推进市、县级联合社理事会、监事会建设。(责任部门:合作指导部、监事会办公室)

2.健全层级间工作评价和考核机制。总社出台成员社对联合社的工作评价试行办法,选择部分地区试行。(责任部门:合作指导部、监事会办公室)总社根据年度工作重点优化对成员社的考核指标体系,省、市级社优化对成员社的考核指标体系。(责任部门:合作指导部)

3.建立供销合作社合作发展基金。各级联合社采取多种形式整合资金建立供销合作社合作发展基金,在基层社建设和为农服务中切实发挥作用。(责任部门:财会部、金融服务部)

4.进一步发展壮大社有企业。总社召开全系统企业工作会议,出台推动社有企业改革发展的指导意见。推动省级社全部成立社有资产管理委员会,强化监管职责,建立社有资产监督管理、社有资本经营预算、社有企业投资监督管理、社有企业负责人资产损失责任追究暂行办法等相关制度;规范出资企业董事会组成结构和议事规则,完善差异化的考核机制与市场化的激励约束机制。(责任部门:财会部)

(四)加强综合改革的领导。

1.督促落实党委、政府领导责任。总社会同中央农办开展专项调研督查,督促各地对标对表中发〔2015〕11号文件和地方出台的实施意见,加强对市、县层面的督导考核,落实领导推动综合改革责任。(责任部门:办公厅、研究室)

2.建立联合社领导班子成员定点联系工作机制。各级联合社建立领导班子成员定点联系综合改革工作机制,实行包点指导。(责任部门:办公厅)

3.制定《供销合作社条例》及配套制度。推动《供销合作社条例》尽快出台,研究制定供销合作社示范章程、基层社登记管理办法、集体所有制基层社改制管理办法等配套制度,为深化改革提供法治保障。(责任部门:合作指导部)

4.加大对供销合作社的宣传力度。加大"中国供销合作社"标识的普及和宣传推广力度,加强规范使用,防止借用、滥用、冒用标识的行为。加大对供销合作社的宣传,讲好供销合作社故事,扩大供销合作事业社会影响;推动全系统发扬"扁担精神""背篓精神",传承艰苦奋斗、勤俭办社、敬业奉献的工作作风,弘扬为农、务农、姓农价值理念。(责任部门:办公厅、研究室、合作指导部)

三、工作要求

(一)强化组织领导。要强化责任担当,把完成综合改革阶段性目标任务作为2020年工作的重中之重,切实将以上工作项目列入重要议事日程,认真制订工作方案,细化目标任务,精心组织实施,切实抓紧抓好。

(二)强化协调推进。要积极发挥任务书的牵动引领作用,及时召开深化供销合作社综合改革推进会,以完成项目要求为目标,坚持统筹规划、协同推进,确保各项工作早谋划、早部署、早启动、早落实,全力以赴完成全年各项工作任务。

（三）强化督查考核。各省级社每月要向总社综合改革领导小组办公室报送各项任务进展情况。总社办公厅要加强对各项工作的督促检查，总社合作指导部要将各地综合改革重点工作完成情况作为今年综合业绩考核的重要内容，切实发挥督查考核的"指挥棒"作用，努力营造攻坚克难、创新实干的工作氛围。

附录六　中共中央　国务院关于实施乡村振兴战略的意见
（中发〔2018〕1号）

实施乡村振兴战略，是党的十九大作出的重大决策部署，是决胜全面建成小康社会、全面建设社会主义现代化国家的重大历史任务，是新时代"三农"工作的总抓手。现就实施乡村振兴战略提出如下意见。

一、新时代实施乡村振兴战略的重大意义

党的十八大以来，在以习近平同志为核心的党中央坚强领导下，我们坚持把解决好"三农"问题作为全党工作重中之重，持续加大强农惠农富农政策力度，扎实推进农业现代化和新农村建设，全面深化农村改革，农业农村发展取得了历史性成就，为党和国家事业全面开创新局面提供了重要支撑。5年来，粮食生产能力跨上新台阶，农业供给侧结构性改革迈出新步伐，农民收入持续增长，农村民生全面改善，脱贫攻坚战取得决定性进展，农村生态文明建设显著加强，农民获得感显著提升，农村社会稳定和谐。农业农村发展取得的重大成就和"三农"工作积累的丰富经验，为实施乡村振兴战略奠定了良好基础。

农业农村农民问题是关系国计民生的根本性问题。没有农业农村的现代化，就没有国家的现代化。当前，我国发展不平衡不充分问题在乡村最为突出，主要表现在：农产品阶段性供过于求和供给不足并存，农业供给质量亟待提高；农民适应生产力发展和市场竞争的能力不足，新型职业农民队伍建设亟须加强；农村基础设施和民生领域欠账较多，农村环境和生态问题比较突出，乡村发展整体水平亟待提升；国家支农体系相对薄弱，农村金融改革任务繁重，城乡之间要素合理流动机制亟待健全；农村基层党建存在薄弱环节，乡村治理体系和治理能力亟待强化。实施乡村振兴战略，是解决人民日益增长的美好生活需要和不平衡不充分的发展之间矛盾的必然要求，是实现"两个一百年"奋斗目标的必然要求，是实现全体人民共同富裕的必然要求。

在中国特色社会主义新时代，乡村是一个可以大有作为的广阔天地，迎来了难得的发展机遇。我们有党的领导的政治优势，有社会主义的制度优势，有亿万农民的创造精神，有强大的经济实力支撑，有历史悠久的农耕文明，有旺盛的市场需求，完全有条件有能力实施乡村振兴战略。必须立足国情农情，顺势而为，切实增强责任感使命感紧迫感，举全党全国全社会之力，以更大的决心、更明确的目标、更有力的举措，推动农业全面升级、农村全面进步、农民全面发展，谱写新时代乡村全面振兴新篇章。

二、实施乡村振兴战略的总体要求

（一）指导思想。全面贯彻党的十九大精神，以习近平新时代中国特色社会主义思想为指导，加强党对"三农"工作的领导，坚持稳中求进工作总基调，牢固树立新发展理念，落实高质量发展的要求，紧紧围绕统筹推进"五位一体"总体布局和协调推进"四个全面"战略布局，坚持把解决好"三农"问题作为全党工作重中之重，坚持农业农村优先发展，按照产业兴旺、生态宜居、

乡风文明、治理有效、生活富裕的总要求,建立健全城乡融合发展体制机制和政策体系,统筹推进农村经济建设、政治建设、文化建设、社会建设、生态文明建设和党的建设,加快推进乡村治理体系和治理能力现代化,加快推进农业农村现代化,走中国特色社会主义乡村振兴道路,让农业成为有奔头的产业,让农民成为有吸引力的职业,让农村成为安居乐业的美丽家园。

(二)目标任务。按照党的十九大提出的决胜全面建成小康社会、分两个阶段实现第二个百年奋斗目标的战略安排,实施乡村振兴战略的目标任务是:

到2020年,乡村振兴取得重要进展,制度框架和政策体系基本形成。农业综合生产能力稳步提升,农业供给体系质量明显提高,农村一二三产业融合发展水平进一步提升;农民增收渠道进一步拓宽,城乡居民生活水平差距持续缩小;现行标准下农村贫困人口实现脱贫,贫困县全部摘帽,解决区域性整体贫困;农村基础设施建设深入推进,农村人居环境明显改善,美丽宜居乡村建设扎实推进;城乡基本公共服务均等化水平进一步提高,城乡融合发展体制机制初步建立;农村对人才吸引力逐步增强;农村生态环境明显好转,农业生态服务能力进一步提高;以党组织为核心的农村基层组织建设进一步加强,乡村治理体系进一步完善;党的农村工作领导体制机制进一步健全;各地区各部门推进乡村振兴的思路举措得以确立。

到2035年,乡村振兴取得决定性进展,农业农村现代化基本实现。农业结构得到根本性改善,农民就业质量显著提高,相对贫困进一步缓解,共同富裕迈出坚实步伐;城乡基本公共服务均等化基本实现,城乡融合发展体制机制更加完善;乡风文明达到新高度,乡村治理体系更加完善;农村生态环境根本好转,美丽宜居乡村基本实现。

到2050年,乡村全面振兴,农业强、农村美、农民富全面实现。

(三)基本原则

——坚持党管农村工作。毫不动摇地坚持和加强党对农村工作的领导,健全党管农村工作领导体制机制和党内法规,确保党在农村工作中始终总揽全局、协调各方,为乡村振兴提供坚强有力的政治保障。

——坚持农业农村优先发展。把实现乡村振兴作为全党的共同意志、共同行动,做到认识统一、步调一致,在干部配备上优先考虑,在要素配置上优先满足,在资金投入上优先保障,在公共服务上优先安排,加快补齐农业农村短板。

——坚持农民主体地位。充分尊重农民意愿,切实发挥农民在乡村振兴中的主体作用,调动亿万农民的积极性、主动性、创造性,把维护农民群众根本利益、促进农民共同富裕作为出发点和落脚点,促进农民持续增收,不断提升农民的获得感、幸福感、安全感。

——坚持乡村全面振兴。准确把握乡村振兴的科学内涵,挖掘乡村多种功能和价值,统筹谋划农村经济建设、政治建设、文化建设、社会建设、生态文明建设和党的建设,注重协同性、关联性,整体部署,协调推进。

——坚持城乡融合发展。坚决破除体制机制弊端,使市场在资源配置中起决定性作用,更好发挥政府作用,推动城乡要素自由流动、平等交换,推动新型工业化、信息化、城镇化、农业现代化同步发展,加快形成工农互促、城乡互补、全面融合、共同繁荣的新型工农城乡关系。

——坚持人与自然和谐共生。牢固树立和践行绿水青山就是金山银山的理念,落实节约优先、保护优先、自然恢复为主的方针,统筹山水林田湖草系统治理,严守生态保护红线,以绿色发展引领乡村振兴。

——坚持因地制宜、循序渐进。科学把握乡村的差异性和发展走势分化特征,做好顶层设计,注重规划先行、突出重点、分类施策、典型引路。既尽力而为,又量力而行,不搞层层加码,不搞一刀切,不搞形式主义,久久为功,扎实推进。

三、提升农业发展质量,培育乡村发展新动能

乡村振兴,产业兴旺是重点。必须坚持质量兴农、绿色兴农,以农业供给侧结构性改革为主线,加快构建现代农业产业体系、生产体系、经营体系,提高农业创新力、竞争力和全要素生产率,加快实现由农业大国向农业强国转变。

(一)夯实农业生产能力基础。深入实施藏粮于地、藏粮于技战略,严守耕地红线,确保国家粮食安全,把中国人的饭碗牢牢端在自己手中。全面落实永久基本农田特殊保护制度,加快划定和建设粮食生产功能区、重要农产品生产保护区,完善支持政策。大规模推进农村土地整治和高标准农田建设,稳步提升耕地质量,强化监督考核和地方政府责任。加强农田水利建设,提高抗旱防洪除涝能力。实施国家农业节水行动,加快灌区续建配套与现代化改造,推进小型农田水利设施达标提质,建设一批重大高效节水灌溉工程。加快建设国家农业科技创新体系,加强面向全行业的科技创新基地建设。深化农业科技成果转化和推广应用改革。加快发展现代农作物、畜禽、水产、林木种业,提升自主创新能力。高标准建设国家南繁育种基地。推进我国农机装备产业转型升级,加强科研机构、设备制造企业联合攻关,进一步提高大宗农作物机械国产化水平,加快研发经济作物、养殖业、丘陵山区农林机械,发展高端农机装备制造。优化农业从业者结构,加快建设知识型、技能型、创新型农业经营者队伍。大力发展数字农业,实施智慧农业林业水利工程,推进物联网试验示范和遥感技术应用。

(二)实施质量兴农战略。制订和实施国家质量兴农战略规划,建立健全质量兴农评价体系、政策体系、工作体系和考核体系。深入推进农业绿色化、优质化、特色化、品牌化,调整优化农业生产力布局,推动农业由增产导向转向提质导向。推进特色农产品优势区创建,建设现代农业产业园、农业科技园。实施产业兴村强县行动,推行标准化生产,培育农产品品牌,保护地理标志农产品,打造"一村一品、一县一业"发展新格局。加快发展现代高效林业,实施兴林富民行动,推进森林生态标志产品建设工程。加强植物病虫害、动物疫病防控体系建设。优化养殖业空间布局,大力发展绿色生态健康养殖,做大做强民族奶业。统筹海洋渔业资源开发,科学布局近远海养殖和远洋渔业,建设现代化海洋牧场。建立产学研融合的农业科技创新联盟,加强农业绿色生态、提质增效技术研发应用。切实发挥农垦在质量兴农中的带动引领作用。实施食品安全战略,完善农产品质量和食品安全标准体系,加强农业投入品和农产品质量安全追溯体系建设,健全农产品质量和食品安全监管体制,重点提高基层监管能力。

(三)构建农村一二三产业融合发展体系。大力开发农业多种功能,延长产业链、提升价值链、完善利益链,通过保底分红、股份合作、利润返还等多种形式,让农民合理分享全产业链增值收益。实施农产品加工业提升行动,鼓励企业兼并重组,淘汰落后产能,支持主产区农产品就地加工转化增值。重点解决农产品销售中的突出问题,加强农产品产后分级、包装、营销,建设现代化农产品冷链仓储物流体系,打造农产品销售公共服务平台,支持供销、邮政及各类企业把服务网点延伸到乡村,健全农产品产销稳定衔接机制,大力建设具有广泛性的促进农村电子商务发展的基础设施,鼓励支持各类市场主体创新发展基于互联网的新型农业产业模式,深入实施电子商务进农村综合示范,加快推进农村流通现代化。实施休闲农业和乡村旅游精品工程,建设一批设施完备、功能多样的休闲观光园区、森林人家、康养基地、乡村民宿、特色小

镇。对利用闲置农房发展民宿、养老等项目,研究出台消防、特种行业经营等领域便利市场准入、加强事中事后监管的管理办法。发展乡村共享经济、创意农业、特色文化产业。

(四)构建农业对外开放新格局。优化资源配置,着力节本增效,提高我国农产品国际竞争力。实施特色优势农产品出口提升行动,扩大高附加值农产品出口。建立健全我国农业贸易政策体系。深化与"一带一路"沿线国家和地区农产品贸易关系。积极支持农业走出去,培育具有国际竞争力的大粮商和农业企业集团。积极参与全球粮食安全治理和农业贸易规则制定,促进形成更加公平合理的农业国际贸易秩序。进一步加大农产品反走私综合治理力度。

(五)促进小农户和现代农业发展有机衔接。统筹兼顾培育新型农业经营主体和扶持小农户,采取有针对性的措施,把小农生产引入现代农业发展轨道。培育各类专业化市场化服务组织,推进农业生产全程社会化服务,帮助小农户节本增效。发展多样化的联合与合作,提升小农户组织化程度。注重发挥新型农业经营主体带动作用,打造区域公用品牌,开展农超对接、农社对接,帮助小农户对接市场。扶持小农户发展生态农业、设施农业、体验农业、定制农业,提高产品档次和附加值,拓展增收空间。改善小农户生产设施条件,提升小农户抗风险能力。研究制定扶持小农生产的政策意见。

四、推进乡村绿色发展,打造人与自然和谐共生发展新格局

乡村振兴,生态宜居是关键。良好生态环境是农村最大优势和宝贵财富。必须尊重自然、顺应自然、保护自然,推动乡村自然资本加快增值,实现百姓富、生态美的统一。

(一)统筹山水林田湖草系统治理。把山水林田湖草作为一个生命共同体,进行统一保护、统一修复。实施重要生态系统保护和修复工程。健全耕地草原森林河流湖泊休养生息制度,分类有序退出超载的边际产能。扩大耕地轮作休耕制度试点。科学划定江河湖海限捕、禁捕区域,健全水生生态保护修复制度。实行水资源消耗总量和强度双控行动。开展河湖水系连通和农村河塘清淤整治,全面推行河长制、湖长制。加大农业水价综合改革工作力度。开展国土绿化行动,推进荒漠化、石漠化、水土流失综合治理。强化湿地保护和恢复,继续开展退耕还湿。完善天然林保护制度,把所有天然林都纳入保护范围。扩大退耕还林还草、退牧还草,建立成果巩固长效机制。继续实施三北防护林体系建设等林业重点工程,实施森林质量精准提升工程。继续实施草原生态保护补助奖励政策。实施生物多样性保护重大工程,有效防范外来生物入侵。

(二)加强农村突出环境问题综合治理。加强农业面源污染防治,开展农业绿色发展行动,实现投入品减量化、生产清洁化、废弃物资源化、产业模式生态化。推进有机肥替代化肥、畜禽粪污处理、农作物秸秆综合利用、废弃农膜回收、病虫害绿色防控。加强农村水环境治理和农村饮用水水源保护,实施农村生态清洁小流域建设。扩大华北地下水超采区综合治理范围。推进重金属污染耕地防控和修复,开展土壤污染治理与修复技术应用试点,加大东北黑土地保护力度。实施流域环境和近岸海域综合治理。严禁工业和城镇污染向农业农村转移。加强农村环境监管能力建设,落实县乡两级农村环境保护主体责任。

(三)建立市场化多元化生态补偿机制。落实农业功能区制度,加大重点生态功能区转移支付力度,完善生态保护成效与资金分配挂钩的激励约束机制。鼓励地方在重点生态区位推行商品林赎买制度。健全地区间、流域上下游之间横向生态保护补偿机制,探索建立生态产品购买、森林碳汇等市场化补偿制度。建立长江流域重点水域禁捕补偿制度。推行生态建设和

保护以工代赈做法,提供更多生态公益岗位。

(四)增加农业生态产品和服务供给。正确处理开发与保护的关系,运用现代科技和管理手段,将乡村生态优势转化为发展生态经济的优势,提供更多更好的绿色生态产品和服务,促进生态和经济良性循环。加快发展森林草原旅游、河湖湿地观光、冰雪海上运动、野生动物驯养观赏等产业,积极开发观光农业、游憩休闲、健康养生、生态教育等服务。创建一批特色生态旅游示范村镇和精品线路,打造绿色生态环保的乡村生态旅游产业链。

五、繁荣兴盛农村文化,焕发乡风文明新气象

乡村振兴,乡风文明是保障。必须坚持物质文明和精神文明一起抓,提升农民精神风貌,培育文明乡风、良好家风、淳朴民风,不断提高乡村社会文明程度。

(一)加强农村思想道德建设。以社会主义核心价值观为引领,坚持教育引导、实践养成、制度保障三管齐下,采取符合农村特点的有效方式,深化中国特色社会主义和中国梦宣传教育,大力弘扬民族精神和时代精神。加强爱国主义、集体主义、社会主义教育,深化民族团结进步教育,加强农村思想文化阵地建设。深入实施公民道德建设工程,挖掘农村传统道德教育资源,推进社会公德、职业道德、家庭美德、个人品德建设。推进诚信建设,强化农民的社会责任意识、规则意识、集体意识、主人翁意识。

(二)传承发展提升农村优秀传统文化。立足乡村文明,吸取城市文明及外来文化优秀成果,在保护传承的基础上,创造性转化、创新性发展,不断赋予时代内涵、丰富表现形式。切实保护好优秀农耕文化遗产,推动优秀农耕文化遗产合理适度利用。深入挖掘农耕文化蕴含的优秀思想观念、人文精神、道德规范,充分发挥其在凝聚人心、教化群众、淳化民风中的重要作用。划定乡村建设的历史文化保护线,保护好文物古迹、传统村落、民族村寨、传统建筑、农业遗迹、灌溉工程遗产。支持农村地区优秀戏曲曲艺、少数民族文化、民间文化等传承发展。

(三)加强农村公共文化建设。按照有标准、有网络、有内容、有人才的要求,健全乡村公共文化服务体系。发挥县级公共文化机构辐射作用,推进基层综合性文化服务中心建设,实现乡村两级公共文化服务全覆盖,提升服务效能。深入推进文化惠民,公共文化资源要重点向乡村倾斜,提供更多更好的农村公共文化产品和服务。支持"三农"题材文艺创作生产,鼓励文艺工作者不断推出反映农民生产生活尤其是乡村振兴实践的优秀文艺作品,充分展示新时代农村农民的精神面貌。培育挖掘乡土文化本土人才,开展文化结对帮扶,引导社会各界人士投身乡村文化建设。活跃繁荣农村文化市场,丰富农村文化业态,加强农村文化市场监管。

(四)开展移风易俗行动。广泛开展文明村镇、星级文明户、文明家庭等群众性精神文明创建活动。遏制大操大办、厚葬薄养、人情攀比等陈规陋习。加强无神论宣传教育,丰富农民群众精神文化生活,抵制封建迷信活动。深化农村殡葬改革。加强农村科普工作,提高农民科学文化素养。

六、加强农村基层基础工作,构建乡村治理新体系

乡村振兴,治理有效是基础。必须把夯实基层基础作为固本之策,建立健全党委领导、政府负责、社会协同、公众参与、法治保障的现代乡村社会治理体制,坚持自治、法治、德治相结合,确保乡村社会充满活力、和谐有序。

(一)加强农村基层党组织建设。扎实推进抓党建促乡村振兴,突出政治功能,提升组织

力,抓乡促村,把农村基层党组织建成坚强战斗堡垒。强化农村基层党组织领导核心地位,创新组织设置和活动方式,持续整顿软弱涣散村党组织,稳妥有序开展不合格党员处置工作,着力引导农村党员发挥先锋模范作用。建立选派第一书记工作长效机制,全面向贫困村、软弱涣散村和集体经济薄弱村党组织派出第一书记。实施农村带头人队伍整体优化提升行动,注重吸引高校毕业生、农民工、机关企事业单位优秀党员干部到村任职,选优配强村党组织书记。健全从优秀村党组织书记中选拔乡镇领导干部、考录乡镇机关公务员、招聘乡镇事业编制人员制度。加大在优秀青年农民中发展党员力度。建立农村党员定期培训制度。全面落实村级组织运转经费保障政策。推行村级小微权力清单制度,加大基层小微权力腐败惩处力度。严厉整治惠农补贴、集体资产管理、土地征收等领域侵害农民利益的不正之风和腐败问题。

(二)深化村民自治实践。坚持自治为基,加强农村群众性自治组织建设,健全和创新村党组织领导的充满活力的村民自治机制。推动村党组织书记通过选举担任村委会主任。发挥自治章程、村规民约的积极作用。全面建立健全村务监督委员会,推行村级事务阳光工程。依托村民会议、村民代表会议、村民议事会、村民理事会、村民监事会等,形成民事民议、民事民办、民事民管的多层次基层协商格局。积极发挥新乡贤作用。推动乡村治理重心下移,尽可能把资源、服务、管理下放到基层。继续开展以村民小组或自然村为基本单元的村民自治试点工作。加强农村社区治理创新。创新基层管理体制机制,整合优化公共服务和行政审批职责,打造"一门式办理""一站式服务"的综合服务平台。在村庄普遍建立网上服务站点,逐步形成完善的乡村便民服务体系。大力培育服务性、公益性、互助性农村社会组织,积极发展农村社会工作和志愿服务。集中清理上级对村级组织考核评比多、创建达标多、检查督查多等突出问题。维护村民委员会、农村集体经济组织、农村合作经济组织的特别法人地位和权利。

(三)建设法治乡村。坚持法治为本,树立依法治理理念,强化法律在维护农民权益、规范市场运行、农业支持保护、生态环境治理、化解农村社会矛盾等方面的权威地位。增强基层干部法治观念、法治为民意识,将政府涉农各项工作纳入法治化轨道。深入推进综合行政执法改革向基层延伸,创新监管方式,推动执法队伍整合、执法力量下沉,提高执法能力和水平。建立健全乡村调解、县市仲裁、司法保障的农村土地承包经营纠纷调处机制。加大农村普法力度,提高农民法治素养,引导广大农民增强尊法学法守法用法意识。健全农村公共法律服务体系,加强对农民的法律援助和司法救助。

(四)提升乡村德治水平。深入挖掘乡村熟人社会蕴含的道德规范,结合时代要求进行创新,强化道德教化作用,引导农民向上向善、孝老爱亲、重义守信、勤俭持家。建立道德激励约束机制,引导农民自我管理、自我教育、自我服务、自我提高,实现家庭和睦、邻里和谐、干群融洽。广泛开展好媳妇、好儿女、好公婆等评选表彰活动,开展寻找最美乡村教师、医生、村官、家庭等活动。深入宣传道德模范、身边好人的典型事迹,弘扬真善美,传播正能量。

(五)建设平安乡村。健全落实社会治安综合治理领导责任制,大力推进农村社会治安防控体系建设,推动社会治安防控力量下沉。深入开展扫黑除恶专项斗争,严厉打击农村黑恶势力、宗族恶势力,严厉打击黄赌毒盗拐骗等违法犯罪。依法加大对农村非法宗教活动和境外渗透活动打击力度,依法制止利用宗教干预农村公共事务,继续整治农村乱建庙宇、滥塑宗教造像。完善县乡村三级综治中心功能和运行机制。健全农村公共安全体系,持续开展农村安全隐患治理。加强农村警务、消防、安全生产工作,坚决遏制重特大安全事故。探索以网格化管理为抓手、以现代信息技术为支撑,实现基层服务和管理精细化精准化。推进农村"雪亮工程"

建设。

七、提高农村民生保障水平,塑造美丽乡村新风貌

乡村振兴,生活富裕是根本。要坚持人人尽责、人人享有,按照抓重点、补短板、强弱项的要求,围绕农民群众最关心最直接最现实的利益问题,一件事情接着一件事情办,一年接着一年干,把乡村建设成为幸福美丽新家园。

（一）优先发展农村教育事业。高度重视发展农村义务教育,推动建立以城带乡、整体推进、城乡一体、均衡发展的义务教育发展机制。全面改善薄弱学校基本办学条件,加强寄宿制学校建设。实施农村义务教育学生营养改善计划。发展农村学前教育。推进农村普及高中阶段教育,支持教育基础薄弱县普通高中建设,加强职业教育,逐步分类推进中等职业教育免除学杂费。健全学生资助制度,使绝大多数农村新增劳动力接受高中阶段教育、更多接受高等教育。把农村需要的人群纳入特殊教育体系。以市县为单位,推动优质学校辐射农村薄弱学校常态化。统筹配置城乡师资,并向乡村倾斜,建好建强乡村教师队伍。

（二）促进农村劳动力转移就业和农民增收。健全覆盖城乡的公共就业服务体系,大规模开展职业技能培训,促进农民工多渠道转移就业,提高就业质量。深化户籍制度改革,促进有条件、有意愿、在城镇有稳定就业和住所的农业转移人口在城镇有序落户,依法平等享受城镇公共服务。加强扶持引导服务,实施乡村就业创业促进行动,大力发展文化、科技、旅游、生态等乡村特色产业,振兴传统工艺。培育一批家庭工场、手工作坊、乡村车间,鼓励在乡村地区兴办环境友好型企业,实现乡村经济多元化,提供更多就业岗位。拓宽农民增收渠道,鼓励农民勤劳守法致富,增加农村低收入者收入,扩大农村中等收入群体,保持农村居民收入增速快于城镇居民。

（三）推动农村基础设施提档升级。继续把基础设施建设重点放在农村,加快农村公路、供水、供气、环保、电网、物流、信息、广播电视等基础设施建设,推动城乡基础设施互联互通。以示范县为载体全面推进"四好农村路"建设,加快实施通村组硬化路建设。加大成品油消费税转移支付资金用于农村公路养护力度。推进节水供水重大水利工程,实施农村饮水安全巩固提升工程。加快新一轮农村电网改造升级,制订农村通动力电规划,推进农村可再生能源开发利用。实施数字乡村战略,做好整体规划设计,加快农村地区宽带网络和第四代移动通信网络覆盖步伐,开发适应"三农"特点的信息技术、产品、应用和服务,推动远程医疗、远程教育等应用普及,弥合城乡数字鸿沟。提升气象为农服务能力。加强农村防灾减灾救灾能力建设。抓紧研究提出深化农村公共基础设施管护体制改革指导意见。

（四）加强农村社会保障体系建设。完善统一的城乡居民基本医疗保险制度和大病保险制度,做好农民重特大疾病救助工作。巩固城乡居民医保全国异地就医联网直接结算。完善城乡居民基本养老保险制度,建立城乡居民基本养老保险待遇确定和基础养老金标准正常调整机制。统筹城乡社会救助体系,完善最低生活保障制度,做好农村社会救助兜底工作。将进城落户农业转移人口全部纳入城镇住房保障体系。构建多层次农村养老保障体系,创新多元化照料服务模式。健全农村留守儿童和妇女、老年人以及困境儿童关爱服务体系。加强和改善农村残疾人服务。

（五）推进健康乡村建设。强化农村公共卫生服务,加强慢性病综合防控,大力推进农村地区精神卫生、职业病和重大传染病防治。完善基本公共卫生服务项目补助政策,加强基层医疗

卫生服务体系建设,支持乡镇卫生院和村卫生室改善条件。加强乡村中医药服务。开展和规范家庭医生签约服务,加强妇幼、老人、残疾人等重点人群健康服务。倡导优生优育。深入开展乡村爱国卫生运动。

(六)持续改善农村人居环境。实施农村人居环境整治三年行动计划,以农村垃圾、污水治理和村容村貌提升为主攻方向,整合各种资源,强化各种举措,稳步有序推进农村人居环境突出问题治理。坚持不懈推进农村"厕所革命",大力开展农村户用卫生厕所建设和改造,同步实施粪污治理,加快实现农村无害化卫生厕所全覆盖,努力补齐影响农民群众生活品质的短板。总结推广适用不同地区的农村污水治理模式,加强技术支撑和指导。深入推进农村环境综合整治。推进北方地区农村散煤替代,有条件的地方有序推进煤改气、煤改电和新能源利用。逐步建立农村低收入群体安全住房保障机制。强化新建农房规划管控,加强"空心村"服务管理和改造。保护保留乡村风貌,开展田园建筑示范,培养乡村传统建筑名匠。实施乡村绿化行动,全面保护古树名木。持续推进宜居宜业的美丽乡村建设。

八、打好精准脱贫攻坚战,增强贫困群众获得感

乡村振兴,摆脱贫困是前提。必须坚持精准扶贫、精准脱贫,把提高脱贫质量放在首位,既不降低扶贫标准,也不吊高胃口,采取更加有力的举措、更加集中的支持、更加精细的工作,坚决打好精准脱贫这场对全面建成小康社会具有决定性意义的攻坚战。

(一)瞄准贫困人口精准帮扶。对有劳动能力的贫困人口,强化产业和就业扶持,着力做好产销衔接、劳务对接,实现稳定脱贫。有序推进易地扶贫搬迁,让搬迁群众搬得出、稳得住、能致富。对完全或部分丧失劳动能力的特殊贫困人口,综合实施保障性扶贫政策,确保病有所医、残有所助、生活有兜底。做好农村最低生活保障工作的动态化精细化管理,把符合条件的贫困人口全部纳入保障范围。

(二)聚焦深度贫困地区集中发力。全面改善贫困地区生产生活条件,确保实现贫困地区基本公共服务主要指标接近全国平均水平。以解决突出制约问题为重点,以重大扶贫工程和到村到户帮扶为抓手,加大政策倾斜和扶贫资金整合力度,着力改善深度贫困地区发展条件,增强贫困农户发展能力,重点攻克深度贫困地区脱贫任务。新增脱贫攻坚资金项目主要投向深度贫困地区,增加金融投入对深度贫困地区的支持,新增建设用地指标优先保障深度贫困地区发展用地需要。

(三)激发贫困人口内生动力。把扶贫同扶志、扶智结合起来,把救急纾困和内生脱贫结合起来,提升贫困群众发展生产和务工经商的基本技能,实现可持续稳固脱贫。引导贫困群众克服等靠要思想,逐步消除精神贫困。要打破贫困均衡,促进形成自强自立、争先脱贫的精神风貌。改进帮扶方式方法,更多采用生产奖补、劳务补助、以工代赈等机制,推动贫困群众通过自己的辛勤劳动脱贫致富。

(四)强化脱贫攻坚责任和监督。坚持中央统筹省负总责市县抓落实的工作机制,强化党政一把手负总责的责任制。强化县级党委作为全县脱贫攻坚总指挥部的关键作用,脱贫攻坚期内贫困县县级党政正职要保持稳定。开展扶贫领域腐败和作风问题专项治理,切实加强扶贫资金管理,对挪用和贪污扶贫款项的行为严惩不贷。将2018年作为脱贫攻坚作风建设年,集中力量解决突出作风问题。科学确定脱贫摘帽时间,对弄虚作假、搞数字脱贫的严肃查处。完善扶贫督查巡查、考核评估办法,除党中央、国务院统一部署外,各部门一律不准再组织其他

检查考评。严格控制各地开展增加一线扶贫干部负担的各类检查考评,切实给基层减轻工作负担。关心爱护战斗在扶贫第一线的基层干部,制定激励政策,为他们工作生活排忧解难,保护和调动他们的工作积极性。做好实施乡村振兴战略与打好精准脱贫攻坚战的有机衔接。制定坚决打好精准脱贫攻坚战三年行动指导意见。研究提出持续减贫的意见。

九、推进体制机制创新,强化乡村振兴制度性供给

实施乡村振兴战略,必须把制度建设贯穿其中。要以完善产权制度和要素市场化配置为重点,激活主体、激活要素、激活市场,着力增强改革的系统性、整体性、协同性。

(一)巩固和完善农村基本经营制度。落实农村土地承包关系稳定并长久不变政策,衔接落实好第二轮土地承包到期后再延长30年的政策,让农民吃上长效"定心丸"。全面完成土地承包经营权确权登记颁证工作,实现承包土地信息联通共享。完善农村承包地"三权分置"制度,在依法保护集体土地所有权和农户承包权前提下,平等保护土地经营权。农村承包土地经营权可以依法向金融机构融资担保、入股从事农业产业化经营。实施新型农业经营主体培育工程,培育发展家庭农场、合作社、龙头企业、社会化服务组织和农业产业化联合体,发展多种形式适度规模经营。

(二)深化农村土地制度改革。系统总结农村土地征收、集体经营性建设用地入市、宅基地制度改革试点经验,逐步扩大试点,加快土地管理法修改,完善农村土地利用管理政策体系。扎实推进房地一体的农村集体建设用地和宅基地使用权确权登记颁证。完善农民闲置宅基地和闲置农房政策,探索宅基地所有权、资格权、使用权"三权分置",落实宅基地集体所有权,保障宅基地农户资格权和农民房屋财产权,适度放活宅基地和农民房屋使用权,不得违规违法买卖宅基地,严格实行土地用途管制,严格禁止下乡利用农村宅基地建设别墅大院和私人会馆。在符合土地利用总体规划前提下,允许县级政府通过村土地利用规划,调整优化村庄用地布局,有效利用农村零星分散的存量建设用地;预留部分规划建设用地指标用于单独选址的农业设施和休闲旅游设施等建设。对利用收储农村闲置建设用地发展农村新产业新业态的,给予新增建设用地指标奖励。进一步完善设施农用地政策。

(三)深入推进农村集体产权制度改革。全面开展农村集体资产清产核资、集体成员身份确认,加快推进集体经营性资产股份合作制改革。推动资源变资产、资金变股金、农民变股东,探索农村集体经济新的实现形式和运行机制。坚持农村集体产权制度改革正确方向,发挥村党组织对集体经济组织的领导核心作用,防止内部少数人控制和外部资本侵占集体资产。维护进城落户农民土地承包权、宅基地使用权、集体收益分配权,引导进城落户农民依法自愿有偿转让上述权益。研究制定农村集体经济组织法,充实农村集体产权权能。全面深化供销合作社综合改革,深入推进集体林权、水利设施产权等领域改革,做好农村综合改革、农村改革试验区等工作。

(四)完善农业支持保护制度。以提升农业质量效益和竞争力为目标,强化绿色生态导向,创新完善政策工具和手段,扩大"绿箱"政策的实施范围和规模,加快建立新型农业支持保护政策体系。深化农产品收储制度和价格形成机制改革,加快培育多元市场购销主体,改革完善中央储备粮管理体制。通过完善拍卖机制、定向销售、包干销售等,加快消化政策性粮食库存。落实和完善对农民直接补贴制度,提高补贴效能。健全粮食主产区利益补偿机制。探索开展稻谷、小麦、玉米三大粮食作物完全成本保险和收入保险试点,加快建立多层次农业保险体系。

十、汇聚全社会力量,强化乡村振兴人才支撑

实施乡村振兴战略,必须破解人才瓶颈制约。要把人力资本开发放在首要位置,畅通智力、技术、管理下乡通道,造就更多乡土人才,聚天下人才而用之。

(一)大力培育新型职业农民。全面建立职业农民制度,完善配套政策体系。实施新型职业农民培育工程。支持新型职业农民通过弹性学制参加中高等农业职业教育。创新培训机制,支持农民专业合作社、专业技术协会、龙头企业等主体承担培训。引导符合条件的新型职业农民参加城镇职工养老、医疗等社会保障制度。鼓励各地开展职业农民职称评定试点。

(二)加强农村专业人才队伍建设。建立县域专业人才统筹使用制度,提高农村专业人才服务保障能力。推动人才管理职能部门简政放权,保障和落实基层用人主体自主权。推行乡村教师"县管校聘"。实施好边远贫困地区、边疆民族地区和革命老区人才支持计划,继续实施"三支一扶"、特岗教师计划等,组织实施高校毕业生基层成长计划。支持地方高等学校、职业院校综合利用教育培训资源,灵活设置专业(方向),创新人才培养模式,为乡村振兴培养专业化人才。扶持培养一批农业职业经理人、经纪人、乡村工匠、文化能人、非遗传承人等。

(三)发挥科技人才支撑作用。全面建立高等院校、科研院所等事业单位专业技术人员到乡村和企业挂职、兼职和离岗创新创业制度,保障其在职称评定、工资福利、社会保障等方面的权益。深入实施农业科研杰出人才计划和杰出青年农业科学家项目。健全种业等领域科研人员以知识产权明晰为基础、以知识价值为导向的分配政策。探索公益性和经营性农技推广融合发展机制,允许农技人员通过提供增值服务合理取酬。全面实施农技推广服务特聘计划。

(四)鼓励社会各界投身乡村建设。建立有效激励机制,以乡情乡愁为纽带,吸引支持企业家、党政干部、专家学者、医生教师、规划师、建筑师、律师、技能人才等,通过下乡担任志愿者、投资兴业、包村包项目、行医办学、捐资捐物、法律服务等方式服务乡村振兴事业。研究制定管理办法,允许符合要求的公职人员回乡任职。吸引更多人才投身现代农业,培养造就新农民。加快制定鼓励引导工商资本参与乡村振兴的指导意见,落实和完善融资贷款、配套设施建设补助、税费减免、用地等扶持政策,明确政策边界,保护好农民利益。发挥工会、共青团、妇联、科协、残联等群团组织的优势和力量,发挥各民主党派、工商联、无党派人士等积极作用,支持农村产业发展、生态环境保护、乡风文明建设、农村弱势群体关爱等。实施乡村振兴"巾帼行动"。加强对下乡组织和人员的管理服务,使之成为乡村振兴的建设性力量。

(五)创新乡村人才培育引进使用机制。建立自主培养与人才引进相结合,学历教育、技能培训、实践锻炼等多种方式并举的人力资源开发机制。建立城乡、区域、校地之间人才培养合作与交流机制。全面建立城市医生教师、科技文化人员等定期服务乡村机制。研究制定鼓励城市专业人才参与乡村振兴的政策。

十一、开拓投融资渠道,强化乡村振兴投入保障

实施乡村振兴战略,必须解决钱从哪里来的问题。要健全投入保障制度,创新投融资机制,加快形成财政优先保障、金融重点倾斜、社会积极参与的多元投入格局,确保投入力度不断增强、总量持续增加。

(一)确保财政投入持续增长。建立健全实施乡村振兴战略财政投入保障制度,公共财政更大力度向"三农"倾斜,确保财政投入与乡村振兴目标任务相适应。优化财政供给结构,推进

行业内资金整合与行业间资金统筹相互衔接配合，增加地方自主统筹空间，加快建立涉农资金统筹整合长效机制。充分发挥财政资金的引导作用，撬动金融和社会资本更多投向乡村振兴。切实发挥全国农业信贷担保体系作用，通过财政担保费率补助和以奖代补等，加大对新型农业经营主体支持力度。加快设立国家融资担保基金，强化担保融资增信功能，引导更多金融资源支持乡村振兴。支持地方政府发行一般债券用于支持乡村振兴、脱贫攻坚领域的公益性项目。稳步推进地方政府专项债券管理改革，鼓励地方政府试点发行项目融资和收益自平衡的专项债券，支持符合条件、有一定收益的乡村公益性项目建设。规范地方政府举债融资行为，不得借乡村振兴之名违法违规变相举债。

（二）拓宽资金筹集渠道。调整完善土地出让收入使用范围，进一步提高农业农村投入比例。严格控制未利用地开垦，集中力量推进高标准农田建设。改进耕地占补平衡管理办法，建立高标准农田建设等新增耕地指标和城乡建设用地增减挂钩节余指标跨省域调剂机制，将所得收益通过支出预算全部用于巩固脱贫攻坚成果和支持实施乡村振兴战略。推广一事一议、以奖代补等方式，鼓励农民对直接受益的乡村基础设施建设投工投劳，让农民更多参与建设管护。

（三）提高金融服务水平。坚持农村金融改革发展的正确方向，健全适合农业农村特点的农村金融体系，推动农村金融机构回归本源，把更多金融资源配置到农村经济社会发展的重点领域和薄弱环节，更好满足乡村振兴多样化金融需求。要强化金融服务方式创新，防止脱实向虚倾向，严格管控风险，提高金融服务乡村振兴能力和水平。抓紧出台金融服务乡村振兴的指导意见。加大中国农业银行、中国邮政储蓄银行"三农"金融事业部对乡村振兴支持力度。明确国家开发银行、中国农业发展银行在乡村振兴中的职责定位，强化金融服务方式创新，加大对乡村振兴中长期信贷支持。推动农村信用社省联社改革，保持农村信用社县域法人地位和数量总体稳定，完善村镇银行准入条件，地方法人金融机构要服务好乡村振兴。普惠金融重点要放在乡村。推动出台非存款类放贷组织条例。制定金融机构服务乡村振兴考核评估办法。支持符合条件的涉农企业发行上市、新三板挂牌和融资、并购重组，深入推进农产品期货期权市场建设，稳步扩大"保险＋期货"试点，探索"订单农业＋保险＋期货（权）"试点。改进农村金融差异化监管体系，强化地方政府金融风险防范处置责任。

十二、坚持和完善党对"三农"工作的领导

实施乡村振兴战略是党和国家的重大决策部署，各级党委和政府要提高对实施乡村振兴战略重大意义的认识，真正把实施乡村振兴战略摆在优先位置，把党管农村工作的要求落到实处。

（一）完善党的农村工作领导体制机制。各级党委和政府要坚持工业农业一起抓、城市农村一起抓，把农业农村优先发展原则体现到各个方面。健全党委统一领导、政府负责、党委农村工作部门统筹协调的农村工作领导体制。建立实施乡村振兴战略领导责任制，实行中央统筹省负总责市县抓落实的工作机制。党政一把手是第一责任人，五级书记抓乡村振兴。县委书记要下大气力抓好"三农"工作，当好乡村振兴"一线总指挥"。各部门要按照职责，加强工作指导，强化资源要素支持和制度供给，做好协同配合，形成乡村振兴工作合力。切实加强各级党委农村工作部门建设，按照《中国共产党工作机关条例（试行）》有关规定，做好党的农村工作机构设置和人员配置工作，充分发挥决策参谋、统筹协调、政策指导、推动落实、督导检查等职

能。各省(自治区、直辖市)党委和政府每年要向党中央、国务院报告推进实施乡村振兴战略进展情况。建立市县党政领导班子和领导干部推进乡村振兴战略的实绩考核制度,将考核结果作为选拔任用领导干部的重要依据。

(二)研究制定中国共产党农村工作条例。根据坚持党对一切工作的领导的要求和新时代"三农"工作新形势新任务新要求,研究制定中国共产党农村工作条例,把党领导农村工作的传统、要求、政策等以党内法规形式确定下来,明确加强对农村工作领导的指导思想、原则要求、工作范围和对象、主要任务、机构职责、队伍建设等,完善领导体制和工作机制,确保乡村振兴战略有效实施。

(三)加强"三农"工作队伍建设。把懂农业、爱农村、爱农民作为基本要求,加强"三农"工作干部队伍培养、配备、管理、使用。各级党委和政府主要领导干部要懂"三农"工作、会抓"三农"工作,分管领导要真正成为"三农"工作行家里手。制订并实施培训计划,全面提升"三农"干部队伍能力和水平。拓宽县级"三农"工作部门和乡镇干部来源渠道。把到农村一线工作锻炼作为培养干部的重要途径,注重提拔使用实绩优秀的干部,形成人才向农村基层一线流动的用人导向。

(四)强化乡村振兴规划引领。制订国家乡村振兴战略规划(2018—2022年),分别明确至2020年全面建成小康社会和2022年召开党的二十大时的目标任务,细化实化工作重点和政策措施,部署若干重大工程、重大计划、重大行动。各地区各部门要编制乡村振兴地方规划和专项规划或方案。加强各类规划的统筹管理和系统衔接,形成城乡融合、区域一体、多规合一的规划体系。根据发展现状和需要分类有序推进乡村振兴,对具备条件的村庄,要加快推进城镇基础设施和公共服务向农村延伸;对自然历史文化资源丰富的村庄,要统筹兼顾保护与发展;对生存条件恶劣、生态环境脆弱的村庄,要加大力度实施生态移民搬迁。

(五)强化乡村振兴法治保障。抓紧研究制定乡村振兴法的有关工作,把行之有效的乡村振兴政策法定化,充分发挥立法在乡村振兴中的保障和推动作用。及时修改和废止不适应的法律法规。推进粮食安全保障立法。各地可以从本地乡村发展实际需要出发,制定促进乡村振兴的地方性法规、地方政府规章。加强乡村统计工作和数据开发应用。

(六)营造乡村振兴良好氛围。凝聚全党全国全社会振兴乡村强大合力,宣传党的乡村振兴方针政策和各地丰富实践,振奋基层干部群众精神。建立乡村振兴专家决策咨询制度,组织智库加强理论研究。促进乡村振兴国际交流合作,讲好乡村振兴中国故事,为世界贡献中国智慧和中国方案。

让我们更加紧密地团结在以习近平同志为核心的党中央周围,高举中国特色社会主义伟大旗帜,以习近平新时代中国特色社会主义思想为指导,迎难而上、埋头苦干、开拓进取,为决胜全面建成小康社会、夺取新时代中国特色社会主义伟大胜利作出新的贡献!

附录七 中华全国供销合作总社印发关于深入贯彻落实中央一号文件大力推动乡村振兴的实施意见的通知

供销经字〔2018〕7号

各省、自治区、直辖市及新疆生产建设兵团供销合作社,中华全国供销合作总社各部局、各直属单位、各主管社团、供销集团各成员企业:

《中华全国供销合作总社关于深入贯彻落实中央一号文件大力推动乡村振兴的实施意见》已经中华全国供销合作总社六届理事会第51次主任办公会议同意,现印发你们,请认真抓好贯彻落实。

中华全国供销合作总社

2018年2月12日

中华全国供销合作总社关于深入贯彻落实中央一号文件大力推动乡村振兴的实施意见

为贯彻落实《中共中央国务院关于实施乡村振兴战略的意见》(中发〔2018〕1号)精神,更好地发挥供销合作社在服务乡村振兴战略中的独特优势和重要作用,现提出如下实施意见。

一、充分认识实施乡村振兴战略对供销合作社改革发展的重大意义

实施乡村振兴战略,是中国特色社会主义进入新时代,以习近平同志为核心的党中央在深刻把握我国国情农情,深刻认识我国城乡关系变化特征和现代化建设规律的基础上,着眼于党和国家事业全局,坚持以人民为中心的发展思想,对"三农"工作做出的新的战略部署,是解决人民日益增长的美好生活需要和不平衡不充分的发展之间矛盾的必然要求,是实现"两个一百年"奋斗目标的必然要求,是实现全体人民共同富裕的必然要求,是做好新时代"三农"工作的根本遵循。

供销合作社是为农服务的合作经济组织,长期以来扎根农村、贴近农民,具有完备的组织体系、健全的经营服务网络和熟悉"三农"的工作队伍,在乡村振兴中责无旁贷。近年来,供销合作社系统上下积极推进综合改革,改革红利持续释放,经济运行稳中有进、稳中向好,经济发展规模迈上新台阶,为农服务领域全面拓展,改革发展各项工作实现新成效。但同时也应看到,系统发展不平衡、不充分的矛盾依然突出,提升发展质量、增强为农服务能力的任务仍然艰巨。当前,供销合作社综合改革已经进入由点到面、全面推开的新阶段,各级供销合作社要深刻认识实施乡村振兴战略对全面深化供销合作社综合改革的重大意义,牢牢把握实施乡村振兴战略给供销合作社发展带来的难得机遇,在促进城乡融合发展、共同富裕、质量兴农、乡村绿色发展、乡村文化兴盛、乡村善治和精准脱贫中发挥更大作用。要切实增强责任感使命感,紧

紧紧围绕乡村振兴战略，对照中发〔2015〕11号文件提出的改革任务，以更大的决心、更明确的目标、更有力的举措，破除制约为农服务水平提升的体制机制性障碍，将供销合作社综合改革向纵深推进，努力在实施乡村振兴战略中作出更大贡献。

二、总体要求

（一）指导思想

全面贯彻落实党的十九大精神，以习近平新时代中国特色社会主义思想为指导，认真贯彻中央经济工作会议、中央农村工作会议和中央一号文件精神，紧紧围绕"三农"工作大局，坚持稳中求进工作总基调，牢固树立新发展理念，落实高质量发展要求，按照产业兴旺、生态宜居、乡风文明、治理有效、生活富裕的总要求，以提升为农服务能力为根本，以构建更加完备的农业社会化服务体系、更加健全的基层组织体系、更加高效的现代流通体系、与农民利益联结更加紧密的农村一二三产业融合发展新体系和助力美丽乡村建设的绿色生态服务体系为重点，在实施乡村振兴战略中主动担当、积极作为，把供销合作社加快打造成为服务农民生产生活的生力军和综合平台，不断开创供销合作社改革发展新局面。

（二）基本原则

——坚持以农业供给侧结构性改革为引领。把提高为农服务供给质量作为主攻方向，补短板、强弱项，提品质、创品牌，增强经济实力和市场竞争能力，在推动质量兴农、绿色兴农中发挥积极作用。

——坚持深入推进供销合作社综合改革。从完善农村体制机制、加强乡村振兴制度性供给的高度，大力推进组织体系和服务机制创新，不断激发内生动力和发展活力。

——坚持合作经济基本属性。按照合作制要求，充分尊重农民意愿，推动多种形式的联合与合作，密切与农民的利益联结，促进农民增收。

——坚持因地制宜、分类指导。鼓励各地从实际出发，突出重点、分类施策，发挥典型引路作用，积极参与乡村振兴战略。

（三）主要目标

到2020年，供销合作社综合改革取得显著成效，农业社会化服务水平明显提升，土地托管等服务面积超过2亿亩；基层组织基础进一步夯实，基层社实现乡镇全覆盖，农村综合服务社发展到45万家，覆盖80%以上的行政村；农村现代流通体系建设深入推进，线上线下加快融合发展，全系统流通企业电子商务应用率达到80%以上，基层经营服务网点信息化改造比例达到70%以上；农村一二三产业融合发展水平进一步提升，基本形成产业链条完整、功能多样、业态丰富、联结紧密的具有供销合作社特色的产业融合发展体系；新型农业经营主体不断发展壮大，领办农民专业合作社20万家，发展规模农业产业化龙头企业3000家，其中带动作用强的大型龙头企业100家；农村生态服务取得新突破，助力打赢脱贫攻坚战，成为服务农民生产生活的生力军和综合平台，成为党和政府密切联系农民群众的桥梁纽带。

到2035年，供销合作社建成更加完善的农业社会化服务体系、更加健全的基层组织体系、更加便捷高效的农村现代流通体系、与农民利益联结更加紧密的产业融合新体系和助力美丽乡村建设的绿色生态服务体系,为实现乡村振兴作出更大贡献。

到2050年,供销合作社全面建成与新时代农业农村现代化相适应的合作经济组织,成为全面实现乡村振兴,农业强、农村美、农民富伟大实践的重要力量。

三、重点任务

(一)围绕促进适度规模经营,加快打造更加完备的农业社会化服务体系。顺应农村土地"三权分置"改革、第二轮土地承包到期后再延长三十年的新形势,发挥供销合作社综合服务优势,积极创新和优化服务供给,加快打造综合性、规模化、可持续的为农服务体系,推进适度规模经营,促进农业农村现代化。

1.大力开展土地托管服务。围绕破解"谁来种地""地怎么种"等问题,大力推广土地托管服务,因地制宜开展"保姆式"全托管、"菜单式"半托管等多种形式的服务,满足农民和新型农业经营主体的服务需求。立足耕、种、管、收、加、贮、销全产业链,不断延伸土地托管服务链条,丰富服务内容和手段,提升服务层次和水平。积极推动土地托管服务由主要面向新型经营主体向小农户延伸,由主要面向平原地区大田粮食作物向其他地貌、其他作物延伸,满足农业生产多样化服务需求。重点建设为农服务中心,加快发展庄稼医院、"三位一体"综合服务等农业社会化服务平台,积极培育多元化服务主体。规范托管服务流程,建立健全土地托管全过程档案和科学的评价程序,提升服务质量,打造"农民外出打工,供销社为农民打工"的服务品牌。强化各级联合社分工协作,统筹社有企业、基层社、农民专业合作社等服务资源,形成供销合作社为农服务规模优势,积极整合系统外服务资源,着力打造为农服务综合平台。

2.促进小农户和现代农业发展有机衔接。积极引导小农户加入农民专业合作社,提高小农户的组织化程度,有效解决小农生产因规模不足而导致的交易成本过高和生产效率较低等问题,提升市场竞争能力。针对小农户生产中面临的困难和存在的问题,充分发挥供销合作社综合服务平台作用,积极探索更多适应小农户生产特点的社会化服务形式,为小农户生产生活提供更多个性化、精准化、便利化服务,重点解决好小农户生产需要的农产品销售、技术、储运、加工、信贷、保险等服务。统筹用好供销合作社涉农企业、科研院所、社团组织以及基层社、农民专业合作社、农村综合服务社等经营服务资源,建立分级协作、上下联动的工作机制,形成服务小农生产的合力。引导社有企业、农民专业合作社与小农户签订生产合同发展订单农业,积极承接有关政府购买服务,为小农户提供相关公益性服务。

3.强化农业社会化服务科技供给。构建供销合作社科技创新服务体系,加强农业绿色生态、提质增效技术研发与推广应用,提升农业社会化服务科技含量和水平。打造供销合作行业公共品牌,开展品牌授权、质量担保和联合营销,推进农产品全产业链绿色化、优质化、特色化、品牌化,在推动质量兴农、绿色兴农中发挥积极作用。发挥电商对农产品标准化的引导作用,推进新型农业经营主体标准化生产,发展基于互联网的新型农业产业模式,带动农业生产与农产品加工流通、农业休闲旅游融合发展。完善农产品加工、流通标准体系,实施农产品加工质量提升行动,支持农产品就地加工转化增值,强化农产品批发市场冷链物流、检验检测、质量追溯等功能,建设现代化农产品冷链仓储物流体系。整合系统职业院校、培训中心、职业技能鉴定等教育培训资源,构建供销合作社涉农教育培训服务体系,强化新型职业农民和农村双创人才培养培训,促进智慧农业发展。

(二)围绕壮大乡村集体经济,加快建设更加健全的基层组织体系。乡村振兴,主战场在农村。供销合作社参与乡村振兴战略,基层组织体系建设是关键。要巩固基层组织建设成果,提升建设水平,加快建设更加健全的基层组织体系。

1. 深入推进基层社分类改造。强化基层社合作经济组织属性,通过劳动合作、资本合作、土地合作等多种途径,采取领办创办农民专业合作社及其联合社、建立产业合作关系等多种方式,将基层社建设成为以农民为主体的综合性合作社。拓展基层社服务功能,突出为农服务特色,引导基层社适应农民生产生活新需求创新经营服务。加快推进基层传统流通网络现代化改造,以信息化为核心,优化基层社经营服务网点布局,实施一社一卡动态管理。健全基层社内部治理机制,落实基层社社员代表大会、理事会、监事会制度,强化民主管理、民主监督。

2. 加强与农民专业合作社融合发展。鼓励有条件的基层社吸纳农民专业合作社入社,支持农民专业合作社出资组建新的基层社,依法推进农民专业合作社规范发展,积极吸纳农民专业合作社理事长担任基层社负责人,以融合发展促进服务优势叠加、产业交叉渗透、功能互补延伸。基层社与农民专业合作社要形成紧密的产权关系,在组织上、经济上实现与农民的紧密联结。积极探索创办农民专业合作社综合服务中心,为农民专业合作社提供财务代账、档案管理、政务代办、涉农项目、农村金融等服务。

3. 因地制宜发展生产、供销、信用"三位一体"综合合作。围绕构建现代农业产业体系、生产体系、经营体系,聚焦激活生产要素,积极推进"三位一体"综合合作,通过整合供销合作社的流通优势、农民专业合作社的生产优势、农村合作金融的资金优势,打造集生产、供销、信用等生产生活服务功能于一体的综合为农服务平台。按照合作制理念,推进生产、供销、信用三大服务功能的实质性融合,完善内部治理结构,突出农民主体地位,进一步完善产业经营服务、拓展资本经营服务、承接政府委托服务,使参与各方共同受益,实现服务资源功能化、服务功能体系化。

4. 加快农村综合服务社建设。适应城乡融合发展新要求,加快建设农村综合服务社和社区服务中心,推动农村服务设施提档升级。充分利用和盘活供销合作社在乡村的厂房、仓库、场所等土地资源和社有资产,结合各地经济发展水平、人口状况和集镇规划、行政村撤并进程,因地制宜,合理布局,建设一批高质量、多功能的综合服务社和乡镇综合体,在促进城乡融合发展中发挥更大作用。积极拓展信息咨询、电商物流、土地托管、文体娱乐、养老幼教、技术培训、金融代办、社区医疗、餐饮住宿、乡村旅游等综合服务,在促进乡村产业发展和文化兴盛中发挥更大作用。持续加强规范化标准化建设,着力打造一批建设标准高、服务功能全、群众评价好的农村综合服务社星级社,提升为农服务水平,助力改善农村消费环境。

5. 深入开展"党建带社建、村社共建"。主动加强与村"两委"合作,积极推广"党建带社建、村社共建"经验做法,在促进乡村善治中发挥更大作用。围绕加强农村基层党组织建设、发展农村集体经济、推动农民持续增收等,从共办农民专业合作社、共建生产生活服务平台、共上发展项目、共抓精准脱贫、共育干部队伍着手,与村级党组织一道打造为农服务新载体。坚持用市场的办法,探索以合作经济形式推进强村富民新路,推动在农村形成共建共享共赢机制,通过村集体、供销合作社、农民专业合作社共同开展生产经营服务,使党的组织资源、组织优势、组织活力转化为发展资源、发展优势、发展活力,实现村集体、农民"双增收"和基层社可持续发展。

(三)围绕推进农村流通现代化,加快建设更加高效的现代流通体系。要以线上线下融合为切入点,加快发展农村电子商务,加强农产品市场和物流配送体系建设,不断提升流通现代化水平。

1. 加快发展农村电子商务。推动互联网、大数据、人工智能和实体经济深度融合,努力打造供销合作社新的竞争优势。依托综合服务社、连锁便利店等线下实体,构建供销电商"本地生活网",通过网络预订等信息手段,为一定区域内城乡居民、团体提供生鲜农产品直配、家政、快递收发等服务。"供销e家"全国平台要按照建设农村电商"国家队"的目标,以县域为基础,以交易服务、农村金融、数据开发为业务主体,紧紧围绕农特产品供应链、农资农服、县域新商业服务体系、县域生活服务体系、仓储物流和产业电商六大基础业务和金融、大数据等价值链提升业务,发展成为具有较强品牌影响和服务带动力的农村电商综合服务平台。

2. 加强农产品市场建设。强化现有农产品市场基础设施建设,优化市场布局结构,以现代信息和冷链物流技术为支撑,不断完善市场的交易服务功能,提升供销合作社农产品市场的竞争力和辐射带动力。结合各地农产品特色和产业优势,以县级供销合作社及农民专业合作社为组织主体,以服务当地农产品外销为目标,加强农产品产地集配中心和田头市场的仓储、冷链设施建设。发挥系统公益性农产品示范市场在标准化生产、保障供应、稳定价格、食品安全、绿色环保等方面的引领带动作用,树立供销合作社公益性农产品市场品牌形象。

3. 完善物流配送体系。加强对现有仓库、配送中心、超市、便利店等配送设施的标准化改造和升级,推进实体商业配送网络与电商物流配送网络的协同共享,加强在分拨、配送环节的合作,推动店配与宅配融合发展。充分利用农村现有仓储资源,加强与第三方快递企业的资源整合和业务合作,拓展农产品上行和工业品下行物流通道,打造"一点多能、一网多用"的县乡村三级物流配送网络。加大现代冷链物流管理理念、标准和技术应用,建立覆盖农产品生产、加工、运输、储存、销售全程的冷链物流体系。

(四)围绕发展农业农村新产业新业态,构建农村一二三产业融合发展新体系。乡村振兴,产业兴旺是重点。要充分发挥供销合作社经营服务网络健全,产业类别和经营主体众多的优势,着力打造产业融合发展的新载体新模式,构建供销合作社农村一二三产业融合发展新体系。

1. 大力发展农产品加工。在优势特色农产品产地,依托中小型农产品加工企业、基层经营服务网点和农民专业合作社,培育发展新型农产品加工企业,改造升级现有农产品加工企业,提升企业农产品生产加工能力和质量。实施一批产业融合示范项目,引进先进适用的生产加工设备,在农产品产地建设改造具有储藏、保鲜、烘干、包装等功能的基地,发展农产品精深加工,延长产业链条,培育地方特色农产品品牌,促进农产品转化增值,带动农民就地转移就业,帮助农民就近实现增收致富。

2. 着力推进优势产业整合。围绕棉花、茶叶、果品、食用菌、蜂畜产品等供销合作社传统优势产业,运用现代企业经营管理模式,积极培育和壮大龙头企业和行业大型集团,通过产业发展基金支持龙头企业以项目、资本、股权合作为手段,跨地域、层级和所有制,横向和纵向兼并整合产业链条上的相关企业与业务,进一步扩大市场影响力,提升产品质量,塑造供销合作社品牌形象。

3. 积极拓展农业多种功能。立足当地优势资源,引导带动农民发展品牌农业、休闲农业、乡村旅游,促进农业"接二连三"。推进农业与教育、文化、旅游、健康养老等产业深度融合。积极开展农业科技信息服务,探索农产品个性化定制服务、会展农业、农业众筹等新型业态,提高农业综合效益。创新农村合作金融服务,探索资金互助新模式,鼓励设立中小型银行试点、融资租赁公司、小额贷款公司、融资性担保公司、互助保险公司,为社有企业和其他新型农业经营主体融合发展提供金融信贷支持和风险保障服务。

(五)围绕美丽乡村建设,积极打造乡村绿色生态服务体系。乡村振兴,生态宜居是关键。供销合作社要依托农资和再生资源服务网络,积极参与农业面源污染防治、农村环境整治等工作,打造乡村绿色生态服务体系,在促进美丽乡村建设中发挥作用。

1.加强农业面源污染治理。充分发挥供销合作社扎根农村、贴近农民、服务农业的优势,大力发展生态农业、循环农业。开展化肥和农药使用量零增长行动,深入推进测土配方施肥、农药减量控害,推广生物有机肥、高效低毒低残留农药的使用。大力开展秸秆、农膜、农药包装等农业废弃物回收和资源化利用。

2.积极参与农村环境整治。各地要因地制宜,发挥优势,积极配合当地政府开展农村环境综合治理,争取当地政府授权和支持,承担农村公益性服务项目。大力开展农村生活垃圾分类回收和处理,推进农村生活垃圾减量化和资源化。积极参与推进农村"厕所革命",开展农村卫生厕所建设和改造,同步实施粪污治理。依托农村综合服务社,培养和强化农村居民的生态环保意识,形成爱护环境、节约资源的生活习惯、生产方式和良好风气。

3.完善城乡回收利用网络功能。主动承接政府购买服务项目,积极承担城乡生活垃圾分类减量职能,促进再生资源回收利用网络与环卫清运网络有效对接,在机制、人力资源、物流、设施、平台等方面开展"两网融合",完善系统再生资源回收利用体系,寻求新的发展机遇。在提升和完善城市再生资源回收利用的基础上,积极将城市完备的网络体系延伸到乡村,为农村环境治理提供服务。

(六)围绕打赢精准脱贫攻坚战,扎实做好供销合作社扶贫工作。参与脱贫攻坚是党和政府交给供销合作社的一项政治任务,也是供销合作社参与乡村振兴,践行为农服务宗旨的重要体现。要坚持精准扶贫、精准脱贫基本方略,采取更加有力的举措、更加集中的支持、更加精细的工作,助力地方党委政府打赢脱贫攻坚战,在促进共同富裕中发挥更大作用。

1.大力实施行业精准扶贫。立足贫困地区优势特色产业,引导发展农民专业合作社,培育壮大扶贫龙头企业,积极吸纳贫困户入社入企,在组织上、经济上与农民形成紧密的利益联结,带动贫困户增收脱贫。推动农产品加工流通企业、电商平台、连锁超市与贫困地区新型农业经营主体和农户有效对接,让贫困群众从流通环节分享更多收益。发挥系统科研院所的科技优势,积极与贫困地区建立技术帮扶机制,提升特色产业发展水平。依托系统职业院校,优先招收贫困户家庭子女入学,针对贫困户定期开展实用技能培训,提高贫困群众脱贫致富技能。

2.扎实做好定点扶贫。帮助定点扶贫地区研究困难问题,制订帮扶规划和年度计划,在资金上提供支持、人才上提供支撑、工作上提供指导,推动扶贫举措落到实处。总社将继续加大对定点扶贫和对口支援县的帮扶力度,统筹整合资源,创新帮扶方式,扎实做好定点帮扶工作。各地供销合作社要认真做好对口贫困县、贫困乡、贫困村的帮扶,注重发挥直属企业在帮扶地区的带动作用,积极向帮扶地区延伸经营服务网络。对口帮扶对象在深度贫困地区的,要按照中央和总社的要求,在资金、项目等方面加大投入力度,高质高效完成党和政府交给的对口帮扶任务。各地供销合作社要认真开展扶贫领域作风问题专项治理。

四、保障措施

(一)切实加强组织领导。各级供销合作社要高度重视,把参与实施乡村振兴战略作为当前和今后一个时期的重要工作任务,切实抓紧抓好。要成立专门工作班子,制定工作方案,细化工作任务和具体措施。制订的工作方案要与当地政府实施乡村振兴战略规划相衔接,积极争取当地党委政府的支持。各级供销合作社要将参与实施乡村振兴战略纳入综合业绩考核。

(二)加大政策支持力度。加强与发改、财政、农业、商务等部门和农发行、农行、国开行等金融机构的沟通联系,积极争取国家职能部门和金融机构对乡村振兴战略的项目、资金和信贷支持。总社将利用"新网工程"、农业综合开发等资金,加大对乡村振兴项目的支持力度。

(三)加强人才队伍建设。坚持党管干部、党管人才原则,按照新时期好干部标准,完善选人用人机制,拓宽人才交流渠道,注重把大学生村官、农村能人、返乡创业青年等,吸收到基层供销合作社队伍中,培养造就一支懂农业、爱农村、爱农民,热爱供销合作事业的工作队伍。加大干部人才教育培训力度,注重培养干部人才队伍的专业思维、专业能力、专业精神,不断提高适应新时代供销合作社改革发展要求的工作能力。

(四)及时总结推广经验。对于各地在参与实施乡村振兴战略中涌现出来的典型经验和做法,以及具有供销合作社特色的创新模式,总社和省级供销合作社要认真总结,抓好业务指导,通过现场会、交流会等形式,加强宣传和推广,发挥好示范带动作用。

附录八　中共中央 国务院关于深化供销合作社综合改革的决定
（中发〔2015〕11号）

供销合作社是为农服务的合作经济组织,是党和政府做好"三农"工作的重要载体。为深入贯彻落实党的十八大和十八届二中、三中、四中全会精神,加快推进农业现代化,促进农民增收致富,推动农村全面小康社会建设,现就深化供销合作社综合改革作出如下决定。

一、深化供销合作社综合改革的总体要求

（一）充分认识深化供销合作社综合改革的紧迫性重要性。当前,我国工业化信息化城镇化快速发展,农业现代化深入推进,农村经济社会发展进入新阶段。农业生产经营方式深刻变化,适度规模经营稳步发展,迫切要求发展覆盖全程、综合配套、便捷高效的农业社会化服务;农民生活需求加快升级,迫切要求提供多层次、多样化、便利实惠的生活服务。新形势下加强农业、服务农民,迫切需要打造中国特色为农服务的综合性组织。长期以来,供销合作社扎根农村、贴近农民,组织体系比较完整,经营网络比较健全,服务功能比较完备,完全有条件成为党和政府抓得住、用得上的为农服务骨干力量,要充分用好这支力量。同时必须看到,目前供销合作社与农民合作关系不够紧密,综合服务实力不强,层级联系比较松散,体制没有完全理顺,必须通过深化综合改革,进一步激发内生动力和发展活力,在发展现代农业、促进农民致富、繁荣城乡经济中更好发挥独特优势,担当起更大责任。

（二）指导思想和目标任务。深化供销合作社综合改革,必须贯彻落实党的十八大和十八届二中、三中、四中全会精神,以邓小平理论、"三个代表"重要思想、科学发展观为指导,深入贯彻习近平总书记系列重要讲话精神,紧紧围绕"三农"工作大局,以密切与农民利益联结为核心,以提升为农服务能力为根本,以强化基层社和创新联合社治理机制为重点,按照政事分开、社企分开的方向,因地制宜推进体制改革和机制创新,加快建成适应社会主义市场经济需要、适应城乡发展一体化需要、适应中国特色农业现代化需要的组织体系和服务机制,努力开创中国特色供销合作事业新局面。

到2020年,把供销合作社系统打造成为与农民联结更紧密、为农服务功能更完备、市场化运行更高效的合作经济组织体系,成为服务农民生产生活的生力军和综合平台,成为党和政府密切联系农民群众的桥梁纽带,切实在农业现代化建设中更好地发挥作用。

（三）基本原则

——坚持为农服务根本宗旨。始终把服务"三农"作为供销合作社的立身之本、生存之基,把为农服务成效作为衡量工作的首要标准,做到为农、务农、姓农。

——坚持合作经济基本属性。按照合作制要求,充分尊重农民意愿,推动多种形式的联合与合作,实行民主管理、互助互利。

——坚持社会主义市场经济改革方向。发挥市场在资源配置中的决定性作用,顺应市场经济规律,更多运用经济手段开展经营服务,逐步探索联合社社企分开的途径,增强经济实力和市场竞争能力。同时,服务"三农"工作大局,体现党和政府的政策导向,履行好社会责任。

——坚持因地制宜、分类指导。鼓励大胆探索、试点先行,允许从实际出发采取差异性、过渡性的制度和政策安排,给基层更多的选择权,不搞"一刀切",不追求一步到位,确保改革积极稳妥、有序推进。

二、拓展供销合作社经营服务领域,更好履行为农服务职责

供销合作社要把为农服务放在首位。面向农业现代化、面向农民生产生活,推动供销合作社由流通服务向全程农业社会化服务延伸、向全方位城乡社区服务拓展,加快形成综合性、规模化、可持续的为农服务体系,在农资供应、农产品流通、农村服务等重点领域和环节为农民提供便利实惠、安全优质的服务。

(四)创新农业生产服务方式和手段。围绕破解"谁来种地""地怎么种"等问题,供销合作社要采取大田托管、代耕代种、股份合作、以销定产等多种方式,为农民和各类新型农业经营主体提供农资供应、配方施肥、农机作业、统防统治、收储加工等系列化服务,推动农业适度规模经营。创新农资服务方式,推动农资销售与技术服务有机结合,加快农资物联网应用与示范项目建设。充分发挥供销合作社科研院所、庄稼医院、职业院校在农业技术推广和农民技能培训中的积极作用。积极承担政府向社会力量购买的公共服务。

(五)提升农产品流通服务水平。加强供销合作社农产品流通网络建设,创新流通方式,推进多种形式的产销对接。将供销合作社农产品市场建设纳入全国农产品市场发展规划,在集散地建设大型农产品批发市场和现代物流中心,在产地建设农产品收集市场和仓储设施,在城市社区建设生鲜超市等零售终端,形成布局合理、联结产地到消费终端的农产品市场网络。积极参与公益性农产品批发市场建设试点,有条件的地区,政府控股的农产品批发市场可交由供销合作社建设、运营、管护。继续实施新农村现代流通服务网络工程建设,健全农资、农副产品、日用消费品、再生资源回收等网络,加快形成连锁化、规模化、品牌化经营服务新格局。顺应商业模式和消费方式深刻变革的新趋势,加快发展供销合作社电子商务,形成网上交易、仓储物流、终端配送一体化经营,实现线上线下融合发展。

(六)打造城乡社区综合服务平台。适应新型城镇化和新农村建设要求,加快建设农村综合服务社和城乡社区服务中心(站),为城乡居民提供日用消费品、文体娱乐、养老幼教、就业培训等多样化服务。统筹整合城乡供销合作社资源,发展城市商贸中心和经营服务综合体,提升城市供销合作社沟通城乡、服务"三农"的辐射带动能力。发挥供销合作社优势,大力发展生态养生、休闲观光、乡村旅游等新兴服务业。积极参与美丽乡村建设,规范建设再生资源回收网点,促进资源循环和高效利用,改善城乡生态环境。

(七)稳步开展农村合作金融服务。发展农村合作金融,是解决农民融资难问题的重要途径,是合作经济组织增强服务功能、提升服务实力的现实需要。有条件的供销合作社要按照社员制、封闭性原则,在不对外吸储放贷、不支付固定回报的前提下,发展农村资金互助合作。有条件的供销合作社可依法设立农村互助合作保险组织,开展互助保险业务。允许符合条件的供销合作社企业依照法定程序开展发起设立中小型银行试点,增强为农服务能力。鼓励有条件的供销合作社设立融资租赁公司、小额贷款公司、融资性担保公司,与地方财政共同出资设立担保公司。供销合作社联合社、金融监管部门和地方政府要按照职责分工,承担起监管职责和风险处置责任,切实防范和化解金融风险。

三、推进供销合作社基层社改造,密切与农民的利益联结

基层社是供销合作社在县以下直接面向农民的综合性经营服务组织,是供销合作社服务"三农"的主要载体。要按照强化合作、农民参与、为农服务的要求,因地制宜推进基层社改造,逐步办成规范的、以农民社员为主体的合作社,实现农民得实惠、基层社得发展的双赢。

(八)强化基层社合作经济组织属性。通过劳动合作、资本合作、土地合作等多种途径,采取合作制、股份合作制等多种形式,广泛吸纳农民和各类新型农业经营主体入社,不断强化基层社与农民在组织上和经济上的联结。按照合作制原则加快完善治理结构,落实基层社社员代表大会、理事会、监事会制度,强化民主管理、民主监督,提高农民社员在经营管理事务中的参与度和话语权。拓宽基层社负责人选任渠道,鼓励村"两委"负责人、农村能人等入社参选。规范基层社和农民社员的利益分配关系,建立健全按交易额返利和按股分红相结合的分配制度,切实做到农民出资、农民参与、农民受益。

(九)加快推进基层社改造。经济实力较强的基层社要扩大服务领域,积极发展生产合作、供销合作、消费合作、信用合作,加快办成以农民为主体的综合性合作社。对经济实力较弱的基层社,要采取政策引导、联合社帮扶、社有企业带动等多种方式,着力提升服务能力,通过服务密切与农民的联系,不断强化与农民的联合与合作。根据农民需求和供销合作社实际,逐步将已经承包或租赁的基层社网点纳入供销合作社经营服务体系;在没有基层社的地区加快经营服务网点建设,新建基层社要按照合作制原则规范创办。

(十)领办创办农民专业合作社。通过共同出资、共创品牌、共享利益等方式,创办一批管理民主、制度健全、产权清晰、带动力强的农民专业合作社。在自愿的前提下,引导发展农民专业合作社联合社,充分发挥供销合作社综合服务平台作用,带动农民专业合作社围绕当地优势产业开展系列化服务。加强基层社与农村集体经济组织、基层农技推广机构、龙头企业等合作,形成服务农民生产生活的合力。

(十一)加强对基层社发展的扶持。国家扶持供销合作社的政策要向基层社倾斜,各级联合社资源要更多投向基层社。支持基层社作为相关涉农政策和项目的实施主体,承担公益性服务。支持符合条件的基层社作为农民专业合作社进行工商登记注册,允许财政项目资金直接投向注册后的基层社,允许财政补助形成的资产转交注册后的基层社持有和管护。

四、创新供销合作社联合社治理机制,增强服务"三农"的综合实力

联合社是供销合作社的联合组织,肩负着领导供销合作事业发展的重要职责。各级联合社要深化体制改革,创新运行机制,理顺社企关系,密切层级联系,着力构建联合社机关主导的行业指导体系和社有企业支撑的经营服务体系,形成社企分开、上下贯通、整体协调运转的双线运行机制。

(十二)构建联合社主导的行业指导体系。中华全国供销合作总社要充分发挥领导全国供销合作事业发展的作用,贯彻落实党中央、国务院"三农"工作方针政策,研究制定发展战略和规划,指导服务全系统改革发展,代表中国合作社参与国际合作社联盟事务。省级和市地级联合社要加强本区域内供销合作社的行业管理、政策协调、资产监管、教育培训,贯彻落实好上级社和地方党委、政府的决策部署。县级联合社要组织实施好基层社改造,强化市场运营,搞好直接面向农民的生产生活服务网点建设。

加强联合社层级间的联合合作,强化联合社为成员社服务、为基层社服务的工作导向。落实县级以上联合社对成员社的资产监管职责,建立成员社对联合社的工作评价机制,完善联合社对成员社的工作考核机制。做实供销合作社合作发展基金,各级联合社当年社有资产收益,按不低于20%的比例注入本级供销合作社合作发展基金。省、市地、县级联合社在自愿的基础上,将本级合作发展基金的一部分上缴上一级联合社合作发展基金,统筹用于基层社建设和为农服务。抓紧制定合作发展基金运行和管理办法,确保出资成员权责明确,基金运行公开透明、规范高效。

(十三)构建社有企业支撑的经营服务体系。深化社有企业改革,规范治理结构,增强社有企业发展活力和为农服务实力。加快完善现代企业制度,健全法人治理结构,建立与绩效挂钩的激励约束机制。加强各层级社有企业间的产权、资本和业务联结,推进社有企业相互参股,建立共同出资的投资平台,推动跨区域横向联合和跨层级纵向整合,促进资源共享,实现共同发展。推进社有企业并购重组,在农资、棉花、粮油、鲜活农产品等重要涉农领域和再生资源行业,培育一批大型企业集团。社有企业改革要公开透明、规范操作,要有"防火墙""隔离带",切实防止社有资产流失。允许上级社争取的同级财政扶持资金依法以股权形式投入下级社。支持社有企业承担化肥、农药等国家储备任务,鼓励符合条件的社有企业参与大宗农产品政策性收储。

(十四)理顺联合社与社有企业的关系。联合社机关要切实把握好社有企业为农服务方向,加强社有资产监管,促进社有资产保值增值;社有企业要面向市场自主经营、自负盈亏。各级供销合作社理事会是本级社属资产和所属企事业单位资产的所有权代表和管理者,理事会要落实社有资产出资人代表职责,监事会要强化监督职能。联合社机关成立社有资产管理委员会,按照理事会授权,建立社有资本经营预算制度,并接受审计机关和同级财政部门的监督,以管资本为主加强对社有资产的监管。采取委派法人代表管理和特殊管理股股权管理等办法,探索联合社机关对社有企业的多种管理方式。探索组建社有资本投资公司,优化社有资本布局,重点投向为农服务领域。在改革过渡期内,联合社机关参照公务员法管理的人员确因工作需要,经有关机关批准可到本级社有企业兼职,但不得在企业领取报酬。

(十五)创新联合社治理结构。按照建设合作经济联合组织的要求,优化各级联合社机关机构设置、职能配置,更好运用市场经济的手段推进工作,切实履行加强行业指导、落实为农服务职责、承担宏观调控的任务。稳定县及县以上联合社机关参照公务员法管理。对参照公务员法管理的联合社机关新进的相关工作人员,按照公务员法有关规定,经批准可探索实行聘任制。允许不同发展水平的联合社机关选择参公管理模式或企业化管理模式。对实行企业化运营的,应该进行不再纳入编制管理的试点。管理模式的选择和开展试点要积极稳妥,严密程序,经批准后实施。大力发展行业协会,实现协会与联合社融合互补、协同发展。

着力推进县级联合社民主办社、开放办社,逐步把县级联合社办成基层社共同出资、各类合作经济组织广泛参与、实行民主管理的经济联合组织。创新县级联合社运行机制,逐步建立市场化的管理体制、经营机制、用人制度,选择有条件的县级联合社进行实体性合作经济组织改革试点。统筹运营县域内供销合作社资源,打造县域范围内服务农民生产生活的综合平台,着力培育规模化服务优势。

五、加强对供销合作社综合改革的领导

重视和加强供销合作事业,是党和政府做好"三农"工作的传统和优势。要站在加快推进中国特色农业现代化、巩固党在农村执政基础的战略高度,树立重视供销合作社就是重视农业、扶持供销合作社就是扶持农民的理念,加快推进供销合作社综合改革,继续办好供销合作社。

(十六)各级党委、政府要落实领导责任。把深化供销合作社综合改革纳入全面深化改革大局统筹谋划、协调推进,把握好节奏和力度,精心组织,抓好落实。深入开展调查研究,及时发现和解决改革过程中的苗头性、倾向性问题,确保供销合作社通过综合改革进一步得到加强。积极稳妥推进供销合作社综合改革试点,努力形成可复制、可推广的经验做法,各级财政要给予必要支持。各省(自治区、直辖市)改革试点方案要履行报批手续,中央农村工作领导小组统筹协调把关供销合作社综合改革工作。重视和加强供销合作社领导班子建设,选拔素质高、能力强的干部充实到各级联合社领导班子,特别是选好配强县级联合社领导班子。探索具有合作经济组织特点的干部人事管理制度。

(十七)加大对供销合作社综合改革的支持力度。有关部门要关心支持供销合作社改革发展,按照职能分工,落实好相关配套措施,形成推进供销合作社综合改革的合力。对已出台的扶持政策,要逐项梳理,加强督促检查,确保落实到位。中央财政要继续支持新农村现代流通服务网络工程建设,通过现有资金渠道支持供销合作社组织实施农业社会化服务惠农工程。加大国家农业综合开发对供销合作社新型农业社会化服务体系和产销对接等项目建设的支持力度。加强对财政投入资金的管理和审计监督。各级地方政府要按照有关规定,抓紧落实处理供销合作社财务挂账、金融债务、社有企业职工社会保障等历史遗留问题。保持供销合作社组织体系和社有资产完整性,任何部门和单位不得违法违规平调、侵占供销合作社财产,不得将社有资产纳入地方政府融资平台,不得改变供销合作社及其所属企事业单位的隶属关系。

(十八)确立供销合作社的特定法律地位。在长期的为农服务实践中,供销合作社形成了独具中国特色的组织和服务体系,组织成分多元,资产构成多样,地位性质特殊,既体现党和政府政策导向,又承担政府委托的公益性服务,既有事业单位和社团组织的特点,又履行管理社有企业的职责,既要办成以农民为基础的合作经济组织,又要开展市场化经营和农业社会化服务,是党和政府以合作经济组织形式推动"三农"工作的重要载体,是新形势下推动农村经济社会发展不可替代、不可或缺的重要力量。为更好发挥供销合作社独特优势和重要作用,必须确立其特定法律地位,抓紧制定供销合作社条例,适时启动供销合作社法立法工作。

(十九)加强供销合作社自身建设。各级供销合作社要切实增强深化综合改革的自觉性主动性,转变行政化的思维方式和工作方法,用改革的思路和市场的办法不断破解体制机制难题,着力在关键环节和重点领域取得突破。加强供销合作社人才队伍建设,广泛吸引各类经营管理和专业技术人才,着力培养一批懂市场、会管理的优秀企业家,造就一支对农民群众有感情、对合作事业有热情、对干事创业有激情的高素质干部职工队伍。巩固供销合作社系统党的群众路线教育实践活动成果,切实加强和改进作风。大力弘扬"扁担精神""背篓精神"等优良传统,推进供销合作社文化建设,汇聚起推动供销合作事业发展的强大精神力量。

附录九　国务院关于加快供销合作社改革发展的若干意见
（国发〔2009〕40号）

各省、自治区、直辖市人民政府，国务院各部委、各直属机构：

供销合作社是为农服务的合作经济组织，是推动农村经济发展和社会进步的重要力量。加快供销合作社改革发展，对于活跃农村流通，完善商品流通体系，建设现代农业，拉动农村需求，推进社会主义新农村建设，促进形成城乡经济社会发展一体化新格局，具有重大意义。现就新形势下加快供销合作社改革发展的若干问题，提出如下意见。

一、新形势下供销合作社改革发展的目标任务

（一）供销合作社改革发展取得显著成就。近年来，全国供销合作社系统认真贯彻党中央、国务院决策部署，始终坚持为农服务宗旨，不断深化体制改革、创新经营机制、拓展服务领域，全面推进基层社、社有企业、联合社、经营网络改造，成功实现扭亏为盈，发展活力明显增强，经济实力明显提升，服务能力明显提高，为促进农业发展、农民增收、农村繁荣作出了重要贡献。经过多年改革发展，供销合作社正在从传统经营方式向现代流通业态转变，从单纯购销业务向综合经营服务转变，从单一供销合作向多领域全面合作转变，成为经营性服务功能充分发挥、公益性服务作用不断体现的新型农村合作经济组织。

（二）供销合作社改革发展面临的新形势新任务。当前，我国改革发展进入关键阶段，农村正在发生深刻变革。发展现代农业，要求供销合作社发挥组织体系完整的优势，积极参与构建新型农业社会化服务体系，推进农业产业化经营，提高农民组织化程度；建设社会主义新农村，要求供销合作社发挥扎根基层的优势，广泛凝聚各类社会资源，大力开展农村社区综合服务，不断提高农民的生活质量；扩大国内需求，要求供销合作社发挥流通网络覆盖城乡的优势，加快推进新农村现代流通服务网络建设，改善农村消费环境，开拓农村市场，促进城乡经济社会统筹发展。

（三）供销合作社改革发展的总体要求。新形势下推进供销合作社改革发展，要全面贯彻党的十七大和十七届三中、四中全会精神，以邓小平理论和"三个代表"重要思想为指导，深入贯彻落实科学发展观，坚持为农服务宗旨，坚持社会主义市场经济改革方向，坚持合作制基本原则，大力推进经营创新、组织创新、服务创新，加快构建运转高效、功能完备、城乡并举、工贸并重的农村现代经营服务新体系，努力成为农业社会化服务的骨干力量、农村现代流通的主导力量、农民专业合作的带动力量，真正办成农民的合作经济组织，不断开创中国特色供销合作事业新局面。

二、加快推进供销合作社现代流通网络建设

（四）加快发展农业生产资料现代经营服务网络。依托供销合作社建设一批统一采购、跨地区配送的大型农资企业集团，在粮食主产区和交通枢纽，完善农资仓储物流基础设施，建设区域物流配送中心。加快推进农资连锁经营，大力发展统一配送、统一价格、统一标识、统一服

务的农资放心店。支持符合条件的供销合作社从事种子、农机具、成品油等商品经营,办好庄稼医院,面向农民开展各种技术服务。支持供销合作社符合条件的企业,利用现有设施承担化肥、农药等重要物资的国家商业储备、救灾储备任务。

(五)加快发展农村日用消费品现代经营网络。支持供销合作社培育壮大日用消费品连锁骨干企业,加快传统经营网络改造升级,加强区域物流配送中心、连锁超市和便利店等农村零售终端建设,逐步形成县有配送中心、乡有超市、村有便利店的连锁经营体系,营造便利实惠、安全放心的消费环境。鼓励供销合作社发挥"一网多用"优势,依法开展家电、图书、药品、烟花爆竹等连锁经营业务。

(六)加快发展农副产品现代购销网络。支持供销合作社开办的农产品批发市场升级改造和功能提升,增强仓储运输、冷链物流能力,建立健全检验检测、资金结算、信息服务系统。引导供销合作社创新农产品流通方式,推动大型连锁超市与农民专业合作社、生产基地、专业大户等直接建立采购关系,培育品牌产品,降低流通成本,提高流通效率。支持供销合作社在棉花主产区和主销区建设仓储物流设施,符合条件的企业可以接受政府委托,承担国家棉花储备、进出口等任务。鼓励供销合作社承担边销茶、羊毛等储备和经营任务。

(七)加快发展再生资源回收利用网络。鼓励供销合作社积极参与再生资源回收利用体系建设,规范建设社区和村镇回收网点、专业化分拣中心、区域集散交易市场和综合利用处理基地。支持供销合作社有条件的企业依法开展废旧家电、报废汽车等回收拆解业务,形成回收、分拣和加工利用一体化经营的再生资源回收利用体系,实现再生资源产业化经营、资源化利用和无害化处理。

三、着力强化供销合作社服务功能

(八)加强专业合作服务。立足当地优势资源和特色产业,利用供销合作社人才、网络、设施等条件,采取多种方式积极领办农民专业合作社。带动农民专业合作社开展信息、营销、技术、农产品加工储运等服务,推进规模化种养、标准化生产、品牌化经营,提高农产品质量安全水平和市场竞争力。帮助农民专业合作社开拓市场,开辟合作社产品进超市、进社区、进批发市场的便捷通道。积极参与农民专业合作社示范社建设,加强人员培训,各级财政根据实际情况,给予必要的经费支持。

(九)完善行业协会服务。加强供销合作社系统行业协会建设,增强服务功能,强化行业自律,反映行业诉求,推动行业诚信建设。推进协会内部改革,建立健全规范的运行机制。在农资、棉花、茶叶、果品、食用菌、蜂产品、畜产品、烟花爆竹和再生资源等传统优势领域,重视发挥供销合作社系统行业协会在制定产业政策、行业规划、产品标准等方面的积极作用。

(十)强化农村综合服务。按照政府引导、多方参与、整合资源、市场运作原则,支持供销合作社参与建设主体多元、功能完备、便民实用的农村社区综合服务中心。按照农民生产生活实际需要,进一步拓展服务领域,创新服务方式,在继续搞好农资、农副产品、日用消费品经营基础上,积极开展文体娱乐、养老幼教、劳动就业等服务。各级政府要制定相关扶持政策,推进公共服务向农村延伸,调动社会各方面力量,共同打造农村社区综合服务平台。

四、不断加强供销合作社组织建设

(十一)继续加强基层社建设。基层社是植根农村、贴近农民、强化为农服务的基本环节,只能加强,不能削弱。根据县域经济发展特点和城镇建设规划要求,调整建制,优化布局,改造建设一批辐射带动能力强的基层社。加强基层社民主管理,建立完善社员代表大会制度,引导社员参与基层社经营管理活动,密切与农民社员的经济联系,逐步结成利益共同体。维护供销合作社资产完整性,基层社改制后的剩余资产,由县联社代为行使所有权和管理权。

(十二)增强联合社的服务功能。各级联合社要认真履行指导、协调、监督、服务、教育培训职能。推进开放办社,广泛吸纳各类合作经济组织、龙头企业、专业大户,积极组建行业协会、农产品经纪人协会,为农民专业合作搭建服务平台。强化社有资产监管,切实行使出资人职责,落实资产保值增值责任。积极探索建立与绩效挂钩的激励约束机制,充分调动管理者和经营者积极性。监督社有企业依法合规经营,督促其完善内部管理、加强风险控制。建立健全民主管理制度,按期召开社员代表大会,做好换届选举工作。

(十三)依法维护供销合作社权益。各级供销合作社联合社理事会是本级社集体财产和所属企事业单位财产的所有权代表,任何部门和单位不得随意侵占、平调其财产,不得随意改变供销合作社及其所属企事业单位的隶属关系,保持供销合作社组织体系的完整性。各级政府根据实际需要,积极创造条件,将可以由供销合作社承担的任务和职能委托或赋予供销合作社。县及县以上联合社在严格核定人员的情况下,所需经费列入同级财政预算。对未参照公务员法管理的联合社机关,由地方政府依据有关法律法规,结合实际制定管理办法。

五、积极创新社有企业经营机制

(十四)推动社有企业参与农业产业化经营。供销合作社具有联系农民、产业众多、熟悉市场的综合优势,有条件的社有企业都要积极参与农业产业化经营。引导社有企业与农户结成更紧密的利益关系,为生产者提供全方位服务,把更多的利润返还给农民。依托农民专业合作经济组织,按照标准化生产的规范,加快建立水平较高的优质农产品基地,引导农民发展集约化、规模化生产。在果品、茶叶、畜产品、蜂产品、食用菌等传统优势领域,加大品牌整合培育力度,加快技术含量和附加值高的产品开发,拓展国内外市场,提升农产品竞争力。支持社有企业参与国家农业产业化、标准化示范、农业技术研发推广等项目,加大对农业综合开发供销合作社项目的支持力度。

(十五)推进社有企业健全现代企业制度。采取经营者和职工持股、引进社会资本等多种形式,加快推进投资主体多元化,不断健全法人治理结构,完善企业经营机制,提高市场竞争能力。对为农服务的骨干龙头企业,要保持供销合作社控股地位。规范企业改制行为,切实防止社有资产流失。完善企业财务、投资和风险控制机制,加强内部审计监督,提高管理水平。鼓励具备条件的企业在境内外资本市场上市。

(十六)做大做强社有企业。调整优化社有资本布局,促进优势资源向骨干企业集中。推进企业并购重组,加快纵向整合和横向联合,着力在农资、棉花、农副产品、日用消费品、再生资源等领域培育一批主业突出、市场竞争力强、行业影响力大的企业集团,增强供销合作社为农服务实力。拓展社有企业经营范围和服务领域,促进工农产品双向流通、城乡产业紧密融合。支持社有企业参与"万村千乡"和"双百"市场工程以及农超对接、家电下乡、以旧换新等工作,鼓励社有企业积极利用农村物流服务体系发展专项资金、服务业发展专项资金、中小商贸企业发展专项资金开拓农村市场。

六、切实加大对供销合作社改革发展的支持力度

（十七）妥善解决历史遗留问题。对2002年财政部等七部门共同核复的供销合作社系统地方政策性财务挂账，地方政府要尽快采取有效措施，抓紧落实处理；支持供销合作社多渠道消化经营性财务挂账，有关金融机构加快处置供销合作社拖欠的金融债务。要尊重历史，注重现实，根据实际使用情况，依照法律、法规和有关政策确定土地权属，加快供销合作社土地登记颁证工作。供销合作社使用的原国有划拨建设用地，经批准可采取出让、租赁方式处置，收益实行"收支两条线"，优先用于支付供销合作社破产和改制企业职工安置费用、改善农村流通基础设施。抓紧落实相关政策，切实解决好供销合作社企业职工基本养老保险问题。

（十八）支持发展供销合作事业。抓紧完善新农村现代流通服务网络工程建设规划，扩大实施范围，充实建设内容，中央和省级财政继续加大资金扶持力度。鼓励供销合作社的企业法人按照市场准入条件参与组建村镇银行，支持供销合作社领办的农民专业合作社开展农村资金互助社和互助合作保险试点工作。银行业金融机构要加强与供销合作社系统企业的业务合作，积极探索发展适合当地农村特点的金融产品和服务方式。支持供销合作社系统科研机构承担国家科研和农业成果转化项目。支持供销合作社开展农村信息化网络建设。支持利用供销合作社教育培训资源，开展农民专业合作社带头人、农产品经纪人、农民技能培训，发展农村中等职业教育。

（十九）加强供销合作社人才队伍建设。健全理事会、监事会机构设置，保持领导班子相对稳定。实行人才兴社战略，大力引进和培养各类经营管理与专业技术人才，积极吸纳高校毕业生，不断优化干部职工知识和年龄结构。大力弘扬供销合作社"扁担精神""背篓精神"，培育造就一支甘于奉献、勇于创新、善于开拓的高素质干部职工队伍。

附录十　中共中央 国务院关于深化供销合作社改革的决定
（中发〔1995〕5号）

深化供销合作社改革,是发展社会主义市场经济的需要,是整个农村改革的重要方面,对于加强农业基础地位、建立和完善农业社会化服务体系,促进城乡经济发展,密切党和政府与农民群众的联系,巩固工农联盟,具有重要意义。各级党委、政府要高度重视,切实抓紧抓好。

一、深化供销合作社改革是一项重要的紧迫任务

农业、农村和农民问题始终是我国社会主义建设事业的根本问题。供销合作社是农民的合作经济组织。40多年来,供销合作社在为农服务、促进城乡物资交流、保障市场供给等方面做了大量工作,作出了重要贡献。随着整个经济体制改革的推进,供销合作社改革也进行了有益的探索,取得了一定成绩。实践证明,农业和农村是供销合作社生存和发展的基础,供销合作社是繁荣农村经济的重要力量。重视、加强供销合作社、农村、农民就得利受益;忽视、削弱供销合作社,农业、农民就受到损害。从这个意义上说,供销合作社的问题实质上是农业、农村、农民的问题。

当前,我国农业和农村经济正向社会主义市场经济发展,广大农民迫切要求提供各种经济、技术、信息服务和联合起来进入市场,国家也需要对农村经济加强指导和调控。供销合作社应该在这些方面发挥作用,担当起责任。但是,由于种种原因,目前供销合作社体制不顺,缺乏经营活力,为农服务观念淡薄,服务工作削弱,基层社经营严重困难,没有起到它应有的作用。这种状况与农村经济发展和农民群众的要求很不适应,与建立社会主义市场经济体制的目标很不适应。如果不尽快改变,供销合作社就会脱离广大农民群众,性质就会改变,功能就会萎缩,组织就会消亡。因此,必须把深化供销合作社改革作为当前农村经济体制改革和经济发展的一项重要的紧迫任务。

中央认为,深化供销合作社改革的总体思路是:从农村经济发展的需要、从建立社会主义市场经济体制的要求,从供销合作社自身改革的迫切需要出发,紧紧围绕把供销合作社真正办成农民的合作经济组织这个目标,抓住理顺组织体制、强化服务功能、完善经济机制、加强监督管理和给予保护扶持五个环节,以基层社为重点,采取切实有力的政策措施,使供销合作社真正体现农民合作经济组织的性质,真正实现为农业、农村和农民提供综合服务的宗旨,真正成为加强党和政府与农民密切联系的桥梁和纽带。

二、坚持把供销合作社真正办成农民的合作经济组织

在党和政府的领导下,把供销合作社真正办成农民的合作经济组织,是深化改革的根本目标,也是改革能否成功的关键。要实现这个目标,最重要的是做到三个坚持:

必须坚持供销合作社集体所有制性质。要保证入社农民共同所有财产,共同享受权益,共同承担责任和义务。供销合作社集体财产不能量化到人,不能分掉。一些地方存在的任意平调和处置供销合作社及所属企业的财产,把供销合作社的财产量化到职工个人,把供销合作社

改成股份公司、搞股份合作制的做法,都是违背供销社性质的,必须坚决纠正。要从法律上、体制上、政策上真正体现所有者的地位,保护所有者权益。

必须坚持为农业、农村、农民提供综合服务的办社宗旨。供销合作社作为农民的合作经济组织,主要任务就是围绕建立和完善农业社会化服务体系,做好为农业、农村、农民服务的工作,不断满足农民生产生活中多方面的实际需要,促进农村经济的发展和农民收入水平的提高,把一家一户办不了或不好办的事情办起来,把千家万户的分散经营与大市场连接一起。

必须坚持自愿、互利、民主、平等的合作制原则。要尊重农民的意愿,坚持自愿联合、互利互惠,实行民主管理、民主监督,保证农民在供销合作社活动中的应有权力。

三、理顺供销合作社的组织体制

理顺供销合作社的组织体制,实现供销合作社性质、宗旨、任务的组织保障,是把供销合作社真正办成农民合作经济组织的重要标志。

按照自愿原则,争取更加广泛的农民群众入社,充分体现它的群众性。要坚持农民入社自愿、退社自由,绝不能搞强迫命令。

按照民主的原则,理顺供销合作社的内部管理体制。供销合作社实行代表会议制,设立理事会和监事会。理事会和监事会要有一定比例的社员代表参加。领导成员实行民主选举,职工实行招聘合同制,重大决策实行民主协商,经营管理实行民主监督,充分体现民主性。各级供销合作社的日常工作实行理事会主任负责制。

按照联合的原则,理顺各级供销合作社之间的关系。供销合作社分基层社、县、市联合社,省、自治区、直辖市联合社,全国总社。各级供销合作社之间是自下而上的经济联合关系,内部实行联合社为成员社服务、各级联合社为基层社服务的原则。联合社对成员社负有指导、协调、监督和教育培训人员的责任。

按照政社分开的原则,各级供销合作社退出政府行政机构序列。根据实际需要,可以承担政府委托的任务,行使政府授权的某些职能,列席政府的有关会议。政府依照法律和政策,对其进行指导、协调、扶持、监督。

按照社企分开的原则,理顺各级供销合作社理事会与其所属企业的关系。各级供销合作社理事会是本社集体财产(包括所属事业财产)的所有权代表和管理者;拥有对所属企业主要负责人的聘任和解聘权,企业重大经营、投资活动的审批权,企业经营管理的监督检查权,享有财产受益权,但不干预企业的具体业务活动。各级供销合作社所属企业是独立的企业法人,拥有经营、用工、分配等自主权,实行自主经营、自负盈亏、自我发展、自我约束。

四、强化供销合作社为农服务的功能

各级供销合作社都要把为农服务放在首位,一切活动要围绕建立和完善农业社会化服务体系,做好为农业、农村、农民服务的工作。要牢固树立全心全意为农服务的观念,进一步转变经营作风,改进经营形式,在农产品购销活动中大力发展合同制、联营制、代理制和利润制,与农民建立稳定的购销关系,使农业生产更符合市场需求,使农民得到更多的实惠。要积极拓展服务领域,扩大经营范围,只要有利于满足农业、农村和农民的需要,有利于繁荣城乡经济的活动,供销合作社都应当依法积极去做,有关部门应给予积极支持。

建立和完善农业社会化服务体系,是促进农村经济发展的基础建设。各涉农部门和各类农村服务组织都应遵循鼓励竞争、反对垄断、提倡联合、强化服务的原则,互相支持,密切合作。供销合作社要进一步从单纯的购销组织向农村经济的综合服务组织转变,大力发展以加工、销售企业为龙头的贸工农一体化、产供销一条龙经营,带动千农万户连片兴办农产品商品基地和为城市服务的副食品基地,发展农产品加工、储藏、运输业和其他二三产业,发展专业合作社,积极为农业、农村、农民提供综合性、系列化的经济技术服务,引导农民有组织地进入市场。

要积极扩大对外开放,发展对外经济、贸易、技术合作,引进国外资金、技术和先进的管理经验,不断增加出口创汇。政府有关部门对供销合作社开展对外经济贸易活动,应给予积极支持,并依法管理。

五、完善供销合作社的经营机制

供销合作社的经营机制必须建立在对社员不以营利为主要目的,其他经济活动实行企业化经营,提高经济效益,不断增强自身为农服务实力基础上。

各级供销合作社是自主经营、自负盈亏、独立核算、照章纳税、由社员民主管理的群众性经济组织,具有独立法人地位,依法享有独立进行经济、社会活动的自主权。

供销合作社内部应实行多种形式的经营责任制,不断增强市场竞争意识,搞活企业经营,加强企业管理,提高经济效益。无论实行哪一种经营责任制,都不得改变它的集体所有制性质,都必须确保资产的保值增值,确保社员的经济权益。要进一步改革分配制度,打破"铁饭碗"和平均主义。

要切实加强供销合作社职工队伍的建设。几十年来,供销合作社已经建立起一支庞大的职工队伍,总的讲,这支队伍是好的,在促进城乡经济发展中做出了巨大努力,取得了显著成绩。也应当看到,在发展社会主义市场经济的进程中,职工队伍的现状与其所承担的任务很不适应,必须引起高度重视。各级供销合作社都要把职工队伍建设作为一项基础工作来抓。要加强思想政治工作,关心职工生活,保障职工权益,稳定职工队伍。要办好各类专业院校和培训中心,加强在职职工的业务、技术培训和职业道德教育。要深化劳动用工制度的改革,管理人员实行招聘制,职工实行劳动合同制,对专业技术人员按照国家有关规定评定技术职称。要广泛吸收各类优秀人才,优化人才结构,提高职工队伍素质,更好地肩负起供销合作社的历史重任。

六、加强基层供销合作社建设

基层供销社是供销合作社的基础,是直接体现农民合作经济组织性质和实现为农服务宗旨的基本环节。基层社办得好不好,对农村经济的繁荣与发展关系重大,也是农民关注的焦点。因此,必须花大力量把基层供销社建设好。

基层供销合作社要办成综合服务组织,根据农民生产生活的需要,急农民所急,想农民所想,办农民所需,做好产前、产中、产后服务,办好村级综合服务站和庄稼医院,及时地、保质保量地做好生产资料供应工作,帮助农民发展专业化生产,开拓市场,扩大经营,解决农民买难卖难问题。基层供销合作社各类门店实行多种形式的经营责任制。除少数"边、小、微、亏"专销生活资料和从事饮食、服务业的门店、柜组外,一律不搞"社有个营"或"社有民营"。

适当调整基层社建社规模,提高规模经营效益。在有条件的地方,要以大集镇为中心建社,实行并社留店,适当扩大经营规模。要以县联社为龙头,广泛开展农产品的"分购联销"和工业品的"联购分销",提高规模效益。联合社的经营所得,要有一定的比例返还给基层社,以加强基层社的建设,增强其为农服务的功能。

加强领导班子建设和民主管理,是办好基层社的关键。要整顿强化基层社领导班子,选拔懂经营、会管理、有开拓精神、作风正派的人员充实基层社的领导,并注意吸收农民社员中的优秀分子参加管理。要按照社章规定,按期召开社员代表会议,报告工作,听取意见,接受监督。

七、加强对供销合作社的监督和管理

加强监督和管理,是坚持供销合作社的性质和宗旨、促进供销合作社健康发展的重要保证。供销合作社是农民的合作经济组织,又承担国家赋予的某些经济社会任务,在实际工作中要处理好国家与农民之间的利益关系。供销合作社应建立监事会,其成员由政府有关经济部门负责人、社员代表和专家组成,把内部监督与外部监督结合起来。监事会的主要职能是监督检查党和国家有关方针、政策的执行情况,国家委托的各项经济、社会任务的完成情况,以及代表会议执行情况等,以保证供销合作社坚持正确的办社方向和集体财产的保值增值。

八、加强政府对供销合作社的保护和扶持

供销合作社担负着农村经济、农业生产、农民生活提供系列化服务的重要任务,各级政府要给予保护扶持。要保护供销合作社的财产权益,保障其组织的完整性。任何单位或个人都不得平调它的财产权益,不得随意改变供销合作社及其所属企业的隶属关系。一些地方随意改变供销合作社所属企业隶属关系和将基层社下放给乡(镇)政府的做法,应予以纠正。

各级政府要重视发挥供销合作社的作用,同时要兼顾它的经济利益。供销合作社应积极承担和保质保量完成国家委托的经营业务和社会服务任务。政府委托的任务应保障提供必要的资金,由此发生的政策性亏损应予补偿。供销合作社承担的重要农产品和农业生产资料国家储备任务,所需资金按国家有关规定办理。对供销合作社过去的债务和承担政府委托任务所形成的政策性亏损,由国家计划、财政、审计、银行和新成立的全国供销合作总社共同组织清理,并采取适当措施逐步解决。

鼓励供销合作社向政府承包农业开发项目、扶贫项目。供销合作社应设专门账户,做到专款专用、承贷承还,管好用活资金。

加快对供销合作社的立法工作,用法律、法规形式明确其性质和宗旨,规范其行为,保护其权益。

九、抓紧组建全国供销合作社总社

党中央、国务院决定成立中华全国供销合作总社,组建工作要抓紧进行。

新成立的中华全国供销合作总社,是全国供销合作社的联合组织,由国务院领导。它的职能和任务是:负责研究制定全国供销合作社的发展战略和发展规划,指导全国供销合作社的发展和改革;按照政府授权对重要农业生产资料、农副产品经营进行组织、协调、管理;维护各级供销合作社的合法权益;协调同有关部门的关系,指导全国供销合作社的业务活动,促进城乡物资交流;宣传贯彻党中央、国务院有关农村经济工作的方针政策;代表中国合作社参与国际

合作社联盟的各项活动。

中华全国供销合作总社设立理事会、监事会，实行理事会主任负责制。理事会、监事会由代表会议选举产生。要本着精简、效能的原则，设立精干的办事机构。

党中央、国务院认为，供销合作社改革不是单纯的流通领域改革，也不单是供销合作社自身的机构改革，而是整个经济体制特别是农村经济体制改革的重要组成部分，涉及城市与农村、工业与农业、生产与流通等各方面的关系，影响面广，政策性强。各级党委、政府应当从全面发展农村经济的大局出发，加强对供销合作体制改革的领导，使这项改革有组织、有步骤、积极稳妥地深入进行，见到实效。

附录十一　新农村现代流通服务网络工程专项资金管理办法

第一章　总　　则

第一条　为推进社会主义新农村建设,健全农村流通网络体系,助农增收,便民惠农,拉动农村消费,根据《中共中央 国务院关于积极发展现代农业扎实推进社会主义新农村建设的若干意见》(中发〔2007〕1号)和《国务院关于促进流通业发展的若干意见》(国发〔2005〕19号)精神,中央财政设立新农村现代流通服务网络工程专项资金。为规范专项资金管理,提高资金使用效益,根据《中华人民共和国预算法》及其实施细则有关规定,制定本办法。

第二条　新农村现代流通服务网络工程专项资金(以下简称专项资金)重点用于支持供销合作社农资、农副产品、日用消费品和再生资源回收利用等服务体系的改造。

第三条　专项资金的安排遵循公开透明、规范合理、突出重点的原则,确保资金的使用效果。

第二章　资金支持范围

第四条　专项资金支持范围包括:

1.农资经营企业农资配送中心、连锁经营网络体系、批发交易市场升级改造项目;

2.农副产品经营企业农副产品配送中心、连锁经营网络、冷链物流系统、批发交易市场升级改造项目;

3.日用消费品经营企业日用消费品配送中心、连锁经营网络体系升级改造项目;

4.再生资源回收企业再生资源社区回收点、分拣加工中心和集散市场升级改造项目;

5.供销合作社主管的专业合作社、行业协会、专业经济协会等各类组织以及供销合作社系统农资、农副产品经营企业农化服务体系、农副产品、农资市场信息收集与发布、质量安全服务体系等公益性服务项目;

6.经财政部批准的其他项目。

第三章　资金支持方式

第五条　专项资金采取以奖代补、贷款贴息和财政补助等支持方式。

(一)贷款贴息。对于投资规模大、能够获取银行贷款的项目采取贷款贴息方式予以支持。贴息资金根据实际到位银行贷款、规定的利息率、贷款期限和实际支付的利息数计算。贴息年限一般不超过3年,年贴息率最高不超过当年国家规定的银行贷款基准利率的60%。

(二)以奖代补。对难以取得银行贷款,但能够制定具体量化评价标准的项目,在项目验收合格后,经审核符合奖励条件的项目,采取以奖代补的方式予以支持。

(三)财政补助。对难以取得银行贷款,且盈利性弱、公益性强,量化评价困难,不适于以奖代补方式支持的项目,采取补助的方式予以支持。项目承担单位自筹资金比例较高及地方财政给予支持的优先安排。

第四章 资金申报、审核和拨付

第六条 专项资金主要采取项目法进行分配。财政部每年印发专项资金申报指南,明确当年申报工作有关规定和要求。

第七条 符合本办法和当年申报指南规定的项目单位,供销总社所属单位通过供销总社向财政部申请,地方供销合作社所属单位通过省级供销合作社向省级财政部门提出申请。

第八条 专项资金的申报材料主要包括:

(一)供销总社或省级财政部门专项资金申请文件;

(二)项目承担单位项目可行性研究报告;

(三)项目承担单位法人营业执照复印件,地税、国税登记证复印件;

(四)项目承担单位相关资质证书复印件;

(五)申请银行贷款财政贴息的项目,需提供相关银行贷款合同和贷款承诺书等凭证;

(六)其他要求提供的材料。

第九条 供销总社或省级财政部门按专项资金申报指南规定的时间要求,将项目补助资金申请及按规定应提供的申报材料,一并上报财政部。

第十条 财政部会同供销总社对申报项目进行评审。根据评审结果及当年专项资金财政预算安排,财政部下达专项资金预算。专项资金按照财政国库管理制度的有关规定拨付。

第五章 资金监督与检查

第十一条 地方各级财政部门应当会同同级供销部门加强对项目的执行情况和专项资金使用情况的监督检查,追踪问效。财政部会同供销总社将不定期抽查。

第十二条 专项资金必须专款专用,严禁截留、挪用。对弄虚作假、截留、挪用等违反财经纪律的行为,一经查实,按《财政违法行为处罚处分条例》(国务院令第427号)等有关规定进行处理,同时将已经拨付的财政补贴资金全额收回上缴中央财政。

第六章 附　则

第十三条 本办法自印发之日起施行。财政部印发的《新农村现代流通服务网络工程专项资金管理暂行办法》(财建〔2007〕821号)同时废止。

第十四条 本办法由财政部负责解释。

附录十二 "新网工程"发展大事记

1.2002年1月,全国供销合作总社三届三次理事会会议向全系统提出了"四项改造"任务,广泛应用现代经营方式改造供销合作社的传统经营网络。

2.2005年,全国供销合作总社提出在"十一五"期间,加快建设"新农村现代流通服务网络工程"(简称"新网工程")。

3.2006年2月,温家宝总理在商务部《关于加快构建农村现代流通体系的报告》上批示:"要充分利用供销社经营网络,为农民消费提供便利,在此基础上发展现代流通体系"。

4.2006年5月16日,回良玉副总理主持召开会议,决定在供销合作社系统启动"新农村现代流通服务网络工程"(简称"新网工程"),重点建设农业生产资料现代经营服务网络、农副产品市场购销网络、日用消费品现代经营网络和再生资源回收利用网络。

5.2007年中央一号文件指出,要加快建设新农村现代流通网络并开始设立"新网工程"中央财政专项资金。"新网工程"由一个部门工程转变为政府工程。

6.2008年中央一号文件继续指出,"推进新农村现代流通网络工程建设"。

7.2009年国务院"40号文件"要求,以"新网工程"为载体,全面提升"新网工程"建设质量、标准和水平,打造现代流通的主导力量。

8.2010年中央一号文件指出,"大力发展物流配送、连锁超市、电子商务等现代流通方式……建设日用消费品、农产品、生产资料等经营网点,继续支持供销合作社新农村现代流通网络工程建设"。

9.2013年中央一号文件指出,"……继续实施新农村现代流通网络工程,启动农产品现代流通综合示范区创建。"

10.2014年中央一号文件指出,"支持供销合作社加强新农村现代流通网络和农产品批发市场建设"。

11.2015年3月23日,中共中央、国务院发布了《关于深化供销合作社综合改革的决定》,在"新网工程"建设方面,《决定》提出要"加强供销合作社农产品流通网络建设,创新流通方式,推进多种形式的产销对接","……继续实施新农村现代流通服务网络工程建设,健全农资、农副产品、日用消费品、再生资源回收等网络,加快形成连锁化、规模化、品牌化经营服务新格局"。

12.2015年中央一号文件提出"创新农产品流通方式","完善全国农产品流通骨干网络,加大重要农产品仓储物流设施建设力度……支持电商、物流、商贸、金融等企业参与涉农电子商务平台建设。开展电子商务进农村综合示范。"

13.2016年中央一号文件指出,要"加强农产品流通设施和市场建设。健全统一开放、布局合理、竞争有序的现代农产品市场体系,"要"加快农产品批发市场升级改造,完善流通骨干网络,加强粮食等重要农产品仓储物流设施建设……促进农村电子商务加快发展,形成线上线下融合、农产品进城与农资和消费品下乡双向流通格局。"

14.2017年中央一号文件继续强调新农村现代流通网络工程建设,指出"完善全国农产流通骨干网络,加快构建公益性农产品市场体系,加强农产品产地预冷等冷链物流基础设施网络建设,完善鲜活农产品直供直销体系。"

15.2018年1月发布的《中共中央国务院关于实施乡村振兴战略的意见》中再次提到重点解决农产品销售中的突出问题,建设"现代化农产品冷链仓储物流体系,打造农产品销售公共服务平台,支持供销、邮政及各类企业把服务网点延伸到乡村,健全农产品产销稳定衔接机制……加快推进农村流通现代化"。

附录十三　国务院办公厅关于促进内贸流通健康发展的若干意见
(国办发〔2014〕51号)

各省、自治区、直辖市人民政府，国务院各部委、各直属机构：

近年来，我国国内贸易稳定发展，现代流通方式快速推进，流通产业的基础性和先导性作用不断增强。在当前稳增长促改革调结构惠民生防风险的关键时期，加快发展内贸流通，对于引导生产、扩大消费、吸纳就业、改善民生，进一步拉动经济增长具有重要意义，经国务院批准，现提出如下意见：

一、推进现代流通方式发展

(一)规范促进电子商务发展。进一步拓展网络消费领域，加快推进中小城市电子商务发展，支持电子商务企业向农村延伸业务，推动居民生活服务、休闲娱乐、旅游、金融等领域电子商务应用。在保障数据管理安全的基础上，推进商务领域大数据公共信息服务平台建设。促进线上线下融合发展，推广"网订店取""网订店送"等新型配送模式。加快推进电子发票应用，完善电子会计凭证报销、登记入账及归档保管等配套措施。落实《注册资本登记制度改革方案》，完善市场主体住所(经营场所)管理。在控制风险的基础上鼓励支付产品创新，营造商业银行和支付机构等支付服务主体平等竞争环境，促进网络支付健康发展。

(二)加快发展物流配送。加强物流标准化建设，加快推进以托盘标准化为突破口的物流标准化试点；加强物流信息化建设，打造一批跨区域物流综合信息服务平台；提高物流社会化水平，支持大型连锁零售企业向社会提供第三方物流服务，开展商贸物流城市共同配送试点，推广统一配送、共同配送等模式；提高物流专业化水平，支持电子商务与物流快递协同发展，大力发展冷链物流，支持农产品预冷、加工、储存、运输、配送等设施建设，形成若干重要农产品冷链物流集散中心。推动城市配送车辆统一标识管理，保障运送生鲜食品、主食制品、药品等车辆便利通行。允许符合标准的非机动快递车辆从事社区配送。支持商贸物流园区、仓储企业转型升级，经认定为高新技术企业的第三方物流和物流信息平台企业，依法享受高新技术企业相关优惠政策。

(三)大力发展连锁经营。以电子商务、信息化及物流配送为依托，推进发展直营连锁，规范发展特许连锁，引导发展自愿连锁。支持连锁经营企业建设直采基地和信息系统，提升自愿连锁服务机构联合采购、统一分销、共同配送能力，引导便利店等业态进社区、进农村，规范和拓展其代收费、代收货等便民服务功能。鼓励超市、便利店、机场等相关场所依法依规发展便民餐点。

二、加强流通基础设施建设

(一)推进商品市场转型升级。加快商品批发市场转型升级，推动专业化提升和精细化改进，拓展商品展示、研发设计、品牌孵化、回收处理等功能，带动产业集群发展。制订全国公益性批发市场发展规划，统筹公益性市场建设，加快形成不同层级、布局合理、便民惠民的公益性市场体系。探索采取设立农产品流通产业发展基金等模式，培育一批全国和区域公益性农产品批发市场。支持全国农产品跨区域流通骨干网络建设，完善产销衔接体系。落实和完善农产品批发市场、农贸市场城镇土地使用税和房产税政策。城区商品批发市场异地搬迁改造，政府收回原国有建设用地使用权后，可采取协议出让方式安排商品批发市场用地。通过加强市场周边道路、停车位、公交停靠站点等交通基础设施规划建设，优化客货运交通组织等有效措施，切实解决城市物流配送存在的通行难、停车难、卸货难等问题。

（二）增加居民生活服务设施投入。优化社区商业网点、公共服务设施的规划布局和业态配置，鼓励建设集社区菜市场、便利店、快餐店、配送站、再生资源回收点及健康、养老、看护等大众化服务网点于一体的社区综合服务中心。将农村市场流通体系建设纳入城镇化规划，培育一批集零售、餐饮、文化、生活、配送等于一体的多功能乡镇商贸中心。整合各类社会资源，建设公益性家政服务网络中心和服务人员供给基地，培育一批员工制家政服务企业，健全养老护小型家政服务人员培训体系，扩大家政服务供给。加快生活性服务业营改增步伐，合理设置生活性服务业增值税税率，加大小微企业增值税和营业税的政策支持力度，进一步促进生活性服务业小微企业发展。尽快完善银行卡刷卡手续费定价机制，取消刷卡手续费行业分类，进一步从总体上减少餐饮业刷卡手续费支出。落实好新建社区商业和综合服务设施面积占社区总建筑面积比例不低于10％的政策。

（三）推进绿色循环消费设施建设。大力推广绿色低碳节能设备设施，推动节能技术改造，在具备条件的企业推广分布式光伏发电，试点夹层玻璃光伏组件等新材料产品应用，培育一批集节能改造、节能产品销售和废弃物回收于一体的绿色市场、商场和饭店。推广绿色低碳采购，支持流通企业与绿色低碳商品生产企业（基地）对接，打造绿色低碳供应链。支持淘汰老旧汽车，加大黄标车淘汰力度，促进报废汽车回收拆解体系建设，推进报废汽车资源综合利用。

三、深化流通领域改革创新

（一）支持流通企业做大做强。推动优势流通企业利用参股、控股、联合、兼并、合资、合作等方式，做大做强，形成若干具有国际竞争力的大型零售商、批发商、物流服务商。加快推进流通企业兼并重组审批制度改革，依法做好流通企业经营者集中反垄断审查工作。鼓励和引导金融机构加大对流通企业兼并重组的金融支持力度，支持商业银行扩大对兼并重组商贸企业综合授信额度。推进流通企业股权多元化改革，鼓励各类投资者参与国有流通企业改制重组，鼓励和吸引民间资本进入，进一步提高利用外资的质量和水平，推进混合所有制发展。

（二）增强中小商贸流通企业发展活力。加快推进中小商贸流通企业公共服务平台建设，整合利用社会服务力量，为中小商贸流通企业提供质优价惠的信息咨询、创业辅导、市场拓展、电子商务应用、特许经营推广、企业融资、品牌建设等服务，力争用三年时间初步形成覆盖全国的服务网络。落实小微企业融资支持政策，推动商业银行开发符合商贸流通行业特点的融资产品，在充分把控行业和产业链风险的基础上，发展商圈融资、供应链融资，完善小微商贸流通企业融资环境。

（三）推进内外贸融合发展。拓展国内商品市场对外贸易功能，借鉴国际贸易通行标准、规则和方式，在总结试点经验的基础上，适当扩大市场采购贸易方式的试点范围，打造一批布局合理、功能完善、管理规范、辐射面广的内外贸结合市场。鼓励具备条件的流通企业"走出去"，建立海外营销、物流及售后服务网络，鼓励外贸企业建立国内营销渠道，拓展国内市场，打造一批实力雄厚、竞争力强、内外贸一体化经营的跨国企业。

四、着力改善营商环境

（一）减少行政审批，减轻企业税费负担。加快推进行政审批制度改革，系统评估和清理涉及内贸流通领域的行政审批、备案等事项，最大限度取消和下放。对按照法律、行政法规和国家有关政策规定设立的涉企行政事业性收费、政府性基金和实施政府定价或指导价的经营服务性收费，实行目录清单管理，不断完善公示制度。加大对违规设立行政事业性收费的查处力度，坚决制止各类乱收费、乱罚款和摊派等行为。进一步推进工商用电同价。鼓励大型商贸企业参与电力直接交易。在有条件的地区开展试点，允许商业用户选择执行行业平均电价或峰谷分时电价。

（二）创造公平竞争的市场环境。着力破除各类市场壁垒，不得滥用行政权力制定含有排除、限定竞争内容的规定，不得限定或者变相限定单位或者个人经营、购买、使用行政机关指定的经营者提供的商品，取消针对外地企业、产品和服务设定歧视性收费项目、实行歧视性收费标准或者规定歧视性价格等歧视性政策，落实跨地区经营企业总分支机构汇总纳税政策。抓紧研究完善零售商、供应商公平交易行为规范及相关制度，强化日常监管，健全举报投诉办理和违法行为曝光机制，严肃查处违法违规行为。充分发挥市场机制的作用，建立和完善符合我国国情和现阶段发展要求的农产品价格和市场调控机制。建立维护全国市场统一开放、竞争有序的长效机制，推进法治化营商环境建设。

（三）加大市场整治力度。集中开展重点商品、重点领域专项整治行动，完善网络商品的监督抽查、风险监测、源头追溯、质量担保、损害赔偿、联合办案等制度，依法惩治侵权假冒违法行为，促进电子商务健康发展，切实保护消费者合法权益。积极推进侵权假冒行政处罚案件信息公开，建立案件曝光平台。强化对农村市场和网络商品交易的监管。加强行政执法与刑事司法衔接，建立部门间、区域间信息共享和执法协作机制。

（四）加快推进商务信用建设。建立和完善国内贸易企业信用信息记录和披露制度，依法发布失信企业"黑名单"，营造诚信文化氛围。推动建立健全覆盖线上网络和线下实体店消费的信用评价机制。支持第三方机构开展具有信誉搜索、同类对比等功能的综合评价；鼓励行业组织开展以信用记录为基础的第三方专业评价；引导企业开展商品质量、服务水平、购物环境等内容的消费体验评价。

五、加强组织领导

加快推进政策落实。各部门要加强协调配合，按照分工要求，切实负起责任，根据本意见抓紧制订贯彻落实工作方案，明确时限要求，确保政策落实到位。地方各级人民政府要根据形势需要和本地实际，统筹协调，落实责任，出台有针对性的配套措施，加大保障力度，形成政策合力。

国务院办公厅
2014 年 10 月 24 日

附录十四　国务院办公厅关于促进内贸流通健康发展的重点任务分工及进度安排

重点任务分工及进度安排

序号	工作任务	负责部门	时间进度
1	进一步拓展网络消费领域，加快推进中小城市电子商务发展，支持电子商务企业向农村延伸业务，推动居民生活服务、休闲娱乐、旅游、金融等领域电子商务应用。在保障数据管理安全的基础上，推进商务领域大数据公共信息服务平台建设。促进线上线下融合发展，推广"网订店取""网订店送"等新型配送模式	商务部、发展改革委、工业和信息化部、农业部、供销合作总社等（列第一位者为牵头部门，下同）	持续实施
2	加快推进电子发票应用，完善电子会计凭证报销、登记入账及归档保管等配套措施	财政部、发展改革委、税务总局等	持续实施
3	加强物流标准化、信息化建设，提高物流社会化、专业化水平。允许符合标准的非机动快递车辆从事社区配送。鼓励超市、便利店、机场等相关场所依法依规发展便民餐点	商务部、发展改革委、公安部、财政部、住房城乡建设部、交通运输部、邮政局、食品药品监管总局等	持续实施
4	支持商贸物流园区、仓储企业转型升级，经认定为高新技术企业的第三方物流和物流信息平台企业，依法享受高新技术企业相关优惠政策	科技部、发展改革委、财政部、商务部、税务总局等	持续实施
5	推动城市配送车辆统一标识管理，保障运送生鲜食品、主食制品、药品等车辆便利通行	交通运输部、工业和信息化部、商务部、邮政局等	2014年年底前启动
6	制订全国公益性批发市场发展规划，统筹公益性市场建设，加快形成不同层级、布局合理、便民惠民的公益性市场体系	商务部、财政部、发展改革委、国土资源部、住房城乡建设部、环境保护部等	持续实施
7	探索采取设立农产品流通产业发展基金等模式，培育一批全国和区域公益性农产品批发市场。支持全国农产品跨区域流通骨干网络建设，完善产销衔接体系。落实和完善农产品批发市场、农贸市场城镇土地使用税和房产税政策	财政部、发展改革委、商务部、农业部、税务总局、供销合作总社等	2014年年底前启动
8	城区商品批发市场异地搬迁改造，政府收回原国有建设用地使用权后，可采取协议出让方式安排商品批发市场用地	国土资源部、商务部、住房城乡建设部等	持续实施

续　表

序号	工作任务	负责部门	时间进度
9	通过加强市场周边道路、停车位、公交停靠站点等交通基础设施规划建设,优化客货运交通组织等有效措施,切实解决城市物流配送存在的通行难、停车难、卸货难等问题	住房城乡建设部、公安部、交通运输部等	持续实施
10	加快生活性服务业营改增步伐,合理设置生活性服务业增值税税率,加大小微企业增值税和营业税的政策支持力度,进一步促进生活性服务业小微企业发展	财政部、税务总局	2014年年底前启动
11	尽快完善银行卡刷卡手续费定价机制,取消刷卡手续费行业分类,进一步从总体上减少餐饮业刷卡手续费支出	发展改革委、人民银行	2014年年底前启动
12	拓展国内商品市场对外贸易功能,借鉴国际贸易通行标准、规则和方式,在总结试点经验的基础上,适当扩大市场采购贸易方式的试点范围,打造一批布局合理、功能完善、管理规范、辐射面广的内外贸结合市场	商务部、发展改革委、财政部、人民银行、海关总署、税务总局、工商总局、质检总局、外汇局等	2014年年底前启动
13	进一步推进工商用电同价。鼓励大型商贸企业参与电力直接交易。在有条件的地区开展试点,允许商业用户选择执行行业平均电价或峰谷分时电价	发展改革委、商务部等	2014年年底前启动
14	着力破除各类市场壁垒,不得滥用行政权力制定含有排除、限定竞争内容的规定,不得限定或者变相限定单位或者个人经营、购买、使用行政机关指定的经营者提供的商品,取消针对外地企业、产品和服务设定歧视性收费项目、实行歧视性收费标准或者规定歧视性价格等歧视性政策,落实跨地区经营企业总分支机构汇总纳税政策	发展改革委、财政部、商务部、税务总局、工商总局等	持续实施
15	抓紧研究完善零售商、供应商公平交易行为规范及相关制度,强化日常监管,健全举报投诉办理和违法行为曝光机制,严肃查处违法违规行为。集中开展重点商品、重点领域专项整治行动。强化对农村市场和网络商品交易的监管。加强行政执法与刑事司法衔接	商务部、法制办、工商总局、质检总局等	持续实施
16	推动建立健全覆盖线上网络和线下实体店消费的信用评价机制	商务部等	2014年年底前启动

附录十五 中共浙江省委、浙江省人民政府关于深化供销合作社和农业生产经营管理体制改革 构建"三位一体"农民合作经济组织体系的若干意见(浙委发〔2015〕17号)

(2015年9月28日)

为深入推进农民合作经济组织联合发展,加快形成以农户家庭经营为基础、合作与联合为纽带、农业社会化服务体系为支撑的立体式复合型现代农业经营体系,根据《中共中央关于全面深化改革若干重大问题的决定》(中发〔2013〕12号)和《中共中央国务院关于深化供销合作社综合改革的决定》(中发〔2015〕11号)及省委十三届四次全会精神,现就深化供销合作社和农业生产经营管理体制改革,构建生产、供销、信用"三位一体"农民合作经济组织体系,提出如下若干意见。

一、总体要求

1.重要意义。将农民合作经济组织和各类为农服务组织联合起来,建立具有生产、供销、信用"三位一体"服务功能的农民合作经济组织体系,是顺应合作经济发展规律、推动农民合作经济组织拓展服务功能和农民合作经济发展壮大的创新举措,是深化供销合作社改革和农业生产经营管理体制改革的综合载体,是建设现代农业经营体系、走农民共建共享农业现代化和城乡发展一体化道路的客观要求,是健全政府主导、市场决定、社会协同"三农"治理体系和推进国家治理体系、治理能力现代化的重要内容。当前,我省农民合作社、供销合作社等农民合作经济组织在现代农业发展中的地位和作用越来越突出,但产权关系松散、服务功能单一、竞争实力弱小、利益联结不紧等问题比较突出,难以适应日益成长起来的新型农业经营主体对覆盖全程、综合配套、便捷高效农业社会化服务的迫切需求,难以适应日益富庶起来的农民群众对多层次、多样化、便利化生活服务的迫切需要,必须通过深化改革,扩大农民合作经济组织的横向合作和纵向合作,加快农民合作经济组织联合发展。

2.指导思想。全面贯彻党的十八大和十八届三中全会精神,以邓小平理论、"三个代表"重要思想、科学发展观为指导,深入学习贯彻习近平总书记系列重要讲话精神,认真贯彻落实"四个全面"战略布局,坚持和深化"八八战略",围绕创新"三农"治理体系,将农民合作经济组织、各类为农服务组织联合起来,联动推进供销合作社、农业经营、农村金融、涉农管理等体制改革,建立以生产供销信用服务功能为基础、具有对农民生产生活综合服务功能的农民合作经济组织联合会(以下简称农合联),形成以农户家庭经营为基础、合作与联合为纽带、农业社会化服务体系为支撑的立体式复合型现代农业经营体系,促进农业现代化和城乡发展一体化。

3.目标任务。力争通过2~3年努力,完成分类试点和分批改革任务,全省构建起生产、供销、信用"三位一体"农民合作经济组织体系及有效运转的体制机制,使其成为农村家庭经营和商品流通的服务综合体、农业一体经营和服务产业的利益共同体、农业公共服务和政策实施的供给中介体,更好地在农业现代化和城乡发展一体化中发挥作用。

4.基本原则。

——政府主导、市场决定、社会协同。正确处理政府、市场、社会在农业治理体系中的关系，充分发挥农民合作经济组织联合会的协同治理作用，发挥市场决定性作用和更好发挥政府作用，使政府主导作用、市场决定作用、社会协同作用在农业生产经营管理中相互补充、相得益彰。

——横向集中、纵向一体、联合发展。积极引导经营业务相同的农民合作经济组织横向联合和业务相关的农民合作经济组织纵向联合，促进农民合作经济组织扩大组织规模、拓展服务功能、发展一体经营、增强竞争实力，使农民合作经济组织走上跨区域规模化和跨领域一体化的联合发展道路。

——自愿加入、民主管理、共建共享。坚持合作制原则，强化农民合作经济组织在联合会中的主体地位，实行入会自愿、退会自由和民主管理，促进农民合作经济组织与涉农服务组织（企业）开展多种形式的合作与联合，建立平等共享的利益联结机制，使农民合作经济组织联合会成为各类农民合作社和广大农民共建共享农业现代化的综合平台。

——顶层设计、改革配套、分批推开。围绕构建现代农业经营体系和治理体系，加强顶层设计，将深化供销合作社改革与推进农业经营体制改革、农村金融体制改革、涉农部门职能转变及企事业单位改革联动起来，在试点基础上，分批推开改革，由下而上组建农民合作经济组织联合会及其组织体系。

二、构建生产、供销、信用"三位一体"农民合作经济组织体系

5.农合联的性质定位。农合联是在党委、政府领导下，以为农服务为宗旨的社会团体，实行农有、农治、农享。农合联为非营利性社会团体，由民政部门注册登记，接受农村工作综合部门管理。农合联是党和政府密切联系农民群众的桥梁纽带，是农民群众向党和政府反映农情民意和服务需求的有效渠道，是党和政府为农民合作经济组织和农民提供公共服务的重要依托，是农民合作经济组织和农民自我服务、自我发展、自我教育、自我管理的综合平台。

6.农合联的成员组成。农合联原则上按行政层级设置，以县、乡镇两级为重点，逐步形成省、市、县、乡镇四级组织体系。

乡镇级农合联成员组成：辖区内农民合作经济组织（包括农民合作社及联合社、行业协会等，下同）和规模较大的家庭农场、合作农场等新型农业经营主体；辖区内具有为农民合作经济组织和农民生产生活服务功能的涉农企事业单位（包括农业科研推广、农业生产性服务、农产品加工流通、农资购销、金融供给等组织和企业，下同）；其他相关组织和个人。跨乡镇经营服务的农民合作经济组织、新型农业经营主体、涉农企事业单位可在主要经营服务地所在乡镇加入农合联，规模较大的可直接加入县级农合联。

省、市、县级农合联成员组成：辖区内下级农合联；辖区内跨次级行政区域经营服务、规模较大的农民合作经济组织和新型农业经营主体；辖区内跨次级行政区域经营服务的涉农企事业单位；其他相关组织和个人。

7.农合联的服务功能。各级农合联的基本服务功能为生产服务（技术推广、生产性服务）、农产品加工等供销服务（农资供销、农产品营销、消费品流通等）、信用服务（资金互助、保险互助、融资担保等）。同时，农合联受政府及涉农部门委托或购买，承担部分公共服务、政策执行、农情调查等具体实施工作；做好与本级政府沟通和向本级政府、上级农合联反映农情民意、提出政策建议等工作。各级农合联的经营性服务功能实行实体化运作，由作为会员的农民合作

社及联合社、行业协会、企业等实体承担和实施。

乡镇级农合联是农合联组织体系中直接面向服务对象的基层环节,主要承担具体服务事项的组织实施。县级农合联是农合联组织体系的关键环节和综合平台,主要承担聚合服务力量、配置服务资源、生成服务功能、运作服务事项等职责。省、市两级农合联主要承担组织建设、制度建设、发展规划、运行管理等职责,并提供下级农合联难以提供的共性服务。

8.农合联的治理结构。农合联实行民主管理。农合联成员(代表)大会是最高权力机构,选举或罢免农合联理事、监事和出席上级农合联成员(代表)大会的代表,议决农合联的重大事项。在农合联成员(代表)大会休会期间,农合联理事会负责执行成员(代表)大会决议,监事会负责监督理事会执行决议和财务。

农合联坚持以农民合作经济组织为主体。各级农合联成员(代表)大会的代表、农合联理事会和监事会的成员应有三分之二以上为农民合作经济组织的代表。农合联理事会实行独立理事制度,由独立理事客观评价农合联的运营和管理状况。农合联中涉农企事业单位会员不享有选举权和除监事以外的被选举权。

县级及县级以上农合联实行"议行分立"。农合联理事会聘任执行委员会领导班子,执行委员会领导班子聘用工作人员。执行委员会人员可参选理事会理事,但人数不超过理事会理事的三分之一。执行委员会一般依托同级供销合作社联合社执行管理机构组建,也可依托其他组织组建,还可由理事会直接向社会聘任人员组建。

乡镇级农合联一般实行"议行合一",规模较大的也可实行"议行分立"。乡镇级农合联的服务平台可依托乡镇农业公共服务中心(农技推广机构)组建,也可依托其他组织组建。辖区内农民合作社数量不多的乡镇,可由两个或多个乡镇合建农合联,也可由县级农合联在乡镇设置派出机构。

9.农合联的资产经营。省、市、县三级农合联组建资产经营公司,一般由参加农合联的同级供销合作社联合社、涉农国有企事业单位和其他会员合股组建,也可由供销合作社联合社单独组建。农合联资产经营公司出资各方的出资人权益不变,按出资额履行出资人权利和义务,不得违法违规平调、侵占财产。农合联资产经营公司对下属全资、控参股企业依法行使出资人权利。农合联执行委员会根据需要,可成立资产管理委员会,按照理事会授权,建立资本经营预算制度,并接受审计机关和同级财政部门的监督。

10.农合联的合作基金。省、市、县三级农合联设立农民合作基金。基金来源主要是:原始基金;农合联资产经营公司按不低于20%比例上缴的年度资产收益;政府提供的扶持资金;财政奖补收入;社会各界捐赠捐款;其他合法收入。基金主要用于农合联的为农服务事业,并优先用于建立和补充农村合作金融风险补偿资金。农民合作基金的闲余资金,可按农民合作基金章程和相关规定采取保值增值措施。

11.农合联的经费来源。主要是:按章程规定收取的会员入会会费和年度会费;政府根据农合联执行委员会的人员编制安排的工作经费和人员经费;政府委托或购买公共服务的经费;农民合作基金根据开展相关服务需要,每年安排的经费;其他合法收入。

各级农合联要根据上述精神,制定《农民合作经济组织联合会章程》,并经农合联成员(代表)大会审议通过。

三、深化供销合作社改革

12.深化供销合作社改革基本思路。坚持为农服务宗旨、市场经济方向和合作组织性质，按照社企分开和有机融入农合联的要求，以密切与农民利益联结为核心，强化供销服务功能和社有资产经营，创新基层社组织形式和联合社治理机制，加快形成适应生产、供销、信用"三位一体"农民合作经济组织体系建设的供销合作组织体系及服务机制。

13.强化供销服务功能。创新供销合作社的农资服务方式，推进农资经营网络建设，鼓励供销合作社在有条件的农民合作社设立农资供应网点，加快农资物联网建设与应用。推进农资供应与技术服务的有机结合，鼓励供销合作社与乡镇农合联、农民合作社联合社、农产品行业协会和有条件的农民合作社联合，开办庄稼医院，建立智慧农资网络，承担政府向社会力量委托或购买的相关公共服务。

强化农产品流通服务，加强供销合作社农产品流通网络和现代物流中心建设，创新流通方式，推进多种形式的产销对接，鼓励有条件的供销合作社参与公益性农产品批发市场和农贸市场建设，承担政府控股的农产品批发市场的建设、运营、管护，开展农产品展示展销活动。加快发展农产品电子商务，建设"网上供销社"，形成网上交易、仓储物流、终端配送一体化经营，实现线上线下融合发展。打造农产品区域性品牌，形成连锁化、规模化、品牌化经营服务格局。鼓励供销合作社下属农产品加工流通企业吸纳农民合作社参股，建立稳定的产销关系和紧密的利益关系。

健全供销合作社的城乡社区商业服务网络，加快建设以中心村和乡镇为主要载体、集生产生活服务功能的农村综合服务合作社、城乡社区服务中心（站）。积极引导组建以城乡社区为主要载体的消费合作社，形成农资、农副产品、日用消费品、再生资源和废弃农药化肥包装物回收等服务网络，加快形成连锁化、规模化、品牌化经营服务新格局。

14.推进基层供销合作社改造建设。按照强化合作、农民参与、为农服务的要求，分类推进现有基层供销合作社改造，加快形成符合合作制原则的产权结构和治理机制，逐步把基层供销合作社办成以农民社员为主体的、规范的合作社。采取劳动、土地、资本、经营设施、经营场所等多种合作形式，引导基层供销合作社吸纳农民和各类新型农业经营主体入社，或与农民共同组建农民合作社。基层供销合作社作为会员属地加入乡镇级农合联。支持有条件的农民合作社及联合社发展供销服务。

15.创新社有企业发展形式。深化社有企业改革，健全现代企业制度和法人治理结构，完善与绩效挂钩的激励约束机制，增强社有企业发展活力和为农服务实力。加强各层级社有企业间的产权、资本和业务联结，引导社有企业之间和与农有企业的关系，供销合作社联合社要把握好社有企业的为农服务方向，加强社有资产监管，促进社有资产保值增值。

16.改革供销合作社联合社治理机制。按照以供销合作社联合社执行管理机构为依托组建农合联执行委员会的要求，优化供销合作社联合社执行管理机构的机构设置、职能配置，合理核定内设机构和人员编制。稳定供销合作社联合社执行管理机构现行管理模式，鼓励有条件的供销合作社联合社执行管理机构率先实行企业化管理模式，并给予一定的差异性、过渡性政策，其人员按照"老人老办法、新人新办法"管理，现有人员保留其原有身份。供销合作社联合社执行管理机构离退休人员的供养渠道、待遇不变。

四、推进农业生产经营管理体制改革

17.推进涉农部门职能转变及企事业单位改革。坚持政事分开、政企分开、政社分开、事企分开的原则,区分涉农部门的行政管理、公共服务、经营性服务三类职能,并按照先易后难、水到渠成的要求和农合联的承接能力,逐步剥离涉农部门事业单位的经营性服务事项并优先由农合联承担,以委托或购买方式将涉农公共服务事项转由农合联或其他主体承担。当前,要积极创造条件,将涉农部门的配方施肥、农机作业、统防统治、收储加工、产品促销、信用担保等生产经营性服务事项转移到农合联;将农产品展示促销、农业废弃物综合利用、农民技能培训等公共服务事项,以委托或购买方式由农合联或相关社会组织、经济主体承担。推动涉农部门所属或主管的从事涉农经营性服务的国有企业和涉农行业协会、农民合作社联合社等组织走向市场,并引导其加入农合联。

18.构建农合联体系内部农村合作金融体系。引导有条件的农合联成员合作社按照会员制、封闭性原则,在不对外吸储放贷、不支付固定回报的前提下,组建农民资金互助会,为农民提供资金互助服务。省、市、县三级组建农民资金互助会联合会,承担农民资金互助会的资金余缺调剂、运行安全监管、资金保值增值、风险防范救助等职责,并加入农合联。

农民资金互助会及联合会实行"账款分离"的运行方式。建立农合联与农信机构等金融机构的战略合作关系,农民资金互助会及联合会负责业务决策、账目管理,农信机构等金融机构为农民资金互助会及联合会提供开户结算、资金托管、借款复核、渠道支持、信贷融资、业务指导、技术支撑、信息管理、人员培训、财务顾问等服务。各级农信机构加入同级农合联。

建立农民资金互助会及联合会监管体系和风险防范机制。强化地方政府对农民资金互助会及联合会的监管职责,落实县级政府为监督管理、风险防范处置的第一责任主体职责。地方金融管理部门(金融办)负责农民资金互助会及联合会的业务指导和监督,民政部门负责对农民资金互助会及联合会以非营利性民办非企业单位进行注册登记,登记之前征求农合联、金融办等部门意见。建立会员民主监督、互助会自控管理、农合联内部监管、金融办业务监管的监管体系。建立互助资金保险制度、风险补偿资金和损失补偿机制,有效防范金融风险。

有条件的农合联成员合作社可组建农民保险互助会,为成员提供农业、财产、人寿等保险互助服务,并协助做好政策性农业和农房保险的具体工作。全省渔业互保协会作为会员加入农合联。允许有条件的农合联资产经营公司和会员发起设立小额贷款公司、农信担保公司等金融服务组织。

19.推进农民合作社规范提升。把规范提升农民合作社作为构建农合联的基础性工作来抓,在全省开展以规范产权结构为核心的农民合作社改造提升行动,扩充社员数量,拓展服务功能,延伸经营领域,规范分配机制,引导重组联合,做大做强农民合作社。强化对农民合作社的规范管理,完善农民合作社评级制度,健全促进农民合作社规范提升的扶持机制。实行农民合作社年度报告制度,对经营不正常、运行不规范的农民合作社,将其列入异常经营农民合作社名录。

积极促进农民合作社联合发展。支持有条件的农民合作社以产权为纽带联合起来,组建专业性或综合性的农民合作社联合社。鼓励农民合作社与其他涉农经营主体以服务为纽带联合起来,组建涉农行业协会。引导农民合作社联合社、涉农行业协会加入农合联,促进农合联形成以农民合作社联合社、行业协会为骨干的综合性服务平台。鼓励农民合作社联合社、行业协会为成员提供技术推广、储存加工、品牌包装、市场营销、业务培训等专业服务,集中购买会计代理、法律咨询等中介服务。

20.建立农合联成员合作发展和利益共享机制。鼓励农合联会员普遍采用股份合作制,组建合作社联合社、兴办经营实体(包括拓展休闲旅游、劳务就业、生活消费等服务功能),发展产业一体化经营,建立产权联结纽带和利益共享机制。特别是县级农合联要运用信息化手段,组建由农民合作社、新型农业经营主体、城乡消费者等共同参股的农产品、日用品连锁配送网络和销售、消费合作社及联合组织,为农业生产者提供高效、增值、便捷的农产品营销服务,为城乡消费者提供优质、廉价、便利的农产品和日用品供给服务。

21.理顺党政相关部门与农合联关系。党政相关部门根据法定职责和党委、政府授权,实行对农合联的指导、管理和监督。相关部门要加快转变职能和管理方式,加快从公共服务直接供给和公共资源直接配置等具体事务中超脱出来,尽可能向农合联委托或购买公共服务。建立党委、政府对本级农合联年度工作绩效评价制度及奖惩机制,对农合联的为农服务、业务经营、财务管理、组织建设和重要专项工作等业绩开展评估。建立对农合联的业务监管制度,纪检机关和监察、审计等部门要对农合联进行常态化监督。农合联要强化自身作为农民合作经济组织利益代表和服务组织的意识,将服务作为主业,自觉接受相关部门的指导、监督、评价;建立公共资源竞争性配置机制及公示公告、阳光监管等制度,接受社会监督,并充分发挥监事会的监督作用,加强内部监管。

五、切实加强组织保障

22.加强组织领导。构建生产、供销、信用"三位一体"农民合作经济组织体系是当前我省全面深化农村改革的一项重大任务,涉及领域广、牵涉部门多、利益调整大,必须切实加强组织领导。省农村改革试验区工作联席会议负责对这项改革的组织指导,省农村改革试验区办公室负责具体牵头工作。市、县(市、区)党委和政府要深刻认识构建生产、供销、信用"三位一体"农民合作经济组织体系的重大意义,切实增强推进这项改革的紧迫感和责任感,建立组织协调机构,按照分批推开改革的部署,从当地实际出发,精心设计改革方案,周密谋划改革步骤,及时部署改革工作,确保改革稳妥实施、顺利推进、取得实效。市、县两级的改革方案报省委、省政府批准,具体由省农村改革试验区工作联席会议负责协调把关。

23.加强改革协同。各级党委、政府要按照本意见及配套文件,结合实际做好细化落实工作,确保改革协同配套进行。涉农部门要适时将应该转移的具体服务职能转移给农合联承担,并为农合联承接具体服务职能创造条件,实行管理与服务、监督与执行的分离。供销合作社要增强改革的自觉性、主动性,将自身改革融入到构建农合联的改革中去,坚持去行政化和回归合作经济组织的改革导向,转变思维方式和工作方法,以全新的形象强化为农服务。财政部门要调整相关涉农政策的实施方式,探索由农合联承担部分具体工作的有效机制。民政部门要做好农合联、农民资金互助会及联合会的注册登记工作。新闻媒体要强化舆论引导,营造良好氛围。

24.加强政策支持。各级要加大对农合联的政策支持力度,形成推进改革的强大合力。实行税收支持政策,对农合联及其实行股份合作制的成员开展农产品购销、加工、储运和农资购销、商品流通、资金互助等合作经营活动,按规定减免相关税收。落实农村金融体制改革政策,建立健全农村合作金融管理制度。落实农合联开展服务的事业经费和农民合作基金等政策。

将农合联及其成员合作社作为有关农业扶持资金的重点支持对象,促进农民合作社规范提升并加入农合联。适时推动农合联相关立法工作,保障农合联长期规范运行。涉农部门和财政、国土、经信、商务、工商、金融等部门要制定支持农合联的具体政策并落实到位。

附录十六　中共浙江省委办公厅　浙江省人民政府办公厅关于进一步深化生产供销信用"三位一体"改革推动农合联更好服务乡村振兴的若干意见

(2019年12月31日)

为进一步深化生产供销信用"三位一体"改革、加强农民合作经济组织联合会(以下简称农合联)建设,推动农合联更好服务乡村振兴,现提出如下若干意见。

一、总体要求

(一)指导思想。坚持以习近平新时代中国特色社会主义思想为指导,以深化"三位一体"改革为动力,以推进农合联数字化转型为支撑,统筹推进农民合作组织、农业生产、农技推广、农资供应、农产品流通、农村金融服务、乡村环境治理、涉农行政管理、公共资源配置等体制机制配套改革,加强农合联服务资源内部聚合协同、外部联合协作,使农合联成为发挥农民主体作用、推进"两进两回"行动、集聚各方资源力量的重要渠道,成为党政机关、社会团体、事业单位、工商企业、金融机构等服务"三农"的有效平台,成为"三农"治理创新的重要组成部分,成为党和政府密切联系农民合作经济组织及农民群众的桥梁纽带,全力打造以农合联为平台的新型农业社会化服务体系和现代农村综合服务体系,全力建设为农服务先进发达、涉农产业繁荣兴旺、共同富裕走在前列的"三位一体"改革示范省。

(二)主要目标。到2022年,实现以下目标:

——农合联组织规范化建设水平不断提升。农合联会员(代表)大会、理事会、监事会制度不断健全、运行管理规范;农民合作基金和资产经营公司全面设立、引领作用凸显;供销社履行农合联执委会职责全面到位、工作机制完善;会员队伍充分吸纳涉农主体、综合素质提升;数字农合联加快建设、治理效能强大。

——农合联为农服务体系健全、功能完备、方式有效。"农合联服务合作社、合作社服务农户"统分结合双层经营体制更加优化,区域农合联通用性服务与产业农合联专业性服务有机衔接的新型农业社会化服务体系全面构建,建成区域性现代农业综合服务中心(非实体性机构)300家、有服务平台的产业农合联300家;城乡商贸服务提质扩容,村综合服务社服务实现行政村基本覆盖;农村信用服务创新优化,金融服务与产业链、供应链、服务链深度融合;乡村环境服务加快发展。

——农合联促进农村一、二、三产业融合发展高质高效。建成一批农业产业化联合体和农旅一体化综合体,传统特色产业焕发新的生机活力,乡村新产业新业态更加繁荣兴旺。

——农合联服务"两进两回"行动全面深入。科技和资金进乡村的服务协同机制创新完善,青年和乡贤回农村创业创新、参与治理的服务支撑丰富灵活,农合联成为"两进两回"的重要通道。

——农合联引领新型合作经济发展壮大。农合联资产经营公司引导农合联会员、村经济合作社等合作投资的服务机制不断完善,农户普遍持股格局和财产性收入增长长效机制加快形成,全体农民共建共享、共同富裕的道路越走越宽,更加自信。

二、大力提升农合联为农服务能力

(一)全面加强农业生产服务。加强内部聚合,扩大外部联合,推动通用性服务资源向区域农合联聚合、专业性服务资源向产业农合联聚合,加快构建区域农合联通用性服务与产业农合联专业性服务有机衔接的新型农业社会化服务体系。支持县(市、区)农合联、相关乡镇农合联共建区域性现代农业综合服务中心,打造集农资供应、农技推广、土地流转、产品营销、电商物流、品牌培育、信贷保险、资本投资、财务代理和农业公共服务代办等功能于一体的一站式的通用性服务平台。支持市县农合联按"一业一联"要求组建产业农合联,打造集技术指导、技能培训、农资供应、生产作业、产品加工、信息发布、品牌运营、生产标准化等功能于一体的专业性服务平台。区域特色产业较强的地方,可将产业农合联服务平台与区域性现代农业综合服务中心合并共建。大力发展农业绿色生产服务,增强粮食生产综合服务功能,推进特色产业专用肥药系列开发和定制生产,扩大测土配方配肥、统防统治统施服务。健全全省一体、各级衔接的专业农技专家团队,建立"首席专家+专家团队+产业农合联(联合社、产业协会)+合作社(家庭农场、企业)"的新型农技推广服务体系。

(二)加快健全城乡商贸服务。支持市县供销合作社、农合联会员积极参与农产品产地市场建设,承接农批市场、农贸市场运营托管,创新市场交易服务功能。加快推广以区域农合联运营区域农业公共品牌、以产业农合联运营区域农产品公共品牌的做法,建立以区域品牌为引领的优质特色农产品专营渠道和专供基地。鼓励各地农合联引导配送物流企业联合经营,推动农产品集采集配、直供直销,建立消费品下行与农产品上行有机结合的物流通道。支持农合联依法依规开展线上线下农产品展示展销活动和社会性农业节庆活动。加快建立健全以"县城超市—乡镇商贸综合体—村综合服务社"为载体的消费服务体系,打造安全放心的食品消费服务平台。支持村综合服务社承接公共服务、金融服务、电商服务、家政服务、养老服务等,打造"最多跑一次"基层服务办理平台,对不便设立经营网点的偏远村,加快开通为农服务"大篷车",定期开展巡回服务。

(三)着力创新农村信用服务。加快实现对农合联会员信用评定和授信服务的全覆盖,解决农合联会员贷款难、贷款贵问题。创新特色产业的金融服务方式,开发农业供应链金融服务产品,建立健全生产发展与金融服务协同、金融服务与相关服务协同的良性机制。健全政策性农业担保体系,发挥政策性农业信贷担保服务财政支持机制作用,探索建立多方共同参与的风险分担机制、信贷风险补偿机制。加强农合联与农业"共保体"等保险机构合作,按规扩大农业共保覆盖,开发特色农业保险产品,发展信贷保证保险,拓展财产保险和人寿保险业务。规范提升农民资金互助组织运行,加强风险防控。

(四)积极拓展乡村环境服务。推进绿色投入品研发、生产和推广。探索土地、水体生态修复多种模式。建立农业废弃物有偿化回收、标准化分类、规范化转运、专业化处理、商品化应用的服务运营机制。开展绿色冷链、绿色保鲜服务。开展农村生活垃圾分类回收和资源化利用服务,推广垃圾分类回收数字化管理系统、智能回收柜和餐厨垃圾肥料化设备。鼓励农合联会员企业投资发展环保设备制造业。

三、深入推进农村一、二、三产业融合发展

(一)大力推进传统特色产业体系化发展。立足茶、食用菌、中药材等区域传统特色产业,打造品类丰富、链条完整的产业链,加快形成以产业农合联为载体和纽带、重点骨干企业为龙头、合作组织为基础的发展格局。深入实施农家小吃振兴计划,发挥省农家小吃协会作用,推动以特色农业和传统技艺为支撑的小吃产业大发展,加快形成以农家乐为基础、行业协会为依托,乡县市省逐级汇集的"小吃汇"体系。

(二)加快提升农产品加工流通业。鼓励农合联会员发展农产品初加工和精深加工,实现农产品就地转化增值。支持农合联会员投资建设农产品加工流通服务平台,发展基于数字化的农产品收储、整理、冷链、加工、配送、批发、物流等服务,支持农合联将规模较大的农产品加工企业培育成为供应链样板企业。支持农产品批发市场、连锁经营企业与省内农合联会员、省外扶贫农产品销售企业建立长期稳定的产销协作关系。

(三)积极发展乡村新产业新业态。鼓励农合联资产经营公司引领村经济合作社、农民合作社及联合社、家庭农场、企业等,合作投资发展乡村旅游、养生养老、农事体验、运动休闲等新产业新业态。开发利用小特产、小村落、小乡土等乡村根脉资源,参与古村落保护、旧村庄改建、集聚区建设,开展闲置农房改造建设和旅游开发,发展传统文艺和古今融合的文化创意产业、绿色生态和强身健体的户外运动产业。

四、积极发展新型合作经济

(一)推动小农户、家庭农场入社和合作社联合。实施"小农户入社"行动,鼓励小农户以土地经营权等非货币资产依法依规参股加入农合联会员合作社,让更多小农户分享合作红利和全产业链增值收益。实施"家庭农场入社"行动,引导家庭农场加入农合联会员合作社或领办合作社,推动合作社提高质量,带动更多小农户入社,以户户皆合作实现服务全覆盖。积极引导有实力的农民合作社、基层供销合作社牵头,组建合作社联合社,整合服务功能,提升服务能力。

(二)推进农业产业化联合体建设。以产业农合联为主要载体,发挥资产经营公司的众筹引领作用,引导产业农合联会员参股或创办龙头企业,引领农业产业链上不同环节的主体相互参股,构建全产业链的利益共享机制和"按交易额(量)返利"的二次分配机制,打造农业产业化联合体。

(三)推进农旅一体化综合体建设。以区域农合联为主要载体,以资产经营公司为引领,创新要素入股方式,引导农合联会员依法依规参股建设农旅产业发展平台,投资建设户外运动产业综合体、运动休闲小镇等农旅融合产业群,建立共建共享机制,打造一批农业与旅游、教育、文化、体育、康养等深度融合的农旅一体化综合体。

(四)建立合作投资服务机制。加快建立以资产经营公司为引领,农民合作基金为支撑,农合联会员、村经济合作社、小微企业等共同参与的合作投资服务机制。加快建立农合联合作投资项目库,建设一批新型合作经济发展样板项目。

五、持续推进农合联组织规范化建设

(一)完善农合联的运管机制。坚持农合联的社团性、自治性、非营利性,规范运行各级农合联会员(代表)大会、理事会、监事会制度。全面完成农合联农民合作基金、资产经营公司组

建工作,完善农民合作基金的运行机制和资产经营公司的运作方式,鼓励资产经营公司将部分年度资产收益注入农民合作基金。

(二)提升农合联的会员质量。发挥涉农院校和农艺师学院、茶业学院、合作经济学院作用,加强对农合联骨干会员培训。加强对会员合作社的分类服务指导,对不规范的会员合作社进行规范引导、提升发展,对较规范的非会员合作社尽快吸纳入会。以普遍持股、均衡持股为基本导向,依法依规推进服务链、产业链各环节上主体的合作制改造。

(三)加强农合联执委会建设。各级党委、政府要为供销社履行农合联执委会职责提供必要的人财物条件,理顺供销社工作分管领导、财政归口体制。深化供销社社有资产管理体制改革,按照"理顺关系、明确权责、强化监管"的要求,健全社有资产监管制度体系,落实社有资产监管责任,建立社有资产管理账户,推动社有资产、社有企业更好地引领农合联会员开展为农服务、投资涉农产业、发展合作经济。

(四)强化农合联的党建引领。坚持以"党建强"促"服务强",创新基层农合联党组织设置形式,健全农合联党组织体系,营造有效工作载体,更好地发挥党组织和党员在发展新型合作经济、开展为农服务中的作用。发挥农合联党组织政治优势和组织优势,整合相关资源,推动红色文化与合作文化融合,推进新时代文明实践中心建设。

六、加快推进农合联数字化转型

(一)加快数字农合联建设。实施"三位一体"农合联数字化工程,推进数字技术在生产、供销、信用、环境等服务领域的应用,建设数字农合联云平台和核心数字资源库,完善农合联会员信息管理系统,开发数字农合联掌上应用平台,打造产业链互通、服务链协同的数字农合联。

(二)推进农合联服务数字化。推进农合联相关数据资源转化利用,建设生产、供销、信用、环境等服务的数字平台及融为一体的数字化农业服务体系。率先推进生产与信用的数字化协同,为农合联会员提供更加普惠、精准、便捷的金融产品和服务。加快发展农产品产销一体化的数字化服务,为生产、流通、消费等各类主体提供更加有效的服务。

七、切实加强对"三位一体"改革的领导

(一)健全领导体制和工作机制。建立健全党委政府领导、农办牵头、供销社执行、相关各方协同的领导体制和工作机制,确保相关各方形成合心合力合拍深化改革的良好局面。把农合联的建设项目列入各级政府为民办实事的内容,集中落实一批立时见效的惠民项目和基础设施项目。

(二)加强改革配套协同。各级农办要承担起深化"三位一体"改革的牵头抓总、统筹协调职责,支持和指导农合联全面设立和有效运营农民合作基金、资产经营公司,协调各方支持和利用农合联开展涉农工作和为农服务。组织部门要加强对农合联党建工作的指导。涉农部门要逐步剥离经营性服务事项,将经营性服务事项和涉农公共服务事项通过委托、购买等方式依法优先交由农合联承担。民政部门要依法办理农合联注册登记、规范管理等事务。财政部门要不断创新涉农公共资源配置方式,积极采取委托、购买等法定方式,由农合联承担相关涉农公共服务。农信机构要将农信联社改革融入"三位一体"改革,与农合联建设有机结合起来,提升涉农金融服务水平;其他金融机构要主动利用农合联渠道依法依规开展农村金融服务。

(三)营造良好改革氛围。把加强行政监督和充分发挥人大法律监督、政协民主监督作用

结合起来,形成推动深化改革的强大力量。落实容错纠错机制,支持改革,鼓励创新。及时总结"三位一体"改革的实践经验,利用各种传媒平台,加大宣传力度,扩大社会影响,汇聚起全社会关心支持"三位一体"改革的良好氛围。

参考文献

[1] 中华供销合作网,http://www.chinacoop.gov.cn/.

[2] 中华合作时报,http://www.zh-hz.com/.

[3] 中国供销合作经济学会秘书处.新形势下供销合作社的组织创新——"中国供销合作经济学会2011年年会暨第13次中国供销合作经济发展论坛"综述.

[4] 吴震.论"新网工程"建设中的八大关系[J].中国合作经济,2006(8).

[5] "农村现代物流研究中心"课题组.中国农村物流发展报告[J].中国合作经济,2013(9).

[6] 夏春玉.农产品流通:基于网络组织理论的一个分析框架[J].北京工商大学学报(社会科学版),2009(7).

[7] 中共中央 国务院关于实施乡村振兴战略的意见(2018年2月4日).

[8] 孟玉静.我国新型农业经营体系构建路径研究[D].西南财经大学,2014.

[9] 商务部办公厅 中华全国供销合作总社办公厅关于深化战略合作 推进农村流通现代化的通知(2018年4月3日).

[10] 张琦.供销合作社在乡村产业振兴中大有可为[J].中国合作经济,2020(02):59-61.

[11] 中华全国供销合作总社关于推进区域电商发展的实施意见(供销经字〔2019〕30号)(2019年8月8日).

[12] 南宁市供销合作联社提升供销社电子商务五年发展规划(2019年1月11日).

[13] 财政部办公厅 商务部办公厅 国务院扶贫办综合局《关于做好2020年电子商务进农村综合示范工作的通知》(财办建〔2020〕48号)(2020年5月26日).

[14]《中国电子商务报告2019》(2020年6月30日).

[15] 总社概况.中国供销合作网,http://www.chinacoop.gov.cn/column-zsgk.html? id=487.

[16] 邹春芳.基于包容性增长视角的农产品电子商务模式研究[D].江西财经大学,2016.

[17] Allan Afiiah,Christopher L.Tucci? 互联网商业模式与战略[M],北京:北京裤华大学出版社,2002.

[18] 辽宁省供销合作社联合社,http://gxs.ln.gov.cn/.

[19] 浙江供销合作网,http://www.zjcoop.gov.cn/.

[20] 中华人民共和国商务部,http://www.mofcom.gov.cn/.

[21] 冯亚伟.供销社综合改革视角下农产品电子商务模式研究[J].商业研究,2016(12):132-137.

[22] 李红,尚永华.基于供销社的农产品流通体系创新研究——以山西为例[J].西北农林科技大学学报(社会科学版),2012,12(02):61-66.

[23] 谭国雄.关于加快解决农产品销售难的对策建议[N].中华合作时报,2020-09-15(A06).

[24] 汪向东.农村已成为电子商务的战略要地[N].中国信息化周报,2015-11-16(007).

[25] 蔡剑等.电子商务案例分析[M].北京:北京大学出版社,2011.

[26]瑞安农协:新型合作化之路.人民论坛,2006-9(17):(37-38).

[27]探索新型合作化道路——瑞安农村合作协会的理论和实践.太平洋学报,2006(11).

[28]习近平三农战略思想.人民论坛,2013-12(总第425期).

[29]习近平"三农"思想的发展脉络.人民论坛,2015-10.

[30]陈林.习近平"三农"问题重要论述探析.中国社会科学(内部文稿),2018(6).

[31]陈林.论公法农协:"三位一体"农村合作协会的法理基础.太平洋学报,2009,12.

[32]陈林.农村金融深化与农民组织化:建立以金融为核心的普惠合作体系.农村金融研究,2010(5).

[33]陈林.三位一体服务三农:新型合作化的经验与理论.马克思主义与现实,2015(1).

[34]陈林.习近平农村市场化与农民组织化理论及其实践——统筹推进农村"三变"和"三位一体"综合合作改革.南京农业大学学报(社科版),2018(2).